경희궁에서 보내 온 30년 만의 편지

경희궁에서 보내 온 30년 만의 편지

지샘

경희궁에서 보내 온 30년 만의 편지

2006년 10월 20일 인쇄
2006년 10월 28일 발행

엮은이 | 김 병 철 외
펴낸이 | 김 종 호
펴낸곳 | 도서출판 **지샘**
서울시 성동구 성수2가3동 279-39호
TEL · 02-461-5858
FAX · 02-461-4700
출판등록 | 제4-339호
I S B N | 89-88462-85-8, 03810

값 10,000 원

책 머리에

고등학교를 졸업한 지 어언 30년! 경희궁 터에 자리잡은 드넓은 교정에서 마음껏 뛰고, 공부하며, 사색했던 동기들의 머리는 어느덧 반백이 되었다. 흔히 '나이를 먹는다'고 표현한다. 이 말은 세월이라는 자양분을 섭취하여 정신적으로 성숙해진다는 의미일 것이다.

명문 '서울고'! 그 이름만 들어도 황홀했다. 진한 라일락 향기와 함께 캠퍼스 구석구석까지 들려오던 잔잔한 클래식 선율은 감수성 예민한 청소년에겐 신선한 자극이었다. 또한 가을의 고즈넉한 분위기에 우리들은 얼마나 많은 사색에 잠겼던가? 그 사색 속에는 청소년기의 우정과 이성에 대한 관념적 유희뿐만 아니라 세계관과 인생관이라는 거대담론도 담겨 있었으리라.

훌륭한 실력과 사명감에 불탔던 선생님들의 명강의와 열정 또한 빼놓을 수 없다. 새벽부터 시작되는 방송강의와 '매장부'로 상징되는 회초리. 그 모든 것이 제자들에 대한 사랑이었음을 알기에 지금은 그때 그 시절이 그리울 뿐이다.

지천명에 이른 우리들을 자축한다고나 할까, 아니면 흐르는 세월의 아쉬움을 달랜다고나 할까, 동기들의 글을 모아서 책으로 엮기로 했다. 어떻게 사는 것이 무에 그리 중요하겠는가? 행복한 삶이면 그것만으로도 훌륭하지 않은가? 이제는 장성한 딸, 아들에게 들려 주는 당부, 포복절도하게 하는 추억담, 우리를 숙연하게 하는 담론 등 그들의 소리를 엮었다. 어느 글에나 아빠의 진솔한 마음과 지극한 사랑이 담겨 있고, 학창시절의 치열한 열정과 삶에 대한 진지함이 배어 있다.

모든 사람들이 공감할 수 있으며, 자녀에게 권하고 싶은 시사점이 있다고 여겨져, 우리들만의 글이 아닌 모든 이의 책이 되도록 감히 결정했다. 과거의 명문고 학생들의 학창시절 모습과 생각이 오늘날의 청소년들에게 도움이 되기를 바라는 마음 간절하다.

많은 분들에게 고마움을 느낀다. 먼저 이 책을 위하여 훌륭한 글들을 써주신 39명의 동기들과, 연세대학교 화학과에 재직 중 갑자기 작고한 故 김연택 군의 자제에게 감사의 뜻을 전한다. 그들의 글이 엮어지게 애써 준 동기회 집행부의 노고 또한 이루 말할 수 없다. 그리고 학교 시험기간임에도 불구하고 최종 교열·교정작업을 훌륭하게 해 준 정홍기 군의 딸 정은화 양에게도 고마움을 전한다.

2006년 10월

발행인 김종호

차례

사랑하는 딸, 아들에게

추억의 파노라마
— 시계바늘을 되돌릴 수 있을까?

아빠의 뜨락

새로운 지평의 문

Sestina For Seoul's Son

Edward Kim

Seoul city lights dead.
Suffocated by the white cotton fog,
so thick, its cobweb spins from each point of every star.
I'm a swig away from lights
out, but whoever wants a piece of me, meet me in the streets.
I cannot feel without a hand.

Curl my fingers into a crunched hand,
fight the ground, knuckles bloodied dead.
I'm littered along the empty street
in my father's black suit, damp from spilt beer, tears, and the dew of fog.
The same suit I wore earlier to feed his closed casket into the light
of fire that crackled and spit stars,

engulfed my father. Smoke rose from chimney to stars.
The sleeves of his suit slip over my hands.
Seventeen, too thin and too light
to be this man. Now dead.
Now ghost. Now brother of fog,
no longer walking this street.

I'm haunted like the cemetery across the street,
where tears glisten across blades of grass like stars.
A low eastern sun melts these soft young tears, and its father fog
fades with the night like an old black eye. Clock hands
strike the new hour. The night is dead.
I watch the city wake in the morning light.

My eyes dry from the creeping sunlight,
reveals the trash on the street.
I spot a dead
crumpled butt. Teeth marks on the filter form a warped star.
I grasp the old Marlboro and spark what's left of it in my hand.
Harsh smoke from the cigarette waters my eyes. *Good, I need the fog.*

I want to fog
memories of my father who smoked, but never offered me a light,
who I scoffed at when I was grown because I could swat his hand
away when he tried to pop me. Proud dad kicked me to the street.
Under my breath, beneath the stars,
sometimes I'd wish he were dead.

The fog is my lid, my coffin this street.
No light. No star,
just a hand me down suit since he's been dead.

서울의 아들을 위한 시(詩)

Edward Kim

서울 도시의 불빛이 죽었다.
흰 목화안개에 질식하여,
너무나 짙어, 온갖 별들의 몸통으로부터 거미줄처럼 베어 나온다.
나는 불꺼진 거리에서 취해 있다.
누구든 나와 붙어 보자. 거리에서 만나자.
난 한판 붙지 않으면 견딜 수 없다.

짓이겨진 손안으로 손가락을 감아 넣은 채,
죽도록 싸운다. 주먹은 피로 젖어 엉망이 되었다.
쏟아진 맥주, 눈물, 그리고 안개방울로 축축해진 내 아버지의 검은 양복을 입은 채 텅 빈 거리에 버려져 있다. 좀 전, 침묵의 관을 우지직하고 별빛을 내뿜는 화염 속으로 넣을 때 입었던 그 양복.

나의 아버지를 삼켜 버린 채, 굴뚝에서 별들을 향해 연기가 피어오른다.
그의 양복자락이 내 손위로 흘러내린다.
어른이 되기엔 너무 여위고 가벼운 열일곱살.
지금은 주검. 지금은 유령. 지금은 안개의 동료.
더 이상 이 거리를 걷지 않는다.

나는 길 건너편 공동묘지와 같이 괴로운 심정에 사로잡혀 있다. 거기에는 눈물이 마치 별처럼 풀잎에 반짝거리고 있다. 낮게 뜬 동쪽의 태양은 이 부드럽고 어린 눈물을 누그러뜨리고, 아버지는 안개처럼 밤과 같이 사라져 간다. 시계바늘은 새로운 시간을 가리킨다. 밤은 죽었다.

나는 아침빛 속에 깨어나는 도시를 지켜 본다.

거리 위의 쓰레기를 드러내며 서서히 움직이는 햇살로 내 눈은 마르고, 나는 주검을 본다.

찌그러진 담배꽁초. 필터 위의 이빨자국은 뒤틀린 별이다.

나는 그 말라 비틀어진 말보로를 집어 들고 남은 꽁초에 불을 붙인다.

매운 담배연기에 눈이 젖어든다. 그래, 나는 안개가 필요해.

자신은 담배를 피웠지만 내게는 결코 불을 내주지 않았던, 나를 치려고 하던 그의 손을 뿌리칠 수 있었기 때문에 내가 비웃었던, 내 아버지에 대한 기억을 덮고 싶다. 도도한 아빠는 나를 거리로 내쫓았다. 별들 아래에서, 작은 소리로, 때때로 나는 그가 죽기를 바랬을지도 모른다.

안개는 나의 뚜껑, 거리는 나의 관.

불빛도 없고, 별도 없다.

그는 죽었으니 내게 옷을 내려달라.

사랑하는 딸, 아들에게

SEOUL·HIGH·SCHOOL

SEOUL 서울

사랑받는 엘리트

김병철
목사 | 한북대학교 총장

사랑하는 아들아,

올해는 아빠가 고등학교를 졸업한 지 30주년이 되는 해이다. 우리말에 '10년이면 강산도 변한다'고 하는데, 요즈음은 몇 년 사이에도 강산이 변하고 도시가 확 달라질 정도로 발전과 변화의 속도가 빨라서 정신을 못 차릴 정도이지. 아빠가 고등학생 때에는 학교마다 교복이 있었다. 동복은 검정색 상하의에 목에는 빳빳한 칼라를 끼우고 계급장과 같은 학년표시를 하고 학교 뱃지를 착용했다. 나는 일류고등학교의 학생으로서 자부심과 엘리트 의식을 가지고 신문로에서 광화문에 이르는 길을 활보했다. 엄마는 (무식(?)하게도) 카키색 교복에 흰 칼라를 한 멋진 서울고 학생들을 몰라보고 '좀 독특한 교복이네, 어느 학교지?' 하고 궁금해 했다더구나.

사랑하는 아들아,

자신을 중히 여기는 자중심(自重心)을 가져라. 자중심이란 교만하거나 자기중심적인 것과는 본질적으로 다른 것이다. 사람들은 자존심, 프라이드라는 말을 많이 사용하는데 이 세상에 살다보면 '존심' 상하는 일도 적지 않다. 나를 제대로 대접해 주지 않거나 무시할 때, 어린애 취급할 때, 시험성적이 제대로 나오지 않았을 때, 달성하고자 하는 목표를 달성하지 못했을 때 좌절감과 패배의식에 시달리며 자존심에 상처를 입는다. 그런데 자존심을 뛰어 넘어 인생을 든든하게 붙잡아 주고, 세상에 흔들리지 않고 본질적이고 중요한 인생의 목표를 향해 나아가게 해 주는 것이 자중심이라고 할 수 있다.

자중심을 가지고 열심히 노력해서 각 분야에서 탁월한 위치를 차지하는 사람을 엘리트라고 한다. 엘리트(elite)라는 단어를 영어사전에서 찾아봤더니 "a group or class of persons or a member of such a group or class enjoying superior intellectual, social or economic status." 혹은 "the best or most skilled members of a group"이라고 정의했더구나. 엘리트는 지적, 사회적, 경제적, 기술적으로 뛰어난 사람이라고 하는 것이 일반적 인식이지.

그러나 좋은 두뇌를 가지고 열심히 노력해서 사람들이 부러워하는 경제적, 사회적 지위를 누린다고 그런 사람들을 무조건 엘리트라고 할 수는 없다. 사람들에게 사랑받고 인정받는 진정한 엘리트로서의 자격을 갖추어야 엘리트라고 할 수 있다. 사실 기술적이고 외형적인 측면보다 한 사람의 인격과 됨됨이가 보다 중요하고 근본적인 것이다. 한 사람의 됨됨이(being)로부터 행위(doing)가 도출되기 때문이다.

'나는 누구인가?'라는 질문에 우리는 어떻게 대답할 것인가? 학력,

직업, 신체적 조건, 가문의 전통 등 사람을 평가하는 많은 외형적인 요소에 따라 자신을 평가하고 규정할 수도 있지만, 목사인 나로서는 너의 가장 중요한 정체성은 '예수 믿는 사람' 다시 말하면 '하나님의 아들'이라고 말하고 싶구나. 다른 모든 것은 부차적이고 부수적인 것이다. 예수 믿는 사람으로서 어떻게 이 땅에서 합당한 삶을 살 것인가 하는 질문에 대해 성실하고 책임있는 답변을 하는 사람이 내가 생각하는 진정한 엘리트의 모습이다. 하늘나라에 대한 소망과 목표의식이 분명할수록 이 땅에서 보다 성실하게 최선을 다해서 살 수 있는 것이다. 그래서 열심히 공부도 하고 봉사도 하며 성실하게 자기의 책임을 다하는 과정에서 탁월한 교육적, 사회적, 경제적, 문화적 지위를 확보하게 되는 것이다.

부끄러운 고백이지만, 나는 젊었을 때 내가 하는 일을 별로 대수롭지 않게 생각하고 최선을 다하지 못한 것 같다. 고 3때 밤을 새우거나 코피를 흘릴 정도로 열심히 공부를 한 기억이 별로 없다. 네가 거의 매일 밤을 새우다시피 하면서 공부하는 것과는 대조적이지. 대학 1학년 때에는 소개를 받아서 고등학생 아르바이트를 했는데 아르바이트 시간에 마침 차범근 선수가 출전하는 축구경기가 있어서 공부를 가르치는 대신에 사이좋게 텔레비전을 시청했던 일도 있다. 다른 사람과의 약속을 지키지 않은 경우도 여러 번 있었다. 지금 생각해도 부끄러운 일이지.

내가 ROTC 장교로 특전사 사령부에 근무할 때 미군에서 파견된 선임하사가 있었는데 업무관계로 가깝게 지냈지. 선임하사가 한남동의 자기 아파트에 저녁 초대를 했는데 나는 아무 선물도 준비하지 않고 빈손으로 갔단다. 자그마한 케이크라도 들고 가는 것이 예의인데 난 빈손으로 갈 정도로 무지몽매했단다. 선임하사가 나를 어떻게 생각했을까? 지금 생각해도 얼굴이 화끈거린다.

나의 노력과 수고, 관심과 사랑이 결코 헛되지 않고 매우 중요하다는 인식이 엘리트 의식의 기본이라고 생각한다. '나비효과'라는 말이 있지. MIT공대의 수학자이며 기상학자인 에드먼드 로렌즈가 기상예측에 있어서 12개의 방정식으로 모델을 축소했는데 기상은 '최초의 조건에 민감하게 반응한다'는 현상을 발견했지. 즉 에드먼드 로렌즈의 방정식은 비선형(non-linear)이었기 때문에 최초의 조건으로부터 조금만 달라져도 결과가 아주 달라진다는 이론이다. 예를 들어 남미에서 나비가 날개를 팔락거림으로 미국 뉴욕의 센트럴 파크의 날씨에 영향을 줄 수 있다는 것이다.

그렇다. 작은 것도 소중히 여겨라. 작은 것이 엄청나게 큰 결과를 가져올 수 있다. 작은 친절에 감사하라. 남에게도 작은 친절을 베풀도록 하여라. 작은 일에 충성하지 못하면 큰일에도 충성하지 못한다. 작은 성공을 거듭해야 큰 성공을 거둘 수 있다. 그렇다고 실패를 두려워하지는 말아라. 실패는 성공의 좋은 밑거름이다.

나는 중요한 사람이고 내가 하는 일이 중요하고 의미 있다고 생각하는 사람은, 말과 행동에 신중을 기하게 되고 지혜로운 선택을 하기 위해 노력한다. '선택'은 대단히 중요하다. 여러 가지 대안 중에서 무엇을 선택하느냐에 따라 그 결과가 결정된다. 네가 싱가포르로 가는 고등학교 졸업여행을 포기하고 부활절 예배를 드리겠다는 복된 선택을 하였기 때문에 부활절 아침 할아버지가 갑자기 심근경색으로 하늘나라에 가시는 것을 옆에서 지켜볼 수 있었지. 지혜롭게 선택하고 그 선택에 대해 책임지는 사람이 되어야 한다.

지금 이 시간에도 시간은 째깍째깍하고 흘러간다. 시간이야말로 누구에게나 공평하게 주어진 자산이다. 시간은 저축할 수도 없다. 시간을 잘 쓰는 것이 시간이라는 자산을 잘 활용하는 방법이다. 운동, 휴식, 공부, 취미생활, 여행, 봉사 등 그 무엇이든 필요하고 해야 할 일이라면 최선을 다해라. 질 높은 시간들로 채워 나가라.

자중심이 있는 사람은 환경에 지배당하지 않고 환경을 능동적으로 활용하며 다스린다. 일정한 원칙과 가치관을 가지고 살아야 성공적이고 보람된 삶을 살 수 있다. 항상적(恒常的) 가치관과 원칙을 가지고 환경에 능동적으로 대처하는 사람이 되어야 한다. 커다란 냄비에 찬물을 채우고 개구리를 그 안에 넣고 서서히 가열하면 처음에 물이 미지근하다가 따뜻해지고 나중에는 뜨거워지고 결국 펄펄 끓게 되지. 개구리는 변온동물이기 때문에 물의 온도에 따라 체온이 변하다가 물이 끓을 때가지 그것을 감지하지 못하고 냄비 안에서 죽고 만다. 서서히 달라지는 변화를 감지하지 못하고 치명적인 상태에까지 이르는 것이다. 뜨거우면 튀어 나와야지 냄비 안에 가만히 있다가 죽는 개구리처럼 잘못된 가치관과 환경에 적응하며 살다보면 자기도 모르게 파멸에 이르게 된다.

건전한 엘리트 의식을 가진 사람은 높은 도덕적, 영적, 윤리적, 학문적, 전문적 수준을 설정하고 거기에 도달하고자 꾸준히 노력하는 사람이다. 꾸준히 노력하다 보면 자기도 모르는 사이에 큰 결실을 맺는다. 일시적으로 벼락치기로 애쓰는 것보다 장기적인 안목을 가지고 매일 매일 노력하는 것이 훨씬 효율적이다. 수적석천(水滴石穿)이라는 말이 있지. 물이 한 방울 한 방울 떨어지다 보면 바위도 뚫는다는 말인데 계속적인 노력의 중요성을 가르쳐 주는 말이다. 진지한 사랑의 노력은 결코 헛되지 않다. 콩나물을 기를 때 콩에 물을 계속 붓는데 물이 쑥쑥 빠져서 아무 소용이 없는 것 같지만 조금씩 콩나물은 물을 머금고 자라난단다. 중요한 것은 계속해서 매일 매일 물을 부어 주는 것이다. 귀하고 가치 있는 일은 그것이 당장 눈에 나타나는 성과가 없더라도 꾸준히 추구해야 한다. 좋은 결실을 볼 때까지 끝까지 인내해야 한다.

엘리트들은 별다른 노력없이 그 자리에 오른 것이 아니라 끊임없는 노력으로 많은 고난과 역경을 이겨내고 자기 분야에서 자기 나름대로 큰 역할을 하는 사람들이다. 자기가 설정한 높은 수준에 이르기 위해 엘리트는 자발적으로 고난에 뛰어 든다. '고난'은 우리를 더 높이, 더 멀리 도약하게 하는 추진력이다. 나비가 고치에서 빠져나오려고 애쓰는 것이 애처로워서 고치에서 쉽게 빠져나올 수 있도록 고치를 잘라 준다면 나비는 날 수 있는 힘을 기르지 못한다. 고치에서 빠져나오기 위해 애를 쓰는 과정에서 날 수 있는 힘을 얻게 되는 것이다.

엘리트는 더 많은 사람에게 유익과 행복을 가져다 주는 사람이다. 더 많이 공부하고 더 높은 자리에 있다는 것은 그만큼 책임과 의무가 크다는 것을 의미한다. 내가 이 자리에 오르기 위해 열심히 노력했으므로 그 대가를 누리는 것은 당연하다고 생각하여 자기계발을 게을리 하고 고압적, 권위적인 자세로 교만하게 행동한다면 결국 추락하고 만다. 겸손해야 한다. 늘 배우는 자세를 가져야 한다. 더 많은 책임을 지고 더 많은 사람들을 섬기는 사람이 엘리트이다. 한 사람의 말보다 그 사람의 행위가 그 사람의 됨됨이의 척도이다. 말보다 행위가 훨씬 더 큰 메가폰 역할을 한다. 말은 적게 하고 실천하는 사람이 되어라. 약속한 것은 지키는 사람, 신용 있는 사람이 되어라. 사랑은 연쇄반응을 일으킨다. 사랑은 사랑을 잉태한다. 사랑은 아무런 소득없이 사라져 버리는 것이 아니다.

엄마, 아빠가 20년 전에 일리노이 대학에서 공부할 때 근처 도시에 국제결혼 한 한국 여성이 살고 있었다. 그녀는 한국에서 미국으로 온 지 얼마 안 되었고 아들 하나를 데리고 어렵게 살고 있었다. 엄마가 특별히 관심을 가지고 돌보아 주었고 그 뒤로는 까마득히 잊고 있었다. 얼마 전 그 분과 연락이 닿아 미국에서 만났을 때 얼마나 기뻐했는지 모른다. 교회 집사님으로 열심히 봉사하며 잘 사는 것을 보니 얼마나 흐뭇했는지 모른다.

사랑하는 아들아,

경제가 중요한 시대이므로 경제생활에 대해 몇 마디하자. 사람들은 돈을 벌기 위해 열심히 노력한다. 우리 대학의 학생들도 방학이 되면 소위 '알바'해서 학비를 벌기 위해 동분서주하고 있지. 애처로울 정도로 많이 노력하고 있다. 하지만 돈이 중요하다고 돈을 많이 버는 것 자체가 목표가 되어서는 안 된다. 돈, 돈, 돈 하며 돈을 쫓아 다닌다고 돈이 내게 오는 것이 아니라 가치있고 보람된 일을 열심히 하다 보면 경제적인 필요가 채워지고 나아가서 경제적으로도 윤택하게 살 수 있다. 훌륭한 엘리트는 많은 사람들에게 열심히 봉사하는 자세로 사는 사람이다. 그렇게 살다 보면 자기도 모르게 돈이 모이는 거란다. '돈을 사랑함이 일만 악의 뿌리'이다. 선한 일에 부요한 사람, 많이 나누어 주고 봉사하는 사람이 되기를 바란다. 자선을 베푸는 사람이 더 큰 이익을 얻는다. 경제적으로 풍요하기를 원하는 사람들이 길러야 하는 중요한 습관은 돈을 내놓는 일이다. 헌금, 기부는 투자와 같은 것이다.

솔개는 가장 장수하는 조류 중의 하나인 데 약 40세가 되면 고통스러운 수행이 시작된다. 솔개는 부리가 구부러지고 깃털도 두껍게 자라서 하늘로 날아오르기가 힘들 뿐만 아니라 발톱도 노화되어 사냥감을 잡아 챌 수 없기 때문에 중대한 결심을 한다. 즉 솔개는 높은 산에 날아올라 둥지를 짓고 반년에 걸친 자기와의 싸움을 시작하는데 먼저 부리를 쪼아 빠지게 만든 다음 새로운 부리가 서서히 돋아나게 한다. 그리고 새로 돋은 부리로 발톱을 하나하나 뽑아낸 다음에 새 발톱이 돋으면 이번에는 날개의 깃털을 뽑아내기 시작해서 반년이 지나면 새 깃털이 돋아난다. 완전히 새로운 모습으로 변신한 솔개는 힘차게 하늘 위로 날아올라 다시 30년의 수명을 더 누리게 된단다. 아빠도 만년 청년으로 살고 싶은데, 어느덧 아빠가 50대에 접어드는구나. 50대는 '쉰 세대'가 아니라 새로운 도약을 준비하는 '신나는 세대'라고 생각한다. 올해 고등학교 졸업 30주년을 맞이하는 국내외의 모든 신나는 세대의 앞길에 하나님의 축복이 충만하기를 두 손 모아 빈다.

사랑하는 아들아,

이제 네가 태평양을 건너 미국에서 대학생활을 시작할 날이 얼마 남지 않았구나. 범사에 하나님을 인정하고 그를 의지할 때 하나님께서 너의 앞길을 구체적으로 인도해 주실 것이다. 정직, 신뢰, 사랑, 소망, 인내, 봉사, 나눔, 감사, 기쁨과 같은 아름다운 단어가 구체적으로 빛과 향기를 발하고 이 사회에 가득할 수 있도록 하나님을 사랑하고 많은 사람들을 사랑하는 엘리트 그리고 사랑받는 엘리트의 길을 함께 힘차게 걸어 가자꾸나.

사랑하는 동하, 연아에게

이석화
(주)지엔코 대표이사

아들 동하! 딸 연아!

아무리 불러봐도 참으로 귀하고 소중한 이름이다. 편안하게 너희들 이름만 불러도 배부르고 행복하구나. 세상의 어떤 부귀영화도 필요없고 너희들이 건강하고 행복하게 성장하는 것만으로도 우리 부부는 더없는 감사함과 고마움을 느낀다. 다른 욕심을 내지 말아야 하는데... 세상에는 너무도 커다란 불행과 고난과 슬픔을 함께하며 살아가는 가족과 삶이 즐비한데... 다시 한번 너희들 존재의 소중함과 이러한 행복을 영위할 수 있음에 하나님께 감사하고 한편으론 그렇지 못한 불행한 주변을 돌아 봐야 한다는 부담과 책임감을 느낀다.

지금 아빠의 이런 심정을 우리 동하, 연아는 얼마나 이해할지 궁금하구나. 참으로 많은 세월이 흘렀다. 너희들이 벌써 23살, 21살이고 아빠 나이가 50살이 되었으니 지난 세월을 돌이켜 보면 할 말도 많고, 후회와 반성할 일도 부지기수로구나. 너희들이 태어나기 전, 아빠가 엄마를 만나기 전의 아빠의 어린 시절과 청소년기 시절까지 돌이켜 보면 정말로 까마득하고 아득한 옛날의 얘기로구나.

오늘 아빠는 아빠 인생 후반기 진입의 어느날, 아빠의 과거 어린시절의 모습을 회상해 보면서 제법 성장한 너희들에게 몇 마디 해보려고 한다. 아빠가 바쁘고 힘들다는 핑계로 너희들과 충분한 대화를 나누지 못했고, 설사 얘기를 했다 하더라도 아빠의 어린시절 얘기는 별로 한 적이 없는 것 같구나. 어쩌면 별로 하고 싶지 않은, 숨기고 싶은 마음이 있어서일 거야. 오늘은 용기를 갖고 아주 공개적으로 세상에 OPEN하마.

동하, 연아야!

아빠는 너희들이 알다시피 가난한 집안에 많은 형제(6남매, 실제로는 9남매였다고 함) 중 막내로 태어났다. 아빠 어린시절의 우리 나라 실정은 지금과 비교해 보면 엄청나게 빈곤한 시기였지만, 그 시절에도 부유한 가정에서 유복하게 자란 친구들이 많이 있었단다. 아빠 집은 아주 극빈하지는 않았지만 평균보다는 좀더 어렵게 사는 가정이 아니었나 생각된다. 왜냐하면 먹을 것도 충분히 먹지 못했고, 하고 싶고 갖고 싶은 것에 대해 너무나 많은 것을 포기하면서 어린 시절을 보낸 기억이 나기 때문이다.

심지어 아빠가 서울대학을 진학하지 못하면 학비를 댈 수가 없어서 학업을 포기해야 할 정도라면 대충 짐작을 할 수 있겠지. 그 당시 서울대학은 국립대학이기 때문에 기타 사립대학보다 학비가 비교할 수 없을 정도로 저렴했다(지금은 별로 차이가 없다만). 이제야 얘기지만 아빠는 서울대 사범대를 가고 싶은 마음이 별로 없었단다. 순전히 학비가 가장 싼 대학이었기 때문이기도 하고 아르바이트를 해서도 충분히 학비를 충당할 수 있기 때문이기도 하지. 그 때문인지 아빠의 대학생활은 아빠의 인생 중에 그렇게 보람되고 바람직한 생활이 못 되었지. 한마디로 아빠의 대학생활은 엉망이었어. 전혀 맞지 않은 전공으로 인해 내 인생이 아닌 것 같은 허탈함 등등…….

아빠의 대학동기들 90% 이상이 교단에 있는데 아빠만 이렇게 대학 전공과 전혀 상관없는 직업을 갖고 있는 것도 환경 때문에 어쩔 수 없었던 선택이 원인인지도 모르겠다. 다행스러운 것은 가난 속에서도 할머니, 할아버지의 인자하심과 아빠형제들의 우애가 좋아 탈선 없이 무난하게 청년기 시절을 보낸 것 같구나. 지금 생각하면 너무도 다행이고 하나님의 보호가 있었던 것 같다.

동하, 연아야!

요즈음 젊은이들은 어른들이 옛날 얘기 하는 것을 제일 싫어한다며? 하긴, 제사 때 큰집에 가면 큰아빠가 옛날 얘기 반복해서 하는 것 들으면 아빠도 지겨운데 하물며 너희들이야 오죽하겠냐. 하지만, 오늘 아빠 얘기는 처음이기도 하지만 잔소리로 너희들을 교육시키기 위해 하는 것도 아니라는 것쯤은 짐작하지? 아빠 인생 후반기 이 시점에서 아빠의 과거를 한 번 정리해 보고 우리집 보물인 동하, 연아를 생각해 보는 거란다. 이런 것 자체가 잔소리라면 아빠도 늙기는 늙었나 보다. 하지만 모처럼 아들, 딸 생각하며 과거를 회상해 보니 너희들이 새삼 그립고 보고 싶구나.

아빠는 너희들의 친구관계를 아빠의 젊은 시절과 많이 비교해 본다. 세월이 많이 흘러, 세상이 많이 달라졌는데도 너희들의 교우관계를 보면 아빠의 과거시절 친구 사귀는 것과 비슷한 점이 많다는 생각이 든다. 뭐라 딱 부러지게 어떤 점이 그렇다고는 지적 못하겠지만, 친구 사귀는 스타일이나 관계형성 등이 매우 비슷하고 친구 좋아하는 모습도 그렇고…….

아빠의 인생을 돌이켜 보면, 주변의 친구들은 인생에 있어서 가족만큼이나 중요한 요소란다. 친구에게 도움을 주고 받는 문제가 아니라 어떤 친구들을 두었는지가 삶에 여러 가지로 직간접 영향을 주기 때문에 친구 관계가 인생에서 어느것 못지않게 중요하다.

젊은 시절의 이성 관계에 대해 잠깐 얘기하마. 요즈음 들어 너희 둘 모두 이 부분에 대해 다른 때와 다른 특별한 시기인 것 같은 느낌이 든다. 이제 드디어 소위 애인이란 존재를 옆에 두는 것 같은데, 이 부분은 매우 조심스럽긴 하지만 그래도 솔직해야겠다. 아빠는 많은 이성교제를 하라고 권하고 싶구나.

자칫 잘못 들으면 바람둥이나 문란한 이성교제를 하라는 말로 오해할 수 있는데, 현재의 이성교제에 대한 사회인식, 사회변화는 아빠의 젊은 시절과는 너무도 크게 변한 것 같다. 그땐 이성교제를 보는 사회시각이 그렇게 호의적이지도 않았다. 숨기고 싶은 것 혹은 부끄러운 것 등으로 간주되었고, 이성교제와 결혼은 어느 정도 함수관계를 갖곤 하였지만 지금은 반드시 그렇지만은 않은 것 같구나.

아빠가 이 대목에서 특히 강조하고 싶은 것은 동성친구와는 달리, 이성에 대해서는 자칫 환상을 갖고 감성적으로 접근하여 낭패를 보거나 불행해지는 경우가 종종 있는데, 그에 대한 훈련과 경험이 필요하다는 얘기다. 그래야만 너희들에게 가장 적합한 인생의 파트너를 고를 수 있는 안목이 생긴다. 건전한 이성교제를 결혼 전에 많이 하는 것이 절대 나쁜 것이 아니란다.

아빠의 옛날 얘기를 한다고 시작해 놓고선 결국 또 훈계로 변한 것 같구나. 아빠는 역시 어쩔 수가 없는 모양이다. 이제 글을 마무리해야겠다. "아빠는 동하, 연아를 사랑한다!!" 아빠는 동하, 연아가 앞으로도 너희 인생 항로에서 노를 젓다가 힘이 빠져 아빠에게 손을 내밀 때 언제라도 그 손을 잡아 줄 수 있고, 아빠가 죽는 날까지 너희들을 끌어 줄 수 있는 힘이 남아 있기를 오늘도 기도한다.

끝으로, 너희들이 아주 건강하고 지혜로운 안목으로 너희와 함께 인생을 꾸려갈 반려자를 선택할 수 있도록 기도하마. 그 과정에 혹시 아빠의 역할이 주어지면 더없이 좋겠지.

사랑한다! 동하, 연아야!!! 수백, 수천 번이라도 사랑한다고 외치고 싶구나. 그리고 너무 고맙다. 지금까지 건강하고 올바르게 자라고 성장해 줘서 앞으로도 더도 덜도 말고 현재 너희들 모습처럼, 그만큼으로만 남아 준다면 아빠는 너무도 행복할 것이다.

동하, 연아를 정말로 사랑하는 아빠가.

SEOUL 서울

내 아들의 눈에 있는 미래의 땅

조원장
Danisco Korea 대표

사랑하는 성호 보아라.

컬럼버스를 알지? 그가 신대륙을 찾아 가는 여정 중 어느 막막한 바다 한가운데서 이렇게 말했다고 한다. "내게 '너는 지금 어디에 있는가?' 라고 질문하지 마라. 차라리 이렇게 물어라, '넌 지금 어디로 가고자 하는가?'라고."

성호야, 너는 지금 왜 거기 있니?

무엇을 얻고, 무엇을 하고자 하니?

컬럼버스의 이 질문은 아빠도 살아가며 종종 스스로에게 묻는 질문이다. 우리가 인생을 살아가노라면 문제에 당면하기도 하고 간혹 낙담할 때도 있으며, 새로운 계기를 통해 나를 변화시키기도 하지. 그런 경우, 우리는 자신의 좌표를 확인하는 일에서 출발하여야 한다. 나의 위치는 어디쯤인가? 그리고 나는 진정 무엇이 되길 원하는가?

내 아들이 지금 온몸으로 맞고 있는 새로운 환경, 그 이국의 땅에서 네가 그 지도를 찾아 낼 수만 있다면 참으로 뜻 깊은 일이 아닐 수 없다. 그래서 아빠가 살면서 중요하다고 생각했던 몇 가지를 네게 이야기해 주고 싶구나.

지난번 영국에서 보니 아빠는 네가 몹시 대견하더라. 오랜만에 만난 성호가 반갑기도 하거니와 몇 달 사이 훌쩍 커버린 네 모습에 아빠는 새삼 감탄하였다. 미숙한 영어이긴 했지만 당당한 태도로 프랑스음식을 주문하던 모습, 식사 중에 미소를 잃지 않고 이모의 친구들인 후안(Huan)교수 내외와 서슴없이 이야기를 시도하는 모습이 몹시 인상 깊었다. 내 아들이 인생을 살아가는 데 가장 중요한 걸 벌써 깨닫고 있구나 싶었어. 서울에 돌아와 그런 이치를 체득하고 있는 네 이야기를 엄마, 할머니, 할아버지께 전하며 아빠는 무척 자랑스러웠다.

당당하게 행동하는 것과 미소를 잃지 않는 것은 단지 식당에서 밥을 먹을 때만 필요한 것은 아니다. 언제, 어디서, 어떤 상황에서든 품위를 잃지 않고 당당하게 행동하는 것은 누구에게나 좋은 인상을 준단다. 더구나 미소를 잃지 않고 행동한다면 더할 나위가 없겠지.

네 엄마는 네가 공부를 열심히 하진 않지만 절대로 주눅이 드는 법이 없다고 대견해 한단다. 가끔은 아무것도 모르는 녀석이 고집만 세고 자기 주장만 한다며 안타까워도 했었지만, 주눅들지 않는 것은 스스로에 대한 자긍심이며, 거기에서 자기를 존중하는 자존심이 나오는 것이니 아빠는 너를 탓하고 싶지 않다.

지난 겨울 스키장에서 만난 잘 알지도 못하는 선배들이 난관에 봉착

했을 때 성호가 다 책임을 지겠다고 하여 아빠로선 고민도 되고 착잡하기도 했었다. 그러나 경찰에까지 출두해야 하는 떨리고 힘든 경험을 의연히 넘기는 네 모습을 보고 자부심을 느꼈다. 자랑스런 아들, 그래, 참 중요하다. 용기있는 선택이 비겁함보다 인생에서 보석처럼 빛나는 것일 것이다.

인생을 사는 데 중요한 것 중 하나로, 아빠는 호기심과 용기를 꼽고 싶다. 그리고 목표를 세우면 그를 이루어 내려는 열정이 중요하지. 아무리 작은 일일지라도 뚜렷한 목표를 세우고 이를 달성하려는 도전의식은 가령 네가 여자친구를 사귀든, 혹 어느 곳을 여행하든 모두 호기심, 목표, 용기를 필요로 하는 것들이다.

네가 고등학교 3학년이었던 어느 날, 차라리 학교를 그만두고 아르바이트를 해 경제력을 갖고 독립했으면 좋겠다고 했을 때 아빠는 머리가 지끈 아팠다. 그렇지만 한편 속으로 기특하게 생각하기도 했지. 재미없는 것은 하고 싶지 않다, 실제 경험을 하고 싶다, 스스로 독립하고 싶다, 뭐 이런 생각이었을텐데…. 아빠가 허락할 용기가 없었는지, 어쩌면 주변의 시선을 의식하고 고3의 시간만을 탓했는지 모르지만 아마 그 마음은 내 아들이 언젠가 아빠가 되면 알아 주지 않을까?

그래, 재미있는 것, 네가 의미있다고 생각하는 일을 하거라. 물론 엄마, 아빠를 너무 놀래키지는 말고……. 재미는 열정을 동반하고 열정은 자신을 불사르는 몰두로 나타난다. 내 아들이 남을 배려하는 따뜻한 마음을 가졌고, 으스대는 가벼움을 싫어하는 자존심이 강한 사람임을 아빠는 안다.

요즘은 아빠나 엄마가 젊었을 때와는 달리 지식이 너무나 많고 넘쳐나서 어느 것을 취해야 하는지 파악하기 어려운 세상이 되었다. 앨빈 토플러라는 미래학자는 지금까지의 지식과 산업시대의 발상은 이제는 쓸모 없는 지식이 되어 버렸고, 현재는 그런 지식들을 잘 걸러 내는 능력이 중요하다고 하더구나. 걸러 내야 할 쓰레기 같은 지식을 obsoledge(obsolete : 쓸모없는 + knowledge : 지식)라고 부른다는 글을 읽은 적이 있다.

여행책 보는 것도 즐겨 하지 않던 네가 이번에 「유럽여행 100배 즐기기 2006년도 최신판」을 굳이 사다 달라고 부탁한 것도 네가 갖고 있는 한글판 여행정보 책이 오래된 것이거나 짧은 시간 내에 효율적으로 이해할 수 없는 영어로 된 책이었기 때문이겠지. 아무리 많은 정보와 지식일지라도 오래되었다든가 이해하는 데 시간이 많이 걸린다면 쓸모가 없다. 언젠가도 네게 얘기했지만 풍부한 지식과 상식은 경험에서 나오는 것이며, 시간이 제한적인 젊은 너희들에게는 남의 이야기를 들어보는 간접경험도 매우 중요하다. 너희들이 지겹도록 듣는 "공부를 열심히 해라" 또 "책을 많이 읽어라" 하는 것도 결국은 남의 얘기를 듣고 간접경험을 많이 쌓아두라는 얘기지.

「무인도에 조난을 당했을 때 살아 남는 법」이란 책을 아빠가 사와서 윤해와 함께 우리 모두 재미있게 읽었잖아. 그와 똑같이 네가 잘 알지 못하는 미지의 인생과 세계를 효과적으로 탐험하기 위해 학교공부와 같은 기본적인 학습과 책을 읽는 것은 거쳐야 할 과정이다. 그러나 학교공부란 것이, 어떻게 활용될지보다는 단계를 거쳐가는 과정에 치중

해서 이해하기 힘든 경우가 있을 수 있단다. 너도 중·고등학교 수업 시간 중에 그런 괴로운 시간을 여러 번 경험했을 거라고 생각한다.

그래서인지 아빠는 남자라면 가능한 무엇이든 직접경험을 해보라고 권하고 싶다. 한번이라도 직접 해본 것은 잃어 버리지 않을 뿐 아니라 그 경험을 통해 다른 영감이나 아이디어를 얻게 되기도 했다. 친구와 같이 하든 혼자서 하든 여행을 하는 것은 많은 것을 느끼고 생각하게 한다. 아빠가 25년 전 시도했던 3개월 간의 동남아 무전여행은 지금까지도 아빠에게 많은 자신감을 준 특별한 경험으로 기억된다. 그때 만났던 일본 친구들, 대만 친구들과 유럽 친구들, 그리고 두려움을 느꼈던 일과 어려움을 극복했던 과정도 모두 생생하다.

네가 지난번 독일에서 있었던 월드컵에서 우리 나라를 응원하면서 생전 처음으로 태극기가 자랑스러웠고, 목이 터져라 우리 나라를 응원하는 것이 그렇게 기분 좋은 일인지 몰랐다고 블로그에 올린 글을 보았다. 그런 것이다. 직접경험이란 그 어떤 지식이나 학습보다 그렇게 마음을 뜨겁게 하고 머리에 생생하게 새겨지는 것이다.

이제 다음달이면 넌 먼 이국 땅에서 몇 달 간의 봉사활동을 시작하게 되는구나. 하루에 12시간씩 어려운 사람들을 돌보는 것이라 육체적으로 많이 힘이 들테지. 그렇지만 힘든 일일수록 그 어려움을 극복하고 나면 더 큰 보람과 만족감 그리고 자신감을 얻게 된다. 또 여러 다른 문화, 환경에 있는 친구들을 사귈 수 있는 시간이 될 것이므로 네게 중요한 기회가 될 것이라 믿는다.

항상 미소를 잃지 말고 당당하게 행동하거라. 또 품위있고 예의바르게 행동하거라. 영어를 익힌다는 점도 중요하지만 약하고 어려운 처지에 있는 사람들을 힘이 닿는 대로 정성껏 돌봐 주는 과정이 네게 커다란 깨달음을 줄 것이다. 물론 좋은 친구들도 많이 사귀길 바란다.

성호야, 엄마에게 간혹 핀잔을 들으면서도 아빠가 새로운 비디오게임이나 컴퓨터게임이 나오면 항상 네게 알려 주고 가르쳐 주려고 했었던 것을 기억하니? 10년 전 '90년대 초, 너는 초등학생이면서도 제법 빠르게 컴퓨터를 다루고 롤프레잉 게임이나 아빠 몰래 전화접속을 통해 '단군의 아들' 같은 온 라인 머드게임을 하곤 했지. 아빠는 21세기엔 컴퓨터와 게임을 잘 하는 사람이 경쟁력이 있을 거란 생각을 하고 있었거든. 그러나 네가 잠도 자지 않고 밤새워 울티마같은 게임을 하거나, 또 게임 때문인지 학교에 가고 싶어 하지 않을 때는 후회한 적도 있었다. 자제력이 아직 없는 네게 그런 경험을 절제없이 허용한 자책 때문에...

그러나 언젠가 자판기 앞에서 차가운 커피와 뜨거운 커피를 구분하지 못해 헤매고 있는 아빠에게 초등학교 3학년생인 네가 단번에 구분하는 방법을 알려주는 것을 보곤 게임을 독려한 것이 잘못된 것만은 아니라고 생각을 했단다. 주변상황을 빨리 파악하고, 상황의 핵심을 남들보다 빨리 꿰뚫는 너를 보고, 그건 새로운 게임을 많이 해본 덕분일 거라고 위안을 삼기도 한다. 요즘과 같이 수많은 정보와 지식이 난무하는 시대에는 학교성적의 높고 낮음보다 상황의 핵심을 한번에 꿰뚫는 것이 더욱 중요한 능력이 아닌가 싶어서다. 사실 이는 여러 학자들을 통해 예견되고 있는 핵심 역량이기도 하다.

마지막으로 인생의 멘토를 찾거라.

아빠는 요즘도 판단하기 어려운 일이 생기면 할아버지께 여쭈어 본다. 이런 경우 할아버지라면 어떻게 하시겠느냐고…… 그러면 답이 나오더구나. 그게 할아버지 의견이든 아니면 아빠 스스로의 정리건. 아빠나 엄마가 아니라면 널 극진히 생각하는 이모나 삼촌, 작은 아빠에게 어려운 점을 상의할 수 있겠지. 인생에서 어려운 문제를 꺼내 서슴없이 상의하는 존경하는 사람을 찾는 일은 참으로 중요한 일이다. 아빠도 네게 그런 사람이 되도록 더욱 노력하마.

가장 중요한 것은 건강이다.

짬짬이 운동해서 감기가 들지 않도록, 또 몸이 둔해지지 않도록 주의해라. 어느 책을 보니 '80년대에는 적극적이고 활발한 사람을, '90년대에는 도전적이고 창의적인 이미지의 사람을 선호했는데 요즘엔 유머감각이 있는 스마트한 인상의 사람들이 뜬다더라. 멋진 상체근육과 six pack은 스마트한 인상의 기본이라고 하더라. 복근 운동과 push up 열심히 하렴. 내년 초 귀국할 즈음 네 멋진 상체와 복근을 감상해 보자꾸나!

이제 인생의 먼 여정을 가야 하는 내 아들에게 마지막으로 콜럼버스 이야기 하나 더 해주마.

가도 가도 끝이 없어 보이는 바다 한가운데서 콜럼버스가 이렇게 말했다고 한다.

"산타마리아의 뱃머리에선 땅을 보지 못합니다.
그러나 여러분은 내 눈동자에서 땅을 볼 수 있습니다."

내 아들의 눈에서 나는 미래의 땅을 본다.
행운을 빈다.

서울

지혜로운 이의 삶

나승혁
한국항공진흥협회 기술정보실장

사랑하는 우리 아들, 딸들아!

너희들이 앞으로 살아갈 인생 여정이 행복해지기를 바라는 마음에서, 이 아빠가 그간 살아오면서 경험하고, 가슴에 새긴 이야기를 쓴단다. 특히 너희들 같은 청소년시기는 한 인간의 인격형성에 극히 소중한 시기이니, 이 아빠의 성공, 실패, 그리고 교훈에 대한 이야기를 잘 새겨 듣고, 나름대로 판단하고 소화하여 좋은 길잡이로 삼기를 바란다.

결론부터 이야기 하자! 인생은 공부가 전부가 아니란다. 공부 이외에 힘써 쌓아야 될 것은 좋은 인성, 즉, 남들을 사랑하는 마음(慈), 남들의 불행에 슬퍼하는 마음(悲), 남들의 기쁨에 즐거워하는 마음(喜), 그리고 옳은 일을 위해 자기 욕심을 버릴 줄 아는 마음(捨) 등을 키워야 한단다. 이외에 운동 특기, 체력 단련이든 무술이든, 한 가지는 꼭 닦아야 한단다. 즉 인생은 공부, 마음(慈悲喜捨) 공부와 독서, 체력 등을 모두 연마해야 한다는 말이다.

불행히도 아빠 세대는 입시라는 무거운 경쟁의 세대여서, 나부터 경쟁하느라 경쟁에서 처진 친구들의 아픈 마음을 헤아리지 못했다. 운이 좋아 경쟁에서 이긴 줄도 모르고, 내가 제일 잘났다고 생각했단다. 체력의 중요성도 몰라 35세가 되고서야 달리기 운동을 시작할 정도로 게으르게 살았단다. 물론 고등학교, 대학입시에서는 성공했다고 하지만….

이 시기에 특히 중요한 것은 친구를 사귀는 것이다. 이 아빠는 여자친구 사귀는 재주나 경험이 없어서, 특히 여학생 앞에만 서면 얼굴이 새빨개지는 성격에, 그리고 여학생은 대학교에 들어갈 이상의 나이에 사귀어도 좋다고 생각하기에, 남자 친구와 관련된 이야기를 해주고 싶단다. 그간 실패라는 것을 모르고 살아왔던, 이 아빠가 원숭이도 나무에서 떨어질 때가 있다고, 한 5년 전부터는 아주 힘든 일을 많이 당해왔단다. 물론 나쁜 짓을 한 것도 아닌데, 왜 그런지 이유는 모르지만, 하여간 이 어려운 시기와 일들을 고등학교 친구들 덕분에 무사히 넘겨왔단다. 그만큼, 물론 성인이 되어서 만난 친구도 오래 가지만, 청소년기 특히 고등학교 때 사귄 친구들이 인생에 가장 도움이 되는 것이다. 10여년 이상을 외국에서 살아온 아빠의 느낌으로는 외국의 경우도 마찬가지야!

이외에 인생의 목표를 뚜렷이 하는 것도 좋으나, 좀더 뚜렷이 하기 위해서는 한 가지 종교를 갖고 있는 것이 좋다. 어느 정도로 종교를 이해하기까지는 무조건 믿고, 어려울 때마다 의지하고 기도하면 아주 많은 도움이 된단다. 그러나 남의 종교에 대해 왈가왈부하지 말고, 자기가 믿는 종교만을 조용히 믿거라! 종교의 목적이 영혼의 문제에 대해

답해 주는 것이며, 타인에게 부담이나 해를 주면 안 된니까 말이다. 이제 지천명(知天命)의 나이인 50까지 살아오는 동안, 아빠가 가진 종교로부터 인간이 알 수 없는 신비한 도움을 많이 받아 왔단다.

자, 이제 아빠의 지난 이야기보다도, 앞으로 네가 살아야 할 앞날에 도움이 되는 이야기를 차례로 정리해 보기로 하자. 그 누구도 이런 이야기를 아빠에게 해준 적이 없었지만, 아빠가 살아오면서 느낀 이야기들이니 잘 새겨 두어라!

우선 가장 중요한 친구에 대해서, 네가 남의 좋은 친구가 되기 위하여는 아래의 7가지를 지켜라.

① 주기 어려운 것을 능히 줄 것
② 하기 어려운 일을 능히 할 것
③ 참기 어려운 일을 능히 참을 것
④ 비밀된 일을 서로 말할 것
⑤ 서로의 잘못을 말하지 않을 것
⑥ 고난을 당하더라도 버리지 말 것
⑦ 가난하더라도 업신여기지 말 것 등이다.

친척 친구간에는

① 죄악 짖는 것을 보거든 남들이 안 보는 데서 조용히 타일러 다시는 그런 짖을 못하게 하는 것
② 급한 일이 있으면 달려가서 도와주는 것
③ 비밀을 남에게 누설하지 않는 것
④ 서로 공경하고 어렵게 대하는 것
⑤ 갖고 있는 물건을 다소 나누어 쓰는 것 등이다.

이렇게 조금만 하더라도 좋은 친구를 얻을 수 있을 것이다.

두 번째로 좋은 스승님은 인생의 어려운 때마다 항상 의지처가 되니

① 공경하고 어렵게 대하는 것
② 은혜를 잊지 않는 것
③ 가르침을 따르는 것
④ 생각하기를 싫어하지 않는 것
⑤ 받들어 칭찬해 드리는 것이란다.

이렇게 말하는 것은, 옛날에는 "마땅히 스승의 뒤를 따르되 발로써 스승의 그림자도 밟지 말지니라" 라고 했는데, 요즘은 스승의 은혜 알기를 너무 가볍게 여기는 세상이 되었기 때문이다!

세 번째로 앞으로 너희도 결혼을 하게 될 터인데, 이렇게 되도록 인격을 닦아야만 된다고 생각하기에 미리 이야기해 두는 것이란다.

① 집을 드나들 때 늘 부인에게 인사를 하는 것
② 때를 맞추어 부인에게 의식주를 공급하는 것
③ 보석 등으로 장식하게 해주는 것
④ 집안 살림은 모두 부인에게 맡기는 것
⑤ 부인 이외의 다른 여자를 사귀지 말 것 등이란다.

앞으로 부인을 얻거나 여자친구를 사귀더라도

① 어머니와 같은 아내/친구
② 동생과 같은 아내/친구

③ 스승과 같은 아내/친구, 아내다운 아내/친구, 하녀와 같은 아내/친구 등 중에서 잘 분별하여 좋은 인연을 맺도록 하기를 바란다.

네 번째로는 부모님에게는, 너희가 성인이 되어서

① 부모님을 보호하고 부족함이 없게 해드리는 것
② 너희 일을 부모님과 상의하는 것
③ 부모님의 의사를 거역하지 않는 것
④ 부모님이 하시는 일을 위배하거나 못하게 하지 않는 것 등이란다.

부모님 은혜는 너무나 막중하여, 너희들이 부모님을 어깨에 메고 온 세상을 돌아 어깨뼈가 드러나도록 한다 해도 은혜의 일부분도 갚지를 못한단다.

마지막으로 앞으로 사회 생활을 함에 있어 좋은 인간관계를 맺어야 한다. 이렇게 되기 위해서는

① 상사보다 항상 일찍 출근하여 찾지 않게 하는 것
② 자기 일은 자기가 반드시 하는 것
③ 상사의 물건을 아끼고 함부로 버리거나 남에게 내주지 않는 것
④ 상사가 출입할 적에는 전송하거나 마중 나가는 것
⑤ 상사의 장점을 이야기 하고 단점을 말하지 않는 것이다.

특히 입은 모든 좋지 않은 일의 근본이니, 상사의 험담은 되도록 하지 않는 것이 좋다고 본다.

두서없이 이야기 했구나. 끝으로 너희들이 항상 가슴에 새겨두기를 바라는 글로써 아빠의 이야기를 끝내기로 하자꾸나!

지혜로운 이의 삶(부제: 걸림없이 살 줄 알라 !!!)

유리하다고 교만하지 말고
불리하다고 비굴하지 말라.

자기가 아는 대로 진실만을 말하여
주고받는 말마다 악(惡)을 막아 듣는 이에게 기쁨을 주어라.

무엇을 들었다고 쉽게 행동하지 말고
그것이 사실인지 깊이 생각하여
이치(理致)가 명확할 때 과감히 행동하라.

지나치게 인색하지 말고 성내거나 미워하지 말라.

이기심을 채우고자 정의를 등지지 말고
원망을 원망으로 갚지 말라.

위험에 직면하여 두려워 말고
이익을 위해 남을 모함하지 말라.

객기(客氣)부려 만용(蠻勇)하지 말고 허약하여 비겁하지 말라.

사나우면 남들이 꺼려하고 나약하면 남이 업신여기나니
사나움과 나약함을 버려 지혜롭게 중도(中道)를 지켜라.

태산(泰山)같은 자부심을 갖고
누운 풀처럼 자기를 낮추어라.
역경(逆境)을 참아 이겨내고
형편이 잘 풀릴 때를 조심하라.

재물(財物)을 오물(汚物)처럼 보고 터지는 분노를 잘 다스려라.

때(時)와 처지(處地)를 살필 줄 알고
부귀(富貴)와 쇠망(衰亡)이 교차(交叉)함을 알라.

SEOUL 서울

어떻게 대학생활을 할 것인가

박태현
서울대학교 화학생물공학부 교수

대학입학을 축하한다. 힘든 고3 생활을 잘 이겨내고 원하던 전공으로 진학하여 네가 원하는 공부를 마음껏 할 수 있게 되어 아빠는 무엇보다도 기쁘다. 너는 태어나는 순간부터 엄마 아빠에게 커다란 행복을 안겨 준 존재였다. 유아시절과 유치원, 초등학교, 중학교, 고등학교를 거치며 자라면서 줄곧 늘 기쁨과 행복을 안겨 주었다. 이제 손꼽아 기다리던 대학생활이 막 시작되려 한다. 엄마 아빠도 가슴이 벅차오르는 감격을 함께 느낀다. 우리 아들이 4년의 대학생활, 너무나도 소중한 이 시간을 알차고 보람있게 보냈으면 하는 간절한 마음에서 이 글을 쓴다.

대학은 자기가 할 일을 자기 자신이 찾아서 하는 곳이다. 고등학교 시절까지는 타이트하게 짜여 있는 학교와 학원의 일과에 따라 하루하루 생활하였지만, 이제부터는 누가 이래라 저래라 할 사람이 없다. 교과목도 자기가 선택하여 수강신청을 하고, 할 일들도 자기가 찾아서 해야 하는 것이다. 즉, 시간을 매니지먼트할 수 있는 자유가 크게 증가한 셈이다. 그런데 고등학교 시절까지 내내 정해진 일정에 따라 생활해 왔던 습성이 있는 터라, 자유는 많이 주어지지만 그 자유를 유용하게 사용하는 데 익숙하지 않은 것이 우리 나라 대학교 신입생들의 공통점이다. 그 동안 시간의 자유를 그토록 갈망해 왔지만, 이제 그 자유가 주어졌는데 막상 그것을 적절히 사용하는 데는 미숙한 것이다. 이로 인해 대학생활에 적응하지 못하고 방황하는 상당수의 학생들이 생기게 된다. 이제 대학생활을 시작하면서 자기가 해야 할 일들이 무엇인지를 스스로 찾아서 결정하고, 그것을 성실히 수행함으로써 시간을 헛되이 보내지 말기를 바란다.

하고 싶었던 많은 것들이 있었을 것이다. 모든 것을 다 할 수는 없을 테니, 우선순위를 정하여 실행해 나가라. 춤, 디제잉 등 네가 이미 시작한 것도 있고, 조만간 시작하려는 것도 있을 것이다. 하고 싶은 것들을 차분히 앉아 정리하고 우선순위도 매기고 대강의 일정도 잡아보아라. '화장실에 갈 때와 나올 때의 마음이 다르다'는 말이 있듯이, 하지 못할 때는 한없이 하고 싶었던 일들도 막상 시간이 주어지면 그 마음이 사그라져 잊혀지기 십상이다. 그 동안 하고 싶었던 학과공부 이외의 취미생활들을 잘 해 나가기 바란다. 대학시절에 했던 동아리 등의 과외활동과 취미들이 평생의 반려가 되어 주는 경우가 많기 때문이다. 대학을 졸업하고 사회생활을 시작하면, 또다시 생존경쟁이 시작되고 바빠져 그런 시간을 갖기가 매우 어렵다.

기회가 되면 마음이 맞는 친구들과 여행도 많이 해라. 여행하면서 많을 것들을 느끼고 배우게 된다. 네가 즐겨 듣는 음악의 가사에 담긴 뜻도 그 가수나 내용 이면에 담긴 백그라운드 지식이 있으면 훨씬 감동이 큰 것과 마찬가지로, 여행을 떠나기 전에 그 곳에 대하여 인터넷이나 여행책자를 통해 파악하고 떠난다면 알고 있는 것만큼 더 많이 얻는다. 특히 그 곳 역사에 대하여 공부를 하고 가면 더욱 얻는 것이 많을 것이다. 네가 역사에 대해 공부하기를 싫어 한다는 것을 아빠가 잘 안다. 아빠도 그랬으니까. 그러나 앞으로는 역사에 대해서도 점차 관심을 가지길 바란다. 역사라는 것은 바로 인간이 살아왔던 이야기니까. 우리의 삶에 대한 과거를 봄으로써 앞으로 어떻게 살아가는 것이 좋겠다는 안목도 생길 것이다. '온고이지신' 이라는 말과 같이, 옛 것을 익힘으로써 새로운 것을 배우게 되는 것이다.

외국어 특히 영어의 중요성은 아무리 강조해도 지나치지 않다. 너는 성장하는 과정에서 미국에서 교육을 받을 기회가 있었기 때문에 또래의 친구들에 비하여 뒤지지 않는 영어실력을 가지고 있는 것이 사실이다. 그러나 자만하거나 이것에 만족하지 말고 노력을 기울여 더욱 연마해 나가기 바란다. 네가 장래에 무슨 직업을 갖든지, 영어로의 communication skill은 매우 중요한 것이다. 일상적인 대화에서 고급 수준의 대화를 구현하려고 노력하기 바라고, 특히 대중 앞에서 발표하는 영어, 논문이나 보고서 등의 서류작성을 위해 글 쓰는 영어를 계발해 나가기 바란다.

이상에서 말한 바와 같이 네 자신의 능력 계발도 중요하지만, 더욱 중요한 것은 인간적 성숙에 관한 것이다. 성공적인 삶을 살기 위해서,

능력만 가지고는 안 되고 인간 됨됨이가 중요하다. '웬 도덕책에 나오는 훈계를 하고 계시나' 하고 생각하지 말기 바란다. 이와 같은 덕목을 갖춘 사람이 사회적 리더가 되고 성공적인 삶을 살게 된다는 것은, 단지 도덕책에 나오는 이야기가 아니라 우리의 삶 속에서 그대로 나타나고 있기 때문이다. 우리가 살아가는 사회는 혼자서 사는 것이 아니라 인간과 인간의 관계 속에 살아가기 때문에, 인간적인 됨됨이와 다른 사람과의 원만한 관계가 성공적인 삶을 살기 위한 매우 중요한 요소이다.

능력을 인정받을수록 더욱 더 자기 자신을 낮추고 겸손해져야 한다. 그러면 네 자신에 대한 가치를 더욱 더 인정받게 될 것이다. 요즈음은 자기 PR의 세상이라고들 한다. 자기의 능력을 다른 사람들에게 알릴 필요는 있지만, 그것이 도를 지나쳐서 잘난 체 하는 것으로 남의 눈에 비춰질 때는 오히려 마이너스가 될 것이다. 네가 지금 그렇다는 것이 아니라, 이제 대학생이 되었으니 친구, 친척, 주위의 웃어른들을 대할 때 언행에 더욱 조심하라는 말이다. '벼는 익을수록 고개를 숙인다'는 말이 있지 않니?

대학을 거쳐 앞으로 사회에 진출하여 생활하게 되면 인간관계가 더욱 중요하게 된다. 우리가 살고 있는 사회는 인간 네트워크로 이루어져 있다. 중고 동창생, 대학 동창생을 비롯한 주위 친구들서부터 좋은 관계를 유지하여 나가기 바라고, 좋은 친구를 많이 사귀기 위하여 노력하기 바란다. 이런 인간 네트워크가 앞으로의 네 생활에 큰 자산이 될 것이다. 되도록 많은 사람을 알고 두루 사귀되, 진실하지 못한 사람과는 깊이 사귀지 말아라. 그런 사람과 가깝게 되면, 자기도 모르는 사이에 좋지 않은 영향을 받게 되고 이상한 사건에 휘말리기도 한다. 그래서 '백로야 까마귀 노는 곳에 가지 마라' 라는 옛 말도 있는 것이다.

네 인생에 있어서 친구관계보다 더 중요한 것이 여자를 사귀는 일일 것이다. 너는 남녀공학 고등학교를 나와서 여학생과 어울릴 기회를 이미 가졌기 때문에 여자친구와의 관계가 새삼스러울 것은 없겠다. 친구로서 지내는 것은 앞에서 이야기한 내용에 준하여 행동하면 되겠으나, 앞으로 결혼 상대자로 사귈 여자의 경우에는 이보다 더 신중해야 한다. 당장의 감정보다는 평생을 함께할 동반자로서 적당한지를 먼저 생각해야 한다. 결혼이란 두 사람이 한팀이 되어 인생이란 여정을 함께 가는 것이다. 운동경기, 퀴즈대회, 경시대회, 게임 등 두 사람이 팀을 이루고 하는 경우를 생각해 보자. 예를 들어 과학 퀴즈대회에 출전하기 위해 너와 팀을 이룰 적당한 파트너가 있을 것이고, 탁구 복식을 위한 네 파트너는 또다른 사람일 것이다. 결혼 상대자의 경우는 평생 함께 가정을 이루고 살 파트너를 찾는 것이다.

결혼 상대로서는 외모도 너의 마음에 들어야 하겠지만, 우선 비슷한 가치관을 가진 상대가 적당할 것으로 생각한다. 가치관은 대부분 자라온 과정과 청소년기를 통하여 굳어지는 경우가 많으므로, 가치관이 판이하게 다른 사람이 만나서 함께 사는 것은 매우 힘든 일이 될 것이다. 이런 면에서 보면 자라 온 환경이 너와 비슷한 사람이 제일 무난할 것으로 생각된다. 지혜로운 여인은 인생의 동반자로서 너에게 많은 도움을 줄 것이며 머리가 좋은 여인은 똑똑한 2세를 갖게 해 줄 것이다.

아빠가 네게 해주고 싶은 이야기 중의 다른 하나는 돈의 가치에 대한 것이다. 돈은 분명히 필요하고 매우 중한 것이다. 그러나 그것이 지고지순한 가치가 아님을 너도 잘 알고 있을 줄로 믿는다. 돈으로 인생의 행복을 살 수 없다는 것을 알기를 바란다. 돈 많은 재벌 가문의 경우에 유산 때문에 법정소송을 하는 등 형제간의 우애가 안 좋은 경우를 종종 보아 왔다. 얼마 전에는 어마어마한 금액의 상속을 이미 받은 재벌의 외동딸이 자살을 하기도 하였다. 이와 같은 예들이 돈이 절대적 가치가 아님을 분명히 말해 주고 있다. 돈은 써야 할 만큼 필요하기도 하지만, 돈에 대한 지나친 욕심은 화를 부르고 삶을 오히려 불행하게 할 수도 있다는 것을 기억해라.

돈이 절대적 가치는 아니지만, 살아가는 데 있어서 없어서는 안 될 소중한 것이다. 따라서 경제에 대하여 공부도 하고 관심을 가져라. 큰 돈일지라도 써야 할 때는 구두쇠 노릇을 하지 말고 쓰고, 작은 돈도 절약하고 저축하는 습성을 가져라. 저축은 미래를 대비하는 일이다. 민족이나 사람에 따라서는 자기가 번 돈을 다 써 버려야 직성이 풀리고 저축을 못하는 습성을 가진 민족이나 사람들이 있다. 이들에게는 미래가 없다. 절약하고 검소하게 살며 저축하여 미래를 대비해라.

네가 하고 싶은 많은 것들을 하며 보람된 대학생활을 하기 바란다. 이것저것 다 해보는 것은 좋으나, 마지막으로 강조하고 싶은 것은 학생의 본분은 역시 공부이며 대학은 학문을 하는 곳이라는 것이다. 이 점에 있어서 아빠가 크게 걱정하는 바는 아니지만, 새삼스럽게 이야기 해주고 싶어서 몇 자 적는다. 너는 유학도 가고 박사학위도 받을 생각을 하고 있는 것으로 아빠는 이해하고 있다. 이 목표를 달성하기 위해서는 대학 다닐 때 학점관리를 잘 해야 한다. 대학에서의 학점은 대학원 진학이나 유학을 갈 때 제출해야 할 가장 기본적인 자료이다. 즉, 고등학교 시절의 내신에 해당하는 것이다. 대학에 들어 올 때는 내신보다는 수능이 중요하게 작용을 하였지만, 대학원 진학이나 유학을 위해서는 내신성적에 해당하는 대학의 학점이 좌우한다는 것을 염두에 두고 학점관리에 각별히 유념해라. 좋아하는 과목이든 그렇지 않은 과목이든 간에, 네가 수강신청을 하여 수강한 과목의 학점은 추후에 똑같은 비중으로 작용한다는 것을 명심해라.

이제 대학생활을 막 시작한 너에게 아빠가 해주고 싶은 말들과 평소에 아빠가 생각하고 있던 것들을 적어 보았다. 당연한 소리를 쓴 부분도 있을 것이고, 너의 생각과는 다소 차이가 있는 부분도 있을지 모르겠다. 그러나 여기에 적은 것들은 아빠가 이제껏 살아오면서 체험하여 느낀 것들 중 너의 삶에 도움이 될 것이라고 생각되는 것들을 적은 것이니, 네가 대학생활을 하는 데 또 그 이후의 삶에서 참고가 되었으면 좋겠다. 여기에 적은 것들은 물론 시대나 상황에 따라서는 절대적 진리가 아닐 수도 있을 것이다. 이에 대하여는 네가 앞으로 살아가면서 현명하게 판단하리라 믿는다. 단지 이 글이 너의 판단을 위한 조언으로서의 역할을 할 수 있다면 기쁘겠다.

너는 이제 날개를 펴고 창공을 향해 막 날아오르려 하고 있다. 엄마 아빠는 흐뭇한 마음으로 또한 기대에 찬 마음으로 너에게 힘찬 박수를 보낸다. 사랑한다, 아들아.

SEOUL 서울

멋진 꿈 그리고 도전하는 삶

김영진
(주)KU International 대표

'73년 봄, 다소 커다란 교복과 교모를 깊게 눌러 쓴 어수룩한 한 소년이 화사한 봄꽃을 바라보며 경희궁의 옛 계단을 올랐다. 그렇게 아빠의 고등학교 시절은 시작되었다. 싱그러운 꿈과 희망으로 가득 찼던 그 시절을 되돌아보면 지금도 가슴이 벅차 오른다. 비록 지금은 도심 속의 공원으로 바뀌어 그때 그 교정은 사라졌지만 아빠와 아빠의 친구들이 나누었던 꿈과 희망은 여전히 그 교정과 우리들의 마음 속에 살아 있단다. 어느덧 세월이 흘러 이제 인생의 중년에 서서 지나온 삶을 되돌아 보며, 아빠 세대의 살아온 경험에 비추어 너희들이 앞으로 펼쳐 나갈 멋진 인생에 도움이 되었으면 하는 바램으로 이 글을 쓰니 감회가 새롭구나.

첫째, 무엇보다도 인생에 대한 큰 비전을 세우고 자신이 이루고자 하는 꿈을 아주 구체적으로 상상하여 적어 보아라. 모치즈키 도시타카는 그의 베스트셀러 「보물지도」에서, 성공한 사람들에게 성공의 비결을 묻자, 가장 많은 답이 "저는 다만 커다란 비전을 세우고 이를 꾸준히 실천해 나갔을 뿐입니다" 였다고 쓰고 있다. 인생의 성공은 자신이 세운 비전과 꿈의 크기에 비례함을 잘 보여 주는 말이라고 생각한다. 또한, 이러한 비전과 꿈을 바탕으로 이를 하나씩 성취해 나가는 구체적인 목표를 반드시 세워 실천해 나가길 바란다. 목표는 '꿈'에 '시간'이란 꼬리표를 다는 일이다. 하버드대학의 연구에 의하면 재학 시절 뚜렷한 목표를 세우고 그것을 달성하기 위한 구체적인 계획을 세운 학생은 전체의 3%에 불과하였는데, 재미있는 결과는 졸업 후, 목표와 계획이 뚜렷했던 3%가 나머지 97%의 평균수입의 10배에 달하는 수입을 올리고 있었다는 점이다. 돌이켜 보면, 나의 경우에도 지금의 너희들처럼 학창시절에 이루고 싶었던 수많은 꿈들이 있었으나, 대부분의 사람들처럼 사회생활의 시작과 더불어 그 꿈들을 잊고 살거나 스스로 포기하며 현실에 안주한 경우가 더 많았단다. 가만히 생각해 보면 그 원인은 바로 꿈을 이루어 나갈 구체적인 계획과 목표가 결여되었기 때문이었으며, 이 점이 지금 가장 후회가 된단다.

둘째, 실패를 두려워하지 말고 도전하는 삶을 살아가길 바란다. 다만, 실패를 통해 얻음이 있고 하나씩 배워 나간다는 자세가 더욱 중요한 점도 잊지 말길 바란다. '성공이란 단어를 현미경으로 보면 수 많은 실패라는 단어로 이루어진 것'이라 한다. 인생을 살아가면서 누구나 새로운 상황과 경험하지 못한 일에 직면하게 된다. 다만, 이러한 상황에서 누가 용기를 가지고 긍정적이고 적극적인 자세로 도전하느냐가 성패를 좌우할 것이다. 산을 오르지 않는 등산가는 안전할지는 모르나 더 이상 등산가라고 할 수는 없을 것이다. 우리는 살아가면서 많은 선택과 결정의 순간을 맞이하게 된다. 새로운 일이나 시도에 직면하여 실패할지도 모른다는 두려움과 현실 안주적인 생각으로 말미암아 도전은커녕 시도조차 못 한 일들이 지금도 가장 후회된단다. 나이가 들수록 새로운 시도에 대한 두려움이 더욱 커질 것이기에 젊은 시절에 보다 많은 실패를 경험해 보길 바란다.

셋째, 절대로 포기하지 않은 자세를 가지거라. 최악의 상황에 빠지더라도 포기하지 않고 최선을 다한다면 반드시 이루어 낼 수 있다는 것이 살아오면서 얻은 아빠의 경험이다. 주변을 보면 많은 사람들이 95%까지는 열심히 하다가 마지막에 포기하는 경우를 볼 수 있다. 포기하고 쉬운 길로 가고자 하는 것도 큰 유혹이다. 마지막 5%에서 다가오는 포기의 유혹을 긍정적이고 도전적인 자세로 이겨 내야만 한다. 영국의 처어칠경이 노년에 모교를 방문하여 후배들에게 남긴 멋지고 짧은 연설이 바로 “Never Give Up!!! Never Give Up!!! Never Give Up!!!” 바로 이 세 마디였다. 아빠 세대에서 성공한 사람들의 공통점도 바로 이러한 지칠 줄 모르고 최악의 상황에서도 최선의 노력을 다하는 자세를 가진 것이었다.

넷째, 자기가 좋아하는 분야에서 최고의 전문가가 되도록 하여라. 21세기 지식정보화 사회에서 가장 필요한 인재는 바로 자기가 좋아하고 소질이 있는 분야를 직업으로 선택하고, 미칠 듯한 열정으로 몰입하여 그 분야에서 세계 최고의 전문가가 되는 사람이다. 아빠의 세대는 다방면에 지식을 가지고 여러 분야에서 보편적으로 두각을 나타내는 generalist를 요구하는 시대였으나 너희들의 세대는 한 분야에서 최고를 추구하는 specialist를 요구하는 시대가 될 것이고, 이미 세상은 그렇게 변화해 가고 있다. 지금도 주위에서 가장 부러운 사람들이 바로 자신이 좋아하는 일에서 최고의 전문가가 된 사람들이란다. 너희들은 자신의 인생에서 자기가 가장 좋아하는 일에 미치도록 몰입해 보는 기회를 꼭 가지길 바란다. 아빠의 세대는 그렇게 살아 보지 못한 것이 가장 한이 된단다.

다섯째, 좋은 친구를 사귀도록 노력하거라. 좋은 친구란 대가없이 서로 도움을 줄 수 있는 관계일 것이다. 좋은 친구는 금과도 바꿀 수 없는 것이요, 평생 인생의 가장 중요한 동반자가 되는 사람이다. 나에게 지금까지 살아오면서 얻은 가장 소중한 보물을 얘기하라고 하면 아마도 주저없이 나의 좋은 친구들이라고 말할 것이다. 특히, 21세기를 살아가면서 가장 값진 자산은 바로 human network일 것이다. 삶에 있어서나 어떤 분야에서 일을 함에 있어서, 허물없이 조언과 도움을 줄 수 있는 사람들은 바로 친구들과 평소에 좋은 인간관계를 맺어 온 지인들이다. 특히, 경험적으로 보면 현재의 글로벌 시대에는 한국뿐만이 아니라 해외에도 많은 지인들의 network을 형성해 놓는 것이 향후 커다란 자산이 될 것이다. 또한, 자기 인생의 멘토가 되실 분을 적어도 2~3명은 두고 늘 조언을 구해라. 그러면 비록 특정분야에서는 너희들보다 전문가가 아닐지 모르나 인생의 연륜이나 혜안으로 너희들이 미쳐 보지 못 한 다양한 의견과 방향을 제시해 줄 것이다. 나는 이러한 멘토를 가지지 못했다. 이런 분들이 계셨다면 지금보다 의미 있는 인생을 살고 있지 않았을까 하는 상념에 젖곤 한단다.

21세기의 주역은 너희들이다. 마음껏 날개를 펴고 전 세계로 나아가 자신이 품은 뜻을 널리 펼치거라.

SEOUL 서울

나의 아들에게
아름다운 삶을 위한 열정

김성회
신화건설 대표이사

아빠는 경기도 화성군의 시골 마을인 南陽에서 진달래꽃과 아카시아꽃을 따먹고 풀벌레 소리를 들으며, 누런 벼이삭이 익어가는 들판과 아름다운 산야를 헤매고, 십리 길을 자전거를 타거나 걸어다니며 대 자연과 함께 꿈을 먹으면서 유년시절을 보냈다.

인왕산 자락의 경희궁터에 자리잡은 서울고등학교로 유학와서 포근한 교정에서 친구들과 만들었던 즐겁고 신났던, 그러나 아주 드물게 아쉬웠던 추억들은 시골 마을에서 경험했던 추억보다도 충격적이었고 생각의 틀을 몇 번이나 깨뜨리게 했다. 너무도 훌륭한 성격과 능력을 소유하고 있는 나의 모든 친구들은 터프한 시골 소년을 괜찮은 서울 청년으로 만들어 주었고 인생의 아름다움을 느끼게 해주었다. 특히 독서 클럽 '청암'을 함께했던 경기 · 경복 · 이화여고 친구들과의 만남, 공립학교 체육대회, 수영장, 도서관, 지하벙커, 교련, 학교앞 중국집, 식당,

빵집, 경희궁의 각종 유물 등등은 영원히 잊혀지지 않는 인생의 아름다움을 만들어 준 소중한 인연들이었다.

육사를 졸업하고 각지에서 근무하던 중 소중한 만남이 있었다. 약 6년 전에 전라북도 전주 부근에서 근무하던 시절 우연히 찾아간 어느 암자에서 스님 한 분을 만나는 인연이 있었다. 장시간 동안 스님의 법문을 듣고 매주(62주 간) 암자를 찾아가게 되었고 지금은 인생의 스승님으로 그분을 모시게 되었다. 나에게 인생을 아름답게 보는 법을 알려주셨기 때문이다. 그것은 下心 이었다. 즉 자기 자신을 낮추는 겸손한 마음자세를 말함이다. 그것은 어려우면서도 쉬운 일이다. 그 스님을 만난 이후 나는 너무도 행복한 삶을 살고 있다.

인간은 모두가 대단히 소중한 존재임을 망각해서는 안 된다. 지위의 높고 낮음, 돈의 많고 적음, 잘생기고 못생김 등등이 중요한 듯 모두들 생각한다. 그러나 시간이 지나면 모든 사람이 동등하다는 것을 알게 된다. 그래야만 인생의 아름다움을 진정으로 볼 수 있는 마음의 눈을 뜨게 되는 것이다. 그리고 쉬임없이 자기 자신의 생각과 말과 행동에 대해 반성하는 명상의 시간을 가져야 한다. 그러면 행복이 먼 곳에 있는 게 아니라 이미 내가 그것을 가지고 있음을 알게 된다.

대부분의 사람들은 50세가 넘으면 새로운 도전을 두려워 한다. 그러나 인생을 행복하고 멋지게 살아가는 길에 나이는 숫자에 불과한 것이다. 생명이 다할 때까지 끊임없는 열정과 도전정신으로 꿈과 희망을 잃지 말고 계속 전진해야 한다. 매일 아침에 어둠을 뚫고 솟아 오르는 찬란한 아침 해를 생각해야 한다. 거침없는 시원스러움이, 넘쳐나는 활기가, 모두를 밝히고 키우며 따뜻하게 감싸주는 너그러움이 거기에 있기 때문이다.

그리고 만나는 사람에게 늘 칭찬해야 하고 장점을 부각시켜 주고 감사하는 마음과 고마워하는 마음을 가져야 한다. "복은 검소함에서 생기고 덕은 겸양에서 생기며 지혜는 고요히 생각하는 데에서 생긴다"고 하였다. 특히 "눈을 조심하여 남의 그릇됨을 보지 말고 맑고 아름다움을 볼 것이며 입을 조심하여 착한 말과 부드럽고 고운 말을 하라"는 한 선인의 말씀을 명심해야 한다.

아버지의 친구들 대부분은 이제 새로운 제2의 인생을 만들어 가야 할 시점이 되었다. 이 시점에서 2천여년 전에 살았던 태공망 여상이 낚시로 내공을 쌓고(70세까지), 멋지고 아름답게 지혜로운 삶을 살았던 것을 벤치마킹 해야 한다. 마지막으로 미국의 시인 롱펠로의 인생찬가를 음미해 보면서 더욱 멋지고 아름다운 삶을 살아 가도록 함께 다짐해 보자.

슬픈 사연으로 내게 말하지 마라.
인생은 한낱 허황된 꿈에 지나지 않는다고!
잠든 영혼은 죽은 것이니
만물의 겉모양 그대로만은 아니다.

인생은 진실이다. 인생은 진지하다!
무덤이 인생의 종말이 될 수는 없다.
너는 본래 흙이니 흙으로 돌아가리라.
이것은 영혼을 두고 한 말은 아니다.

인생이 가야할 곳, 혹은 가는 길은
향락도 아니고 슬픔도 아니다.
내일의 하루가 오늘보다 낫도록
행동하는 그것이 인생이다.

예술은 길고 세월은 빨리 간다.
우리의 심장은 튼튼하고 용감하지만
싸맨 북소리처럼 둔하게
무덤으로 가는 장송곡을 계속 울린다.

이 세상 드넓은 싸움터에서
인생의 노영에서
말 못하고 쫓기는 짐승같이 되지 말고
싸움터에 나선 영웅이 되라.

아무리 즐거워도 미래를 믿지 마라.
죽은 과거는 그대로 묻어 버려라.
행동하라. 살아 있는 현재에 행동하라.
가슴 속에는 심장이 있고, 머리 위에는 신이 있다.

위인들의 생애는 우리를 깨우친다.
우리도 장엄한 삶을 이룰 수 있고
이 세상 떠날 때는 시간의 모래 위에
발자국을 남길 수 있다.

그 발자국은 훗날 다른 이가
인생의 장엄한 바다를 항해하다가
조난당해 외롭게 버려진 형제의 눈에 띄어
새로운 용기를 얻게 될 것이다.
그러니 우리 모두 일어나 일하자.

어떤 운명에도 굴하지 않은 용기를 갖고
끊임없이 이루고 도전하면서
일하며 기다림을 배우자.

— 롱펠로의 인생찬가

SEOUL 서울

시행착오로부터 터득하는
삶의 지혜들

박윤종

안건조세정보 대표이사 공인회계사 / 경영학박사, 국민대 경영대학과 서울디지털대학교 겸임교수

동서고금에 걸쳐 인간이 살아가는 모습은 '많은 시행착오의 연속'이라는 점에서 대동소이하다. 각 인생들의 성공과 실패, 실수와 행운은 아무리 많이 교육받고 배워도 되풀이되고 있고, 국가와 사회 차원에서는 그 많은 성현과 영웅들의 명멸과 살신성인의 귀감 속에서도 역사의 수레바퀴는 영욕의 굴레를 그대로 반복해서 돌고 있다. 면면히 이어오는 인류역사가 연속되는 실패 속에서 진화 발전해 왔듯이, 유한한 한 인간의 삶도 결국은 스스로의 많은 실패의 경험 속에서 겨우 깨우치게 되는 것이다.

나는 지금도 하루 하루를 살면서 어제도 많은 사소한 잘못들을 저질렀다는 것을 발견한다. 결국 40대 불혹(不惑)의 나이가 지난 10년 간도 다음날 일어나 결과가 나온 다음에야, 결국 어제의 선택이 오류였다고 판명되는 일상적 의사결정 속에서 하루가 영위되어 왔다. 약관 20세 성인으로서 책임의식을 갖고 행동했던 지난 30년의 큰 인생사건만

반추해 보아도 잘못한 결정이나 선택들이 아주 많이 떠오르곤 한다.

특정 개인의 인생성공과 실패는 절대적인 기준으로 판단하기 어렵다. 각자의 삶의 여건과 주관적 생각이 모두 다르기 때문이다. 결국 개인 스스로의 가치관과 느낌에 따라 자기인생의 성공이나 실패 정도를 가늠할 수 있을 것인데, 젊은 시절 자기의 꿈과 장래희망이 어떤 과정을 통해 진행되고 수정 변경되며, 현재의 모습으로 귀결되고 있는지를 스스로 살펴보는 자기성찰 속에서 완성도가 더 높아지는 인생이 될 것이다.

우리 동기회 문집이 자녀들에게 읽혀질지도 모르는 부끄러움과 기대를 떠나서, 나 스스로의 삶을 반성해 보고 스스로 진술해 보는 좋은 기회라 생각되어 이 글을 쓰려는 용기를 내었다. 지난 50년 간 대부분 태어난 대로 또는 자기의 개성대로 살아온 삶에서 구체적으로 후회스럽거나 아쉬웠던 점을 몇 가지만 지적해 본다. 특히 젊은 자녀들의 장래 진로방향이나 직업 · 직장선택과 관련해, 나의 인생항로 선택에서 그때 이랬으면 어땠을까 하는 점들에 대해서 구체적이고 실제적인 발생사례 위주로 반성문을 솔직히 써 본다.

첫째, 부모의 경험과 권유를 진지하고 긍정적으로 경청하고 적극 반영한다. 젊은 시절에는 친구나 선배들과 더 깊은 내적 고민을 말하곤 했는데, 부모야말로 자녀가 만나는 가장 가까운 첫번째 인생선배(mentor)요, 안내자이다. 부모는 자녀를 낳고 기르면서 자녀의 특성과 장단점을 가장 잘 아는 당사자인데, 부모의 30년 앞선 삶 속에 녹아있는 실수와 오류, 판단착오 및 자기성취의 귀중한 경험들은 한솥밥을 먹고 살아온 자녀의 미래에 가장 중요한 나침판이다. 자녀들은 젊은 혈기의 우쭐함과 넘치는 자신감에 빠져서 부모가 제시하는 삶의 방향을 무시하고 독단적 판단과 결정을 하는 경우가 많다. 특히 부모의 학력이 낮은 경우 부모의 인생토론이나 진로의견을 묵살하는 경우가 많으리라. 그러나 바로 10년도 안 되어서 만시지탄(晩時之歎)할 것이다.

부모는 자신의 실제 성공여부나 보유재산의 많고 적음에 관계없이, 자녀의 적성에 맞는 미래의 직업이나 사회적 가치를 선정해 주는 생존본능적 능력이 탁월하다. 부모와 자식간의 가족관계에선 지식보다 경험이 우선이다. 가방끈이 짧고(덜 배웠고), 비논리적이며, 너무 세속적이고, 현실적이라고 비판하면서 감정적으로까지 반항했었지만, 부모님 말씀대로 전공과 직업과 직장 등을 선택했으면 지금의 나의 모습은 더 좋아졌거나 달라지지 않았을까 생각해 보기도 한다.

둘째, 젊을수록 절대다수 대중의 일용사업 등 넓은 길로 들어가기를 권한다. 인생의 첫단추를 잘 끼워야 하는데, 나는 너무 일찍 전문분야로 깊숙이 들어가는 바람에 범용성을 상실하고 말았다. 애초부터 다수가 붐비는 큰길로 걸어가야 문제가 생겨도 돌아갈 여지가 많다. 처음부터 소로나 오솔길로 들어가다 악조건을 만나면 그냥 헤매다가 더 좁은 길로 들게 되거나 진퇴양난의 막다른 골목을 만나게 된다. 전공은 어떤 것을 선택하더라도 해당 전공분야 관련직업의 주요 핵심업무를 먼저 고려해야 한다. 또한 취업은 가능한 한 의(입고), 식(먹고), 주(살고), 교(가르치고), 통(움직이고)에서 시작함이 좋다. 대부분 국민의 일상용품 관련 직업에서 더 많은 사람을 만날 수 있고, 차별적이고 탁월한 아이디어가 필요하며, 자신의 창의와 기여에 따른 지렛대효과(레버리지)가 아주 크게 발휘될 수 있다. 너무 전문화된 업무분야는 자신이 배운 지식과 손끝기술에 적합하여 편하고 경쟁자는 적을지 몰라도, 쓰임새와 효용범위가 제한되어 있으므로 절대적 성공과 발전에는 한계가 있다. 나이가 들면 스스로 싫증이 나고 지치거나 패퇴당하거나, 극단적으로는 기술이나 능력이 시대에 뒤떨어져 어느덧 결국은 옴짝달싹할 수 없는 좁은 길로 밀려날 수도 있다.

셋째, 일단 선택한 조직에서는 초지일관 끝장을 본다는 각오로 임한다. 모든 일은 만족할 만한 수준에 도달하려면 많은 난관과 어려움이 있다. 특정 직업이나 직장 · 조직에서도 자신과 개성, 경력, 성장배경이 서로 다른 다양한 인간상이 존재하며, 큰 조직일수록 여러 인간들간의 작용 · 반작용 등의 반응은 더욱 크다. 조직 내의 인간적 관계는 개별적으로는 애증과 갈등이 무성하지만, 각자가 자신의 범주에서 인내와 포용을 하므로 전체적으로는 갈등이 상쇄되어 문제가 없어진다. 그러나 개인적 불찰이나 어쩌다 다가오는 조직불만 · 인사부적응 또는 성격이 안 맞는 상하관계 등이 발생될 수 있는데, 이러한 일시적 · 우발적 사건에 일희일비하거나 부화뇌동하면 자기경력 관리목표를 달성할 수 없다. 쉽게 말해 눈앞의 단기적 관계에 얽매이지 말고 장기적 관점에서 끝까지 버텨보는 것이다. 특히 자기가 속한 조직이나 회사의 장기적 모습과 비전이 만족스럽다면 중도이탈하지 말고 끝장을 본다는 각오와 뚝심으로 밀고 나간다. 그러면 상대가 먼저 이탈할 수도 있고, 제풀에 꺾일 수도 있으며, 교정될 수도 있다. 다수의 인간이 활동하는 조직은 나름대로 갈등을 수습봉합하고 합리적 의사결정의 방향으로 회귀하는 조직본능이 있다. 세상만사는 돌고 도는 '새옹지마'격인 경우가 많은데, 자기 스스로가 먼저 희생양이 될 필요는 없다. 왜냐하면 바로 눈 앞에 벌어지는 사실은 나의 눈에 보이는 겉면의 현상에 불과할 뿐이며, 인생역정이 다 지나고 나야 알 수 있는 진면목의 속뜻은 아니기 때문이다.

이 밖에도 많은 선현들이 후생들의 인생설계와 자아성취를 위해 실용적으로 제안한 내용을 장점만 간추려 본다. 먼저 '깨끗하자, 부지런하자, 책임지키자' 라는 모교의 교훈은 자녀를 어느 자리에서나 꼭 있어야 될 사람으로 이끄는 쉽고도 분명한 기본 가르침이라고 생각된다. 이를 위한 구체적 실행지침을 일전에 서울고 재학생 후배들에게 말한(모두 졸았음) 내용을 중심으로 생각나는 대로 써 본다.

① 젊을 때는 가능한 한 큰 꿈을 갖는다. 나이들면 자연스럽게 젊은 시절의 꿈을 가지쳐 가면서 현실에 적응하고 때로는 포기하면서 좁아진다. 미래지향적 생각으로 과거경험을 활용하되, 과거에 집착하지 않고 품어왔던 꿈을 계속적으로 수정하여 나간다.

② 자기주변과 사회에 가치를 창출하면서 모두가 상생(win－win)하고, 공생하는 삶을 산다. 먼저 도움을 주면 결과적으로 더 받게 되며(give and take), 선공후사를 생각한다.

③ 자기확신 · 신념 · 믿음 · 소신을 갖는다. 즉, 나는 꼭 된다는 다짐을 스스로 갖고, 내적으로 강화한다. 200을 목표해야 100이라도 달성할 수 있다. 스스로 자기지도력 훈련을 한다.

④ 강한 열망 · 끈기 · 집념을 갖는다. 초지일관과 대기만성을 유념한다. 믿고서 계속 가면 중도탈락하거나 포기하거나 희망을 접어야 하는 불가피한 사유가 발생하는 다른 사람들이 스스로 길을 비켜주기도 하면서, 때로는 자신에게 뜻하지 않은 행운이 따라주기도 한다.

⑤ 열린 마음과 절제된 행동 하에 속생각은 자유롭고 창의성있게 한다. 기존 외적 질서를 존중하고 유지하며, 악법도 법으로 준수하고, 주변신뢰관계를 우선한다.

⑥ 유연성과 융통성을 함양한다. 부드러운 마음 속에 과거에 얽매이거나 답습하지 말고 온고이지신의 정신을 갖고 섬기는 선도자(servant leader)의 모범을 보인다.

⑦ 따뜻한 가슴과 차가운 이성을 겸비한다. 상대방의 욕구를 잘 느끼는 감수성을 갖고 감성능력을 향상시키며 타인과 약자를 배려한다. 대부분 등잔 밑이 어두운데, 멸사봉공의 정신으로 어두운 곳도 환하게 밝힌다.

⑧ 시대와 환경에 스스로 능동적으로 적응한다. 창의와 혁신을 위해 늘상 생각하며 메모하는 습관을 갖는다. 일신우일신의 정신 속에 당시의 상황과 생활에 충실한다.

⑨ '내탓이오'의 자기책임능력을 강화한다. 솔선수범하며, 내가 먼저 양보한다. 가는 말이 고와야 오는 말도 곱고, 윗물이 맑아야 아랫물도 깨끗하다. 자신에게는 엄격하고, 타인에게는 관대하도록 노력한다. 안에서 새는 바가지는 밖에서도 샌다. 언제나 준비된 자세로 임한다.

⑩ 가장 절실한 자원은 시간이다. 시간은 남에게서 빌릴 수 없고 되돌릴 수도 없다. 부지런함 속에 아침형 인간이 되고, 매사에 일석이조와 일거양득 등의 기획으로 자원을 절약하고 효율성을 높인다.

⑪ 평생교육훈련과 학습의 정신으로 스스로를 낮추고 먼저 마음을 연다. 자기주변 모두가 스승이 될 수 있으므로 친구와 동료와 경쟁자의 장점

을 습득하면서 벤치마킹한다.

⑫ 긍정적 · 적극적 · 낙관적 태도로 매사를 밝게 봐야 조금이라도 보인다. 꼭 된다는 가능성을 인식하고, 시작이 바로 반이라는 진취적 자세를 견지한다.

⑬ 유비무환의 정신으로 철저한 준비와 기본을 강화한다. 천재도 1%의 영감과 99%의 땀으로 만들어진다. 지피지기는 백전불패이며, 천리길도 한걸음부터 시작한다.

⑭ 중용정신과 안분지족을 갖는다. 자만한 자는 자멸한다. 과유불급(지나침보다는 부족하게)의 정신 속에서 자기능력과 주변 환경자원에 적합한 자연의 순리를 지킨다.

⑮ 처음은 큰물에서 시작한다. 첫단추가 중요하며, 의 · 식 · 주 · 교 · 통 등 대중소비 분야에 진출한다. 또한 대기업이나 큰 조직에서 처음 근무를 시작하여 시야를 확대한다.

⑯ 전문적 능력과 지식 · 기술을 구비하고 국제화의 필수무기인 영어에 능통하며 세계정보를 탐색한다. 또한 현명함(지혜)과 강인함(정신 · 육체)과 정의감과 인내 · 절제능력 등을 몸에 배게 한다.

그런데 이렇게 썰렁하고 재미없는 이야기를 얼마나 경청할지가 궁금하다. 또 많이들 졸겠지. 집에서도 평소의 잔소리에 주섬주섬 섞어서 귀가 따갑게 말한 듯도 하지만, 그래도 나는 이렇게 쓴 내용을 나의 보미 · 보란 · 보인이에게 다시 한번 읽혀 보려고 한다.

SEOUL 서울

사랑하는 아들에게 보내는 편지
「말(言)」에 대하여

김석환
나은세상(주) 오버드림사업부

규호야!

네가 초등학생이었던 게 바로 얼마 전이었던 것 같은데, 벌써 중학교 2학년 1학기를 마치고 여름방학을 맞이하고 있구나. 사춘기에 돌입한 너는, 이제 너의 삶에서 가장 아름답고 풍요롭고 중요한 '변화의 시기'를 보내고 있단다. 너에게 편지를 쓰고 있는 이 아빠도 너와 똑같은 시기를 보냈었지. 아빠가 고등학교를 졸업한 지도 어언 30년이 흐른 지금, 지나간 젊은 날을 되돌아볼 기회를 갖게 되었다. 이참에, 인생에서 가장 중요한 시기에 있는 너와 함께, 소중한 삶의 지침으로서 아빠가 얻은 교훈을 대화의 주제로 하였으면 한다.

이번에 특히 '말(言)'에 대하여 이야기하려고 하는 것은, 다른 사람들과 더불어 살면서 행복을 추구해야 하는 이 세상에서 '어떤 말을 어떻게 하느냐'가 자신과 남들의 행복을 결정하는 요소라는 깨달음을 갖게 되었기 때문이다. 이 편지를 통하여, 이 문제를 네가 평생의 화두로 삼고 살았으면 하는 바램도 있고, 아빠 자신도 과거의 즐거웠거나 쓰라렸던 옛날이야기를 회상해 보면서 스스로에게 다시 한 번 반성의 계기로 삼고자 한다.

그러면 아빠도 오랜만에, 지금부터 36년 전의 중학교 학창 때부터 30년 전 고등학교를 마칠 때까지의, 나의 인생에서 가장 아름답고 소중한 날들로 추억여행을 떠나보려고 한다.

그러니까 너와 같은 중학생 시절이었다. 중학교 1학년 때부터 공부 잘 하고 모범적인(^*^) 학생으로 선생님들로부터 사랑을 받으며 그저 즐겁게 지냈지. 그때는 지금과 달리 공부만 잘하면 체육이나 음악, 미술과 같은 다른 특별 활동에서도 비교적 후한 배려(?)를 받았단다. 나중에 고등학교에 올라가서 문예반에 들어가게 되고 글짓기로 전국대회에서 상도 탔는데, 그렇게 된 동기가 참으로 흥미로운 것 같다.

아빠는 어렸을 때부터 성격이 워낙 꼼꼼하고 완벽을 추구하는 성향이 있었다. 또 할머니를 닮아 이런저런 생각이 많아 혼자만의 뚱딴지같은 상상에 잘 빠지곤 했고 그러다가 다른 사람의 얘기를 경청하지 못하며, 생각이 말이나 행동으로 나타나기까지 오래 걸렸지. 돌아가신 너의 할아버지는 반대로 성격이 아주 급하셨는데, 아빠를 보고 대답도 느리고 행동도 느리다고 '암중모색'이라며 답답해 하셨다. 규호도 대답이 아주 느린 면에서 이런 아빠를 어느 정도 닮은 것 같구나.

그렇게 책을 읽든 글을 쓰든 뭐든지 느렸는데, 중학교 1학년 때의 일이었다. 학교에서 영화 〈〈사운드 오브 뮤직(Sound of Music)〉〉을 단체관람하고 나서 감상문을 써오라고 한 적이 있었지. 아빠는 어떡하지 하는 생각에만 빠져 미적거리다가 제출 마감일 전날이 되자 도저히 자신이 없어서 너의 큰 고모에게 써달라고 졸랐다. 너의 큰 고모는 당시 고등학교 3학년이었으니까 200자 원고지 몇 장 쓰기는 별로 어렵지 않았고, 중학교 1학년 수준에 맞게 쓰라고까지 주문했다. 그렇게 고3 학생이 써서 낸 감상문이 중1 년생의 글솜씨로는 뛰어났겠지. 당연히 국어 작문 선생님의 눈에 띄었던 거지. 그런데 그 일이 결국 아빠의 인생행로를 바꾸고, 앞으로 이야기하게 될 이웃 경기고등학교의 문학발표회에 갔을 때의 독설(毒舌)사건으로까지 이어지게 될 줄이야…….

그후 작문 선생님은 나를 상당히 글재주가 있는 학생으로 오해하셨다. 그 예로, 수업시간에 '바다'를 소재로 글짓기를 하라고 하셨는데, 다른 아이들은 20여 줄씩 또는 그 이상 쓴 경우도 많았다. 나는 한 시간 동안 끙끙대며 열 줄 정도밖에 쓰지 못했는데도, 선생님은 내가 작문한 걸 읽어 보시더니 글 쓴 분량은 적지만 내용이 독창적이고 신선하다느니 하시며 다른 학생들 앞에서 크게 칭찬을 해주셨단다. 선생님의 이러한 격려와 인정은, 나로 하여금 글짓기에 대해서 '잘 써야 한다'는 부담감과 함께 '잘 써 보자'라는 도전적인 마음을 갖게 하였던 것이다. 그렇게 글 쓰는 기회가 있을 때마다 잘 해보려 했더니, 하다못해 교내 표어 짓기 대회에서도 내가 쓴 표어가 당선되어 전교 조회시간에 발표되었다. 또 중3 때도 교내 글짓기 대회의 수필부문에선 당선작으로 뽑혀서 상도 받고 교지에 게재가 되어 너의 할아버지가 몹시 대견해 하셨지.

당시 같은 중학교에 문재(文才)가 뛰어나서 많은 시와 소설을 읽고 또 이미 200자 원고지 수십 장의 단편소설을 쓰기까지 했던 최종갑이라는 걸출한 친구가 있었다. 그는 서울고등학교에 같이 입학함으로써 나와 초·중·고등학교 동창이 된, 현재 변호사로 활동하고 있는 친구이다. 역시나 고등학교에 진학하자마자 그가 문예반에 먼저 들어가서는 곧 나를 끌어들였다. 그렇게 해서 중1 때의 '감상문 대필 사건'으로 인하여 아빠는 팔자에 없던, 글을 쓰는 취미를 가져야만 하는(?) 문학소년이 되었단다.

고등학교 문예반에 들어간 후, 문학소년이랍시고 많은 시와 수필과 소설, 그리고 철학책들을 접하게는 되었는데, 글의 내용이 충분히 이해되기엔 아직 나이도 어리고 경험이 부족하였다. 그래서 막스 뮐러의 「독일인의 사랑」 같은 책에서 '내가 어떤 사람을 진정으로 사랑한다면 그를 위해 나의 사랑을 양보 내지 포기할 수도 있다'는 식의 스토리에 '나의 사랑이 없는데 사랑한다고 한다'는 논리적 미성숙함을 느꼈으며, 차라리 뭔가 튀어 보이려는 사춘기의 자존심에, 끝까지 다 읽지도 않고 수준에도 안 맞는 「노자도덕경(老子道德經)」 같은 철학책을 들고 다니면서, '새마을운동'이라는 근대화, 산업화, 도시화 구호가 성행하던 유신시대에, 진정한 뜻도 모르면서 자연주의를 동경하며 괜히 폼만 잡았다고 회상한다. (그런 책은 비록 앞의 몇 장을 읽어나가기도 힘들만큼 이해가 어려웠지만 그 때문에 앞부분이라도 되풀이해서 보고 외우게 되기까지 하였으니 지금 보면 잘 한 짓이다.)

아무튼 젊은 시절의 모든 시행착오는 젊음의 특권이라고 하지만, 나 자신도 처음부터 경험이라는 기초가 부실한 주제에 모방(습작)의 단계를 거칠 겨를도 없이 독창성이 있어야 한다는 소망만을 가지고 있었지.

그래서 다른 문학 소년소녀들이 제 나이에 어울리는 자신만의 독특하고 발랄한 언어, 자연스러운 긍정의 언어가 아닌, 젊은 기성세대가 자신들의 사춘기 때 쓰다버린 진부한 부정적 이미지의 어휘나 표현들 – 예컨대, 잿빛 도시, 빛바랜 사진, 퇴색한 기억, 소외, 고독, 낯설음, 멀리 떠남 등 – 을 베껴 쓰는 데 대해 거부감을 갖고 있었다. 이런 거부감은 다소 깊은 것이었는데, 더 큰 문제는 아직 좋고 싫음을 '적절하게 표현하는 법'을 터득하지 못한 나이였던 것이다.

지금은 재능도 필요하지만 그 위에 반복된 연습(노력)만이 어떤 분야에서든 최고의 경지에 오르는 길이라고 깨닫고 있다. 노력 없는 재능은 포말(泡沫)과 같은 것이다. 우리 삶이란 결국 '의식적이든 아니든 어떤 일을 끊임없이 되풀이한 결과물'이라는, 그래서 어려서부터 '어떤 습관'을 형성하느냐가 중요하다는 게지. 당시엔 뒤에 숨겨진 노력보다 겉으로 드러나는 재능이 더 훌륭하게 보였단다. 꼼꼼하고 느린 성품에다 습작(연습과정) 없이 처음부터 멋들어진 창조적인 글을 쓰려다 보니 다작(多作)은 불가능하였고 이를 극복하지 못한 것이 나의 한계였지. 그러나 다행스럽게도, 인생에서 가장 아름답고 무한한 잠재력을 지닌 젊은이라는 아이덴티티(identity)를 추구한다는 나의 생각만큼은 훌륭한 것이었다. 그렇게 내가 쓰는 소수의 글들이 비교적 신선했는지 여러 대학에서 주최하는 전국고교 백일장대회에서 수상을 한 것 같다. 그 덕에 다른 학교의 '문학의 밤' 행사나 천도교의 '수운예술제' 같은 곳에 찬조출연하여 작품발표를 하기도 했었지.

나는 고등학교 1학년에 이어서 2학년 봄에도 모대학에서 주최하는 전국 남녀고교 백일장대회에서 가작 1석(2등)으로 입상하였는데(장원은 주최한 대학교의 부속고등학교 학생이 차지하였다), 그것이 주최한 대학교 신문에 기사로 실렸다. 이를 본 경기고등학교의 문예반 친구가 나를 자기 학교의 〈문학의 밤〉 행사에 초청을 하였고, 본행사가 끝난 뒤 내외 귀빈을 모시고 자축하는(타교 문예반 출신은 일부만 초청된) 자리에서 소감발표를 부탁하였다. 이 아빠의 평생을 두고 가슴 아픈, 그것도 최초의 공개적인 '말(言) 실수'의 기억은 바로 여기에서였다.

사실 나는 〈문학의 밤〉 본행사 내내 낭독되는 경기고 학생들의 시나 수필이, 주제도 표현도 대체로 신선함이 없고 진부한 말들이 많은 것 같아서, 중반 이후의 작품낭독은 그다지 귀 기울여 듣지 않았다. 초반에 피상적으로 가진 부정적 느낌으로써 끝까지 들어보지도 않은 채 전체의 이미지로 고정시켜 벌써 결론을 내리고 있었지. 더욱이 그곳에 우리나라 대표시인의 한 분인 고(故) 미당 서정주 선생께서 당신의 영식(令息)이 당시에 경기고 학생이기도 하여 특별히 초대되었는데, 학생들의 작품이 훌륭하다는 평을 내리셨던 터였다. 그러한 평가 역시 학부형이라는 이유로 좋게 평가하는 말씀으로 들려 거부감이 들었다.

분위기가 고조되면서 이윽고 자축모임의 끝을 향해 가고 있는 가운데, 사회를 맡고 있던 나를 초청한 친구는 나를 지명하고 소감을 부탁하였다. 나는 일어섰고 나의 입에서는 솔직하지만 깊은 생각을 거치지 않은 소감이 짧고도 혹독한 언어의 옷을 입고 튀어 나왔다.

"오늘 문학의 밤 행사에 발표된 작품들은 한 마디로 언어의 낭비요, 언어의 남용이며, 언어의 유희입니다."

그 말이 떨어지고 장내가 갑자기 조용해졌다. 나를 초청해서 멋진 소감을 기대하며 요청했던 사회자는 얼굴이 일시 굳어졌고 내 말을 무시하겠다는 듯이 곧바로 다른 여학교의 문예반 참석자를 한두 명 지명하고 소감을 물었다. 그들은 모두 아주 훌륭한 발표회였다며 자신의 수사(修辭)를 동원하여 칭찬을 하였다. 내가 끼얹은 찬물에 순간 가라앉았던 분위기는 회복이 되어 끝이 난 것으로 기억되는데, 분명한 것은 그 친구는 나의 발언 이후 내가 그곳을 떠날 때까지, 아니 그 이후로 영영, 나에게 인사는커녕 단 한 번의 눈길조차 주지 않았다는 것이다.

이 일이 있은 다음 얼마 동안에도 내가 한 말과 행동이 어떤 의미를 가졌으며, 이후의 나의 삶에서 어떤 일을 예고하는 것인지를 별로 알지 못하였다. 한참이 지나서야 길을 걷다가 그날의 장면들이 문득 되살아나며 나를 초대했던 그 경기고 문예반 친구의 입장이 내 일처럼 느껴지고 가슴이 몹시 아려왔던 기억이 있다. 내가 도대체 무슨 짓을 한 건가. 입상 몇 번 한 것으로 뭐 그리 잘났다고 독선적인 판단으로 남의 성의와 대접을 배반하고, 독설로써 공개적 행사를 폄하하고, 남의 마음에 상처를 새겼는가. 그는 나를 어떻게 생각할까. 아아…….

이런 성찰이 있은 이후에도 나는 고정관념에 빠져서 가끔 나도 모르게 누구를 향해서라도 상대방을 곤혹시키고 가슴에 못을 박는 모진 말을 하는 나 자신을 발견하곤 하는데, 한 번 '생각의 습관(사고방식)'으로 굳어지면 참으로 고치기가 어렵다는 것도 알게 되었다. 특히 가족이나 친지, 친구와 같은 가까운 사이일수록 더 심한 말을 하고, 그래서 가슴에 잊히지 않을 못질을 하고 살아온 것 같다.

규호야!

아빠가 이제 나이가 들어가면서 점점 더 크게 느끼는 것은, 우리 삶의 크고 작은 문제에 대해서는 이를 바라보는 시각의 수만큼 다른 견해가 가능(다양성)하고 또 공존(상호성)하고 있다는 것이다. 특히 삶의 문제가 논리만으로 해결되지 않는 경우를 수없이 보아 왔단다. 사실 나의 경우를 돌이켜보아도 논리적인 이유를 들면서 남을 비판한 적이 많았던 것 같다. 그러나 젊은 시절부터 배우고 지녀온 냉철한 논리와 자기확신은 「나(小我)」를 방어하기 위하여 합리를 가장한 이기(利己)와 독선인 경우가 대부분이었다. 그에 근거한 비난과 비판의 말보다, 남을 이해하려는 마음[자비심(慈悲心)]을 바탕으로 한 진심어린 칭찬과 따뜻한 동정과 격려의 말을 주고받으며 사는 것이 세상을 더 아름답게, 살맛나게 만든다는 것을 깨달아가고 있다.

본래 자비심의 자(慈)는 우정의 마음, 친구라는 마음(friendship)을, 그리고 비(悲)는 남의 슬픔을 나의 슬픔으로 느끼는 것, 동정(同情 compassion)을 뜻한다고 한다. 나와 남은 적이 아닌 친구로서 나를 상대방 속에 이입(移入)해서 똑같이 느끼는 것을 말한다.

교언영색(巧言令色)은 별론(別論)으로 하고, '칭찬은 고래도 춤추게 한다(YOU Excellent!)'지 않니. 그래서 부처님도 "사람이 짓는 열가지 업(業)[十業]이 있는데, 몸으로 세 가지 악업을 짓고[身業], 입(언어)으로 네 가지 악업을 지으며[口業], 뜻으로 세 가지 악업을 짓는다[意業]"고 경고하셨고, 또 성서에서도 바벨탑의 교훈을 통해 사람들이 말이 달라져서 서로 갈라서게 되었다는 것을 이야기하고 있지. 결국 말은 '우리의 마음이고 생각의 나타남'이니까. 이제부터 머리에서 가슴으로, 차가움에서 따뜻함으로, 지식에서 지혜로, 부정에서 긍정으로, 다름에서 같음으로, 갈래임에서 하나임으로, 나를 기준으로 한 비판에서 남을 기준으로 한 이해로 — 이렇게 나로부터 남에게로 우리의 마음과 시선을 돌려서 생각하고 말하고 행동하는 '마음가짐과 생각의 습관'을 가졌으면 한다. 서로 다르면서도 어울릴 수 있도록 말이다.

그동안 아빠가 어떤 이유에서건 너에게 하였던 모진 말, 가슴 아프게 한 말들을 모두 잊어 주기를 바란다. 그리고 앞으로는 더불어 살며 행복을 키워 가고, 누구에게라도 어떤 상황에서도 서로 기쁨과 용기를 주는 말을 하며 살도록 하자.

규호야,

항상 너에게 훌륭한 모습만을 보여 주지 못한 부족한 아빠지만, 아빠는 너를 이 세상에서 가장 사랑한단다.

규호를 가장 사랑하는 아빠가.

* 추신 : 네가 이 편지를 관심 있게 보았고 아빠의 지난 얘기가 조금이라도 재미있었다고 느꼈다면, 다음에는 「나는 왜 이 세상에 태어났는가?」라는 물음에 대해서 함께 생각하고 대화를 갖는 기회를 마련하고 싶구나. 한여름의 무더위를 잘 견뎌내서 마음과 건강이 모두 풍성한 가을을 맞이하길 바란다.

서울

내 아들 & 딸 재성, 지영에게

김창환
IFG KOREA 대표이사

어린 너희들 데리고 미국이란 낯선 땅으로 자의반 타의반, 이민 아닌 이민을 떠난 지 벌써 10년이 되어가는구나. 그동안 본의 아닌 기러기 아빠가 되어 너희들을 제대로 돌보지 못했음에도 씩씩하게 잘 커 준 너희들을 보면 정말 엄마에게 고맙고, 자랑스럽기까지 하다.

앞으로도 아빠의 자랑스런 2세들로서 세상을 살아가는 데 있어 한점 부끄럼없고 후회없이 살아가길 바라는 마음에서 아빠의 지나온 인생을 간략하게 적어 본다. 이 짧은 글을 언제나 유념하여 아빠보다 정말 멋있게 세상을 살기 바란다.

▪ 유복한 어린 시절

아빠는 1957년 한국전쟁 후 가난한 대한민국의 수도 서울에서 태어났다. 국민소득의 70 달러밖에 안 되었던, 지구 상에서 가장 가난한 나라 중 하나였던 대한민국에서 그래도 교사였던 할아버지 덕분에 굶주린다는 것이 무엇인지 몰랐고, 엘리트인 할머니의 교육열 덕분에 당시에는 흔치 않았던 유치원도 다녔다. 27:1이란 엄청난 입학 시험까지 치르며 국립서울대학 부속 초등학교에 다닌 행복한 유년 시절을 보냈다. 당시에는 다른 일반학교에 다니는 학생들이 꿈도 꿀 수 없는 좋은 교육환경 속에서 엘리트(?) 교육을 받았다.

중학교는 평준화 제도의 시행으로 추첨하여 서울 성동구에 있는 성수중학교에 입학하게 되었다. 초등학교를 온실의 화초처럼 보냈던 나에게, 도시락을 못 싸오는 친구, 등록금을 내지 못해 선생님에게 혼나는 친구, 공부 안 하고 싸움이나 하는 친구들 등은 큰 충격으로 다가왔단다. 따라서 중학교 생활은 처음엔 적응하기가 무척 힘이 들었다. 하지만 그 친구들과 진정한 친구로서 어울리는 방법을 깨우쳐 가며 나는 리더쉽이 어떠한 것이란 것을 차츰 알게 되었다.

▪ 잘못된 선택 그리고 좌절

고등학교 입학시험 준비를 위해 정신이 없던 중학교 3학년 여름, 남북한이 7·4 공동성명을 발표하여 통일의 희망을 안겨 주더니, 늦은 가을 어느날에는 국가비상사태를 선포하여 당장 전쟁이라도 날 것 같이 어지러웠단다. 10월엔 유신헌법을 만들며 우리가 앞으로 노력하면 80년대에는 1인당 국민소득이 1,000 달러가 될 수 있다고 했단다. 믿을 수 있겠니? 그러나 그 당시 우리는 필리핀을 배워야 한다고 하고, 씨없는 수박을 발명한 우장춘 박사가 필리핀에서 막사이사이상을 받은 것이 우리 나라의 자랑거리였으니 당시 우리 나라 수준을 짐작할 수 있을 거야.

그렇게 어수선한 상황에서 아빠는 입학시험을 거쳐 자랑스런 서울고등학교에 입학하였다. 그 해 여름, 잘 살아 보자고 독재헌법을 만들었던 대통령의 부인이 전국민 앞에서 총탄에 쓰러지는 국가적 비극을 지켜 볼 수밖에 없었다.

고등학교 2학년, 문과와 이과를 선택하는 갈림길에서 아빠는 적성보다는 이러한 불안한 나라에서 어떠한 상황이 되더라도 먹고 살 수 있는 이과를 선택하였고 그 기회주의적 생각의 결과, 학업성적은 할아버지, 할머니를 실망시키기에 충분하였다. 물리보다는 사회과목이, 화학보다는 역사가 재미 있던 나에게 재미 없는 과목을 공부해야 하는 것은 정말 고문에 가까웠다.

정말 가장 중요한 시기에 기회주의적인 아빠의 짧은 생각 때문에 대학 진학에서 처음으로 실패라는 좌절을 맛봐야 했고 이후 심각하게 진로에 대하여 고민하게 되었다. 첫단추가 잘못 끼워지면 얼마나 많은 시행착오를 겪어야 하는지 ……. 아무튼 서울고등학교라는 일류 고등학교를 졸업하고 재수, 삼수를 하여 원치 않았던 대학에 진학했다. 학점은 학사 경고를 겨우 면할 정도로 받고 대학 1학년을 마치고, 아빤 도시락 들고 출퇴근하는 방위병으로 국방의 의무를 하게 되었지.

아빠의 어릴 적 계획은 장교로 근무하는 것이었지만, 재수, 삼수하면서 잃어버린 시간을 만회하기 위해 택한 고육책이었단다. 초등학교 시절부터 형성된 엘리트라는 자부심을 갖고 있는 아빠에게 대학시절과 방위병 근무는 좌절감과 시련을 안겨 준 뼈아픈 추억이였다. 그런 좌절과 시련이 오늘의 나를 만들기도 하였지. 그렇지만 '인생에는 연습이 없다'는 사실에서, 그 시절은 마치 남의 각본을 가지고 연극한 것 같은 생각을 하게 만들기도 한다.

▪ 젊은 날의 시련

방위병으로 근무하던 중, 독재헌법을 만들기는 했지만 우리 나라 근대화의 상징으로 존경받는 박정희 대통령이 자신이 가장 믿는 부하의 총탄에 암살 당했다. 그 다음해 봄 빛고을 광주에서 우리 군대가 우리 국민에게 총칼을 휘두르는 엄청난 비극을 바라보면서 국방의 의무를 마쳤다. 그런데 내 앞에 기다리고 있던 것은 국가적 재앙에 못지 않은 우리 가정의 경제적 파탄이었다. 어릴 적부터 풍족하진 않았지만 부족함이 없이 자란 나로선 힘든 역경이었다. 하지만 도전해 볼 가치가 있는 시련이었다. 인생은 새옹지마란 인생관이 형성된 것이 그 당시였고 구원자가 필요하여 혼자 명동성당에 가서 하나님에 도움을 청했던 것도 그 당시였다.

'내 자신은 나를 미래완료형으로 평가하지만 남들은 내가 해 놓은 과거완료로 평가한다'는 평범한 진리를 마음 속에 되새기며 가난하지만 그래도 목표가 있어 행복했던 대학생활을 무사히 마치고 SKC에 취직하게 되었다.

26살의 젊은 나이에 평범한 대학을 졸업하고, 평범한 직장에 들어간 나는 유학하는 친구들, 의사가 된 친구들, 고시에 붙어 영감소리 듣는 친구들과 비교해 너무 뒤떨어진다는 위기의식을 가지고 앞으로 어떻게 살아야 하느냐란 현실적인 고민을 하게 되었다.

그 결론은 '앞으로의 인생은 내 인생이니 무조건 열심히 살자'였다. 지금은 비록 처져 있지만 앞으로 20년 후에는 앞서리라는 결심을 하게 되었다. 아빠가 휴일도 반납하고 열심히 회사생활을 한 것을 너희들도 기억할 거야. 우리 가족 휴가사진에 항상 아빠는 빠져 있었으니까.

▪ 열심히 살자

올해가 아빠가 고등학교를 졸업한 지 벌써 30주년이 된다. 아직까지는 아빠의 결심대로 잘 살아 왔다고 생각이 들지만 앞으로 살아가야 할 30년 또한 중요하겠지.

재성아, 지영아!

아빠는 16살부터 25살까지 너무나 중요한 시절을 남의 인생처럼 살았다. 바로 너희들의 지금 시기이구나. 아빠처럼 아까운 시절을 바보 같은 생각으로 헛되이 보내지 말아라. 정말 하고 싶은 공부, 일, 취미, 연애 마음껏 하며 너희들 인생을 살아라. 인생에서 연습은 없다. 잘못하면 남의 각본을 들고 인생을 살 수도 있다. 내 인생을 나의 것으로 만들기 위해서는 정말 열심히 살아야 한다. 그러면 후회가 없을 것이다.

SEOUL 서울

인생을 즐겨라

윤태규
미래산부인과 원장

어느덧 아빠가 고등학교를 졸업한 지도 30년이 되었단다. 즉 너희들만할 때 만났던 친구들이 모두 쉰 살이 되었다는 얘기지. 졸업 30주년을 기념해 문집을 만든다기에 평소에 너희들에게 해주고 싶었던 것을 짧게 적어 보기로 했다.

'즐겁게 살아라'

대개의 부모들은 열심히 공부하라고 하는데 인생을 즐겁게 살라고 하니 약간은 어리둥절하지? 공부도 인생을 즐겁게 살아가기 위한 수단이라고 나는 생각한다. 아마 친구들과 얘기하다가 남들보다 조금 더 많이 알고 있을 때 희열을 느낀 경험이 있을 것이다. 그것이 학교에서 배운 지식이건 또는 T.V 연예수첩에서 들은 gossip이건 간에 …….

'아는 만큼 보이고 아는 만큼 들리는 것'이므로 많이 알면 그만큼 사물의 이치가 더욱 재미있는 것이다. 인생은 즐겁게 살아야 더욱 가치있는 것이라고 생각한다. 일에 찌들어 평생을 일만 하고 산다면 나중에 후회하게 될 것이다(물론 workholic인 사람도 있지만).

'평범한 사람은 재주 있는 사람에게 못 미치고, 재주 있는 사람은 열심히 하는 사람에게 못 미치고, 열심인 사람은 즐기는 사람에게 못 미친다'고 한다. 아빠 친구들 중에도 자기가 하는 일을 즐겁게 하는 사람이 결국은 성공하더라. 어떠한 일을 하는 것이 즐겁게 느껴진다면 처음에는 그 일에 능력이 부족한 것처럼 보여도 나중에는 그 분야의 전문가가 될 것이다.

다양화된 현대 사회에서는 어떤 일이건 자기능력을 계발하여 노력한다면 성공할 수 있다. 공부를 좋아해서, 음악을 좋아해서, 미술이나 스포츠를 좋아해서, 남을 웃기기를 좋아해서, 춤추기를 좋아해서, 심지어는 컴퓨터 게임을 좋아해서 성공한 사람도 있는 세상이지 않니? 네가 어떠한 일을 좋아하고 어떠한 일에 소질이 있는지부터 잘 파악해야 한다.

그러나 아직 자기의 성향이 어떠한지 모르는 시기에는 많은 것을 배워가며 많은 경험을 해야 한다. 그리하여 자기가 어떤 것에 소질이 있는지 어떠한 일을 좋아하는지 알아내야 한다. 그러기 위해서는 공부와 여러 가지 체험이 필요하지만 가장 좋은 방법으로 독서를 추천한다. 책에는 인생의 선배들이 살아온 이야기와 생각들이 모두 씌어 있다. 그것을 읽음으로써 짧은 시간에 그 사람의 인생과 생각을 내 것으로 만들 수 있는 것이다. 그러다가 자기가 좋아하는 일이 무엇인지 알게 되면 즐거운 마음으로 그 일에 매진해라.

인생을 즐겁게 살아가기 위해서는 몇 가지 조건들이 있다. 즉, 육체적 조건, 경제적 조건, 사회적 조건 등이다. 몸이 건강하지 못하다면 즐겁게 살아가는 데 많은 제약이 있을 것이다. 돈이 행복을 저울질하는 잣대는 결코 아니지만, 돈이 부족하다면 이 또한 즐겁게 생활하는 데 여러 제약이 따를 것이다. 우리는 전통적인 유교의 잘못 해석된 관습 때문에 돈을 죄악시하는 경향이 있다. 돈이란 우리가 살아가는 데 있어서 매우 중요한 부분이다. 그러나 쫓아간다고 돈이 들어오는 것은 아니며 자기가 할 일을 열심히 하다 보면 저절로 들어오는 것이다. 절대로 돈의 노예가 되어서는 안 된다는 것을 명심하여라.

마지막으로 사회적 요건이라면 가족이나 친구, 또는 동료나 선후배 등의 관계가 있을 것이다. 물론 그 중에 가장 우선순위는 가족임을 잊지 말아라. '수신제가치국평천하'라는 말이 있듯이 모든 것의 기본이 되는 것이 가족관계이다. 현재는 부모와 형제를 비롯하여 할아버지, 할머니, 사촌형, 누나들이지만 나중에는 너의 배우자와 자식들이 포함될 것이다. 인간은 사회적 동물이기 때문에 혼자서는 살아갈 수 없다. 사회 구성원의 한 사람으로 자기가 속해 있는 사회에서 자기의 소임을 잘 해내면 사회적 요건도 충족될 것이다.

너의 인생의 목표를 세우고 가끔은 향후 5년이나 10년 후 또는 20년 후 등을 상상해 봐라. 그 상상을 현실화하도록 노력하면서 즐거운 마음으로 현재의 매시간을 열심히 살면서 채워 나간다면 꼭 이루어지리라. 미래란 갑자기 나타나는 것이 아니라 현재의 시간들이 모여서 나타나는 결과이기 때문이다.

어떠한 목표가 100% 이루어졌다면 두말할 나위도 없겠지만 만일 그 목표가 일부분만 달성되었다고 해도 어느 정도 즐거운 인생이라고 할 수 있지 않을까? 더러 결과만 가지고 평가를 하기도 하지만 결과보다 더 중요한 것이 과정이라 생각한다.

살다 보면 현재 처한 상황이 힘들 때도 있을 것이다. 그러나 시간이 흐른 뒤에 돌이켜 보면 아무리 힘들다고 여겨졌던 일들도 추억의 한 부분으로 남게 되는 것을 너희도 경험하리라.

인생을 살면서 한 번도 좌절해 보지 않고 성공만 한 사람이 과연 행복할까? 좌절을 맛보면 성공의 기쁨이 더욱 커지지 않겠니? 살다가 만일 좌절을 겪는다면 그것까지도 즐길 줄 아는 여유를 갖자. 스트레스가 전혀 없는 삶보다는 도전이 있는 삶이 더욱 값진 인생이 될 것 같구나. 말처럼 쉽지만은 않지만, 아빠도 매일 매일을 즐겁게 살아 보려고 한다.

이야기를 하다보니 뻔한 잔소리만 한 것 같구나. 어쨌든 항상 즐거운 마음으로 인생을 살도록 노력해라. 밝은 내일이 너를 기다릴 것이고, 매일 매일이 행복으로 채워질 것이다.

두서가 없는 글을 끝까지 읽어 주어 고맙다.

추억의 파노라마

– 시계바늘을 되돌릴 수 있을까? –

SEOUL·HIGH·SCHOOL

지 음(知音)
산마루에서 벗을 그리다

곽병찬
한겨레신문사 논설위원

"일찍이 내가 곤궁하였을 때 포숙과 같이 장사를 하였다.
이익이 남을 때 나는 내 몫을 더 많이 가지곤 했는데도
포숙은 나를 욕심 많은 사람이라고 하지 않았다.
내가 가난한 줄을 알고 있었기 때문이다."

"일찍이 나는 포숙을 위해 사업을 하다
실패하여 곤궁한 경지에 이르렀는데도
포숙은 나를 우매하다고 하지 않았다.
시운에 따라 성패가 있는 줄을 알기 때문이다."

"일찍이 나는 세 번 벼슬에 나갔다가
세 번 다 임금님에게 쫓겨나고 말았는데
포숙은 나를 무능하다고 하지 않았다.
내가 시운을 만나지 못한 줄을 알기 때문이다."

"일찍이 나는 세 번 싸웠다가
세 번 다 패하여 달아나고 말았는데
포숙은 나를 겁쟁이라고 하지 않았다.
나에게 늙으신 어머니가 계신 줄을 알기 때문이다."

“공자 규가 패하였을 때 동료 소홀은 싸움에서 죽고
나는 잡혀서 욕된 몸이 되었는데
포숙은 나를 부끄러움을 모르는 자라고 하지 않았다.
내가 작은 일에 부끄러워하지 않고,
공명을 천하에 날리지 못하는 것을 부끄러워하는 줄을 알기 때문이다.”

중국 전국시대 때의 명재상 관중이 친구인 포숙아를 회고하며 한 말이다. 삼척동자도 아는 둘의 관계에서 가장 극적인 장면은 아무래도 관중이 제 환공에 사로잡혔을 때였을 것이다. 왕자 간의 왕권다툼 때 포숙아는 맏이의 대부로 환공을 받들었고, 관중은 환공에 저항하는 이복동생 규의 편에 서 있었다. 한때 관중은 환공을 사지로 몰아넣어, 화살을 환공의 급소에 적중시키기도 했다. 다행히 허리띠에 맞아 살아난 환공은 포숙아의 도움으로 전세를 역전시켜 관중을 붙잡았다. 환공에게 관중은 능지처참해도 분이 풀리지 않을 자였다. 환공이 직접 처형하려 할 때 포숙아는 이렇게 간청했다.

“주군이시어, 관중이야말로 천하의 기재입니다. 주군께서 지금 관중을 살리시면 천하의 패자가 될 수 있지만 죽이신다면 결코 패자의 꿈을 이루실 수 없을 것입니다. 저는 관중의 발뒤꿈치에도 못 미칩니다. 관중이야말로 주군을 패자자리에 올려놓을 오직 한 사람입니다.”

포숙아는 자기가 맡고 있던 대부의 자리를 관중에게 내어주도록 간청했다. 결국 관중은 환공의 대부가 되어 제나라가 전국의 패자가 되도록 했다.

관중은 인생의 석양에서 이렇게 말했다. "나를 낳으신 이는 부모이지만, 나를 알아주는 이는 포숙아였다."

'우정' 하면 으레 管鮑之交의 고사가 떠오른다. 의리와 관용, 배려 등 친구로서의 덕목을 모두 보여주고 있으니 당연한 일이다. 그러나 우리의 옛 사람은 벗을 이야기할 때, 관중과 포숙아보다는 백아(伯牙)와 종자기(鍾子期)를 더 많이 떠올렸던 것 같다. 인간관계의 도리로서의 의리와 세속적인 입신출세라는 관포지교의 내용이 세속적이라 여겼을 수 있겠다. 이에 반해 사귐의 수준을 예술적 경지로까지 끌어올린 백아와 종자기는 세속의 이해를 구하지 않고 의와 도의 세계를 추구했던 옛 선비들에게 더 매력적이었을 법하다.

「여씨춘추」는 그런 백아와 종자기의 관계를 이렇게 전한다.

> "백아가 거문고를 타니, 종자기가 듣네 / 뜻이 태산에 있으면, 산이 우뚝하다 말하고 / 뜻이 흐르는 물에 있으면, 물이 일렁인다고 했다 / 종자기가 죽으매, 백아는 거문고 현을 모두 끊고(伯牙絶絃) / 세상에 소리를 알아줄(知音) 이가 갔음을 통탄해 했다."

지음(知音)의 고사다. 知音에서 知는 단순히 '안다'는 차원을 넘어선다. 상대의 능력과 음악세계를 아는 데 그치지 않고, 그의 마음 속 뜻과 정조를 함께 공감하고 그가 꿈꾸는 세계를 공유하는 수준을 뜻한다. 그래서 옛사람은 관중과 포숙아는 '지기지우(知己之友)'라 하고, 백아와 종자기를 두고는 '지음지우(知音之友)'라 구별했던 것이다.

「열자」 탕문편은 둘의 관계를 좀더 극적으로 전한다. 백아는 초나라 태생의 유씨 성을 가졌다. 어려서부터 성연자로부터 거문고를 배웠다.

스승은 제자에게 기초를 가르쳐 준 뒤 태산으로 데려가 우주적 변화의 장관을 보여줬고, 바닷가로 가서는 거센 폭풍과 도도한 파도 소리를 들려줬다. 백아로 하여금 인위적인 기교를 넘어선 자연의 장엄한 소리를 깨칠 수 있도록 한 것이었다. 백아의 절창 '천풍조'와 '수선조'는 이런 경험에서 우러나온 것이었다.

백아에겐 세속적인 출세의 길도 열려 패자였던 진나라의 작위까지 받았다. 그러나 그의 곁에는 자신의 경지를 알아줄 이가 없었다. 결국 그는 진나라를 떠나 그런 이를 찾아 나섰지만, 유일한 스승마저 돌아가고 없었다. 상심한 백아는 갈대꽃 만발한 강변을 걷다가 뱃전에 걸터앉아 수심이 가득한 채 거문고를 뜯었다. 그런데 어디선가 탄식 소리가 강바람을 타고 들리는 게 아닌가. 백아는 정신을 가다듬고 줄을 골라, 아끼고 아끼던 수선조를 타기 시작했다. 그러자 이번엔 이런 소리가 들렸다. "참으로 훌륭하도다. 도도한 파도가 바람에 휘말려 넘실대고 있구나."

이제야 지기를 만났구나. 백아는 마음속 먹구름이 홀연히 사라짐을 느꼈다. 이번엔 천풍조를 뜯었다. 그러자 "참으로 장엄하구나. 그대는 가슴속에 해와 달을 거두고, 무수한 별무리를 발아래 밟고 있구나" 라는 답이 왔다.

더 무엇을 망설이랴. 백아가 일어나 주위를 살피니, 갈대숲 저편엔 한 나무꾼이 서 있었다. 평생 나무를 하며 살아온 그였지만, 그는 산천을 돌아다니며 천지일월성신의 소리를 깨칠 수 있었다. 종자기였다. 백아와 종자기 사이엔 아무런 거리낌이 없었다. 서로의 세계를 마음으로부터 느끼고 이해하는 이들이니 수십 년 지기와 다를 게 없었다. 우리 옛 사람의 분류에 따르면 귀 명창과 소리 명창이 만난 것이었다. 소리 명창은 귀 명창으로 하여 탄생한다고 옛 사람은 믿었다.

백아와 종자기는 이듬해 만날 것을 약속하고 헤어졌다. 그러나 백아가 종자기를 다시 찾아왔을 때 종자기는 죽고 없었다. 종자기의 무덤을 찾아간 백아는 통곡하면서 거문고의 줄을 모두 끊어버렸다. 자신의 음악을 알아줄 이 없는 세상에서 이제 거문고가 무슨 소용이랴.

진부하다고 할 수 있는 우정을 소재로 이렇게 아름다운 이야기를 빚어내는 중국인들의 상상력이 부럽다. 기원전 4~5세기 우정의 고사가 드러내는 당대의 심미주의는 20세기 서구의 탐미주의를 압도한다. 우정의 이런 예술적 경지는 멀리 중국에서만 찾을 수 있는 게 아니다. 우리의 옛 사람도 이보다 더하면 더했지, 덜하지 않았다. 백아의 종자기에 대한 그리움은 18세기 조선 연암 박지원의 담원 홍대용에 대한 애틋함으로 부활한다.

"우리 집에는 생황과 거문고 등 여러 악기가 있어서 혹 김억 등이 찾아오면 연주하게 했다고 한다. 그러나 아버지는 담헌 공(홍대용)이 돌아가시자 지기를 잃은 슬픔 때문에 다시는 음악을 듣지 않으셨다. 5년 뒤 아버지는 우연히 담헌 댁에 들르셨는데, 돌아와 슬픔을 견디지 못하시더니 그 악기들을 모두 남들에게 주어버렸다. 이 때문에 나는 어릴 때 생황이나 거문고 따위의 악기를 본 적이 없다." 연암의 아들 박종채가 「과정록(過庭錄)」에 기록한 단현지비(斷絃之悲)의 기사다.

연암은 훗날 면천 군수로 재임하던 중 버려진 연못가에 초정을 지어

건곤일초정(乾坤一草亭)이라 이름했다. 일찍이 담헌이 자신이 거처하던 집에 붙였던 이름이다. 떠나보낸 지 십수 년이 지났건만 담원에 대한 연암의 그리움은 그렇게 깊었다.

연암과 동시대 인물인 청장관 이덕무의 벗을 기다리는 마음은 이보다 더 지극했다.

> "만약 내게 벗이 생긴다면 / 나는 마땅히 10년간 뽕나무를 심고 / 1년간 누에를 쳐서 손수 오색실로 물을 들이리라 / 열흘에 한 빛깔씩 물들인다면 / 50일 만에 다섯 가지 빛깔을 이루게 되리니 / 이를 따뜻한 봄볕에 말린 뒤 / 어린 아내를 시켜 백 번 단련한 금침으로 / 내 벗의 얼굴을 수놓게 하리라 / 귀한 비단으로 장식하고 고옥으로 축을 만들어 / 아득히 높은 산과 양양히 흘러가는 강물 / 그 사이에 펼쳐놓고 서로 마주보며 말없이 있다가 / 날이 뉘엿해지면 품에 안고 돌아오리라."
>
> 〈이목구심서〉에서

허풍 세기로 소문난 중국인들도 지어낼 수 없는 꿈이다. 익명의 벗에게 보내는 이 지극한 마음을 어떻게 그려낼 수 있을까. 오죽하면 10년에 걸쳐 비단을 짜고, 쉰 날에 걸쳐 오색 물을 들이고, 거기에 벗의 얼굴을 수놓아, 벗이 보고 싶으면 너른 개울가에 펼쳐놓고 하루 종일 보다, 해지고 어둠이 깔려 분간이 어려울 때에야 돌아오겠다고 할 수 있을까.

이런 꿈은 연암과 청장관 두 사람의 것만은 아니다. 아마도 이런 우정에 대한 관념은 당대인들이 공유하는 가치였던 것일 터이고, 그런 정조 속에서 청장관의 꿈은 지극한 아름다움을 이뤄낼 수 있었을 것이다.

하지만 평소 낯을 많이 가렸던 청장관은 스스로 벗을 찾아 나서기보다는 꿈꾸는 벗이 홀연히 나타나 주기를 기대했다. 세상의 소란과 풍속의 문란은 그가 마음의 문을 열어두는 것을 주저하게 했다. 청장관은 때문에 한 발 물러선 곳에서 세상과 사람을 지켜보며 살았다. 언제나 고고하기 기다렸을 뿐 깊은 우정을 나누지는 못했다.

청장관이 꿈 꿨던 이상적인 우정은 바로 밑세대인 초의 스님과 추사 김정희에 의해 꽃을 피운다.

새벽안개 속으로 봄마저 가고(煙霞今朝春屛去)
아득한 안개비 너머로 가버린 그대가 꿈인 양 그리워
(夢夢思惟煙雨邊)
돌아와 그대 떠난 서편을 바라보니 석양은 붉게 물들었네
(離來廻首夕陽天)
떨어진 꽃은 평화로이 잠들었는데, 꽃을 잃은 빈 꽃대의 쓸쓸함이여
(蕭然空對落花眠)

1840년 9월말 초의 스님은 제주도로 유배를 떠나는 추사를 일지암에서 맞았다. 회한과 불안으로 가득한 밤은 순식간에 지나갔고, 추사는 나졸에 이끌려 제주행 쪽배에 몸을 실었다. 배웅하고 돌아오니 어느덧 해는 저물었고, 아침까지만 해도 싱싱했던 자미화꽃이 보이질 않는다. 꽃은 떨어져 풀섶에 잠들어 있다. 그 태평한 모습이 잠든 아이 같다. 문득 꽃을 잃은 꽃대의 허전함이 가슴에 사무친다. 저 꽃은 꽃대의 슬픔을 모르겠지, 정작 슬픈 것은 꽃이 아니라, 꽃을 떠나보낸 꽃대였다. 세상 어느 누구가 벗을 떠나 보낸 슬픔을 이렇게 그려낼 수 있을

까.

초의는 유배지의 다산 정약용을 스승으로 모시다가, 다산의 아들 형제의 소개로 추사를 알게 됐다. 추사의 오연한 예술혼은 스님의 선과 만나 비로소 지음지기를 찾았다. 당대의 명문가 자제와 조선조 8천(賤) 가운데 하나였던 승려 사이에 이런 관계가 맺어진다는 건 상상할 수 없었다. 서로가 서로를 알아본 결과였다. 초의의 제자로 남종화의 머리로 여겨지는 소치 허련은 「몽연록」에서 두 사람의 관계를 '꿈속에서 만난 인연' 이라고 회고했다.

그런 추사가 71살에 세상을 떠나자 초의는 일지암에 스스로를 가뒀다. 연암이 담헌공의 죽음에 음악을 버렸고, 백아가 종자기의 죽음에 파현했듯이 그는 세상과의 인연을 끊었다. 추사가 떠나고 3년 뒤에야 가까스로 정신을 수습해 추사의 영전을 찾는다. 그리고 '오호라, 그대와 나의 42년 아름답던 우정이여!'로 시작하는 〈玩堂金公祭文(완당김공제문)〉을 바친다.

"… 그 우정일랑 다음에 저 세상에서도 오래 오래 이어나갈진저. 나는 그대의 글을 받을 때마다 마치 그대의 얼굴을 보는 것 같았고, 그대와 만났을 때는 진정 허물이 없었습니다. 그대와 나는 뇌협과 설유를 달여 마시곤 했는데, 그러다 슬픈 소문이 귀에 닿으면 적삼이 함께 젖기도 했습니다. 슬프다. 그대를 먼저 떠나보내는 나의 애끓는 심사여. 황국이 다시 피고, 흰눈이 내리는데 어찌하여 내가 이토록 늦게 그대의 영전에 당도했을꼬. 원망일세 원망이로세. 하늘과 땅 사람이 모두 알지 못해도 오직 그대는 나의 심사를 알 것입니다."

초의의 비통함은 추사와 함께했던 행복한 기억의 그림자일 뿐이다. 사귐과 나눔이 깊고도 넓었기에 상실의 아픔은 더욱 컸던 것이다.

知音之友가 나누는 삶의 깊은 멋은 윤관과 오연총의 고사를 떠올리면 된다. 고려 예종 때 도원수와 부원수로 여진을 정벌하고, 북방을 평정한 윤관과 오연총은 사돈지간이었다. 둘은 전장에선 생명을 걸고 싸운 전우였으며, 고향에선 둘도 없는 친구였다. 두 사람은 누가 먼저라 할 것 없이 술이 익거나 맛있는 음식이 있으면 으레 이것을 싸들고 친구의 집을 향했다. 어느 봄날 윤관이 잘 익은 술 한 동이를 하인에게 들려 개울 건너 오연총 집으로 향했으나 전날 내린 비로 개울이 불어 건널 수 없었다. 발을 구르며 한숨을 쉬던 중 개울 건너를 보니 역시 오연총이 발을 구르고 있었다. 손 들어 반가움을 표시한 뒤 두 사람은 개울 양쪽에 마주보고 앉아 각자 가져온 술을 따랐다. 실은 제가 따르는 것이로되, 형식은 상대의 술을 받는 예를 갖춰 마셨다. 따듯한 봄날 해는 저물고 단지의 술도 바닥을 보이자, 둘은 한번 고개를 끄덕여 예를 갖춘 뒤 집으로 돌아갔다.

전하는 이야기이지만, 그저 상상하는 것만으로도 평화롭다. 소리 없이 눈빛으로 나누는 정담은 얼마나 그윽하고 향기로운가.

당대에 일가를 이룬 이들만이 즐길 수 있는 호사스런 여유일지도 모른다. 그러나 관중과 포숙아, 백아와 종자기, 연암과 담헌, 초의와 추사, 청장관과 꿈속의 벗에게 소중한 것은 입신출세가 아니었다. 경륜도 아니고 학문도 아니었다. 그저 서로를 깊이 느끼는 벗이었다. 그래서 장시 〈금강〉의 시인 신동엽은 이런 노래를 남겼다. "… 하늘로 가는 길가엔 황토빛 노을 물든 석양 대통령이라고 하는 직함을 가진 신사가 자전거 꽁무니에 막걸리 병을 싣고 삼십 리 시골길 시인의 집을 놀러 가더란다." 친구가 꼭 시인일 필요는 없겠다.

나이 쉰이다. 인생의 산마루에 올랐다. 석양엔 노을이 깔린다. 천명도 알고, 제 욕심대로 살아도 걸림이 없는 나이이니, 장엄한 놀빛을 한껏 즐긴들 누가 뭐라 할까. 그러나 그 곳에 나의 친구가 없다면 산마루에서 바라보는 세상은 얼마나 쓸쓸할까. 내 삶의 화폭엔 여백이 줄어들고, 삶의 책꽂이엔 지나간 이야기로 채워진다. 그 속에 아무리 웅장한 탑이 세워져 있다한들, 나의 사람이 없다면 화폭은 얼마나 공허하고 이야기는 진부할까. 오늘 쉰의 산마루에서 머리를 길게 빼고, 자전거 타고 논길을 달려올 나의 벗을 그린다.

서울

고교시절 그 부끄럽고 아름다운 기억들

심규철
변호사 | 16代 국회의원

합격자 발표가 언제였는지 날짜는 정확히 기억나지 않는다.

서울고 정문 옆에 붙여진 합격자 방으로 다가가는 나의 마음은 아마도 지금까지 세상을 살아오면서 가장 긴장감을 느꼈던 순간이었다고 생각된다. 사법시험까지 포함해서 합격여부에 마음졸인 적이 한두 번이 아니었지만 그 중 서울고 합격보다 더 큰 기쁨을 나에게 준 시험은 없었다고 해도 과언이 아닐 것이다. 나는 촌놈 출신이니까.

그 이후에 치러진 시험은 免촌놈한 후에 이루어진 것이니까 합격에 대한 한계감격은 체감하였으리라. 촌놈이 방심하면 밑바닥을 헤맬지도 모른다는 두려움 때문에 입학 전에 1학년 영어교과서를 한 번은 보고 들어가자는 생각에서 나름대로 영어단어를 미리 익히고 이광수의 소설을 읽었던 기억이 난다.

긴장한 마음으로 입학식을 마치고 나서 외부에서 온 듯한 사진사가 하도 찍으라고 해서 사진 한 장을 겁없이 찍었다. 며칠 후 사진사가 사진과 함께 사진대금을 받으러 교무실로 와서 나를 찾았던 모양이다. 그날 종례 후에 나는 이윤영 담임선생님에게 불려가 외상값을 받으러 학교까지 사람을 오게 만들었다는 이유로 꾸지람과 함께 입학 후 첫매를 맞았다. 내가 한 일이 매를 맞을 만큼 잘못한 것은 아니지 않은가 하는 억울함에 집에 돌아와 잠시 울었던 것 같다.

1학년 1학기 토요일, 3교시와 4교시에 '국민윤리'와 '자유수호의 길'이라는 과목 수업이 연이어 있었다. 입학 후 첫번째 토요일 그 유명하신 박홍서 선생님께서 국민윤리 수업준비는 앞으로 수업을 할 부분의 교과서를 읽고 노트를 반으로 접어서 한 쪽에는 미리 읽은 부분을 요약해 오고 나머지 반 쪽에는 수업을 들으면서 필기를 하라고 일러주셨다. 자유수호의 길 선생님도 같은 방법으로 예습을 해 올 것을 지시하셨다.

그 다음 주 토요일. 학교에 가니까 다른 친구들은 쉬는 시간을 이용하여 예습준비를 하느라 부산한 모습을 보였다. 나는 국민윤리나 자유수호의 길 같은 이른 바 '변두리 과목' 숙제를 뭐하러 그리 열심히 할까, 서울고 같은 데서 비입시과목인 국민윤리나 자유수호의 길 같은 과목의 숙제를 안 했다고 대단한 문제를 삼으랴, 나 말고도 숙제를 안 해 오는 학생이 꽤 많겠지 하는 배짱으로 숙제를 아예 하지도 않았고 쉬는 시간에 남들처럼 요령 있게 준비하지도 않았다.

먼저 국민윤리 시간이 되었다. 예상 외로 철저히 숙제검사를 하셨다. 숙제를 해 오지 않은 학생은 나 혼자였다. 정말 예상 밖이었다. 아프도록 종아리를 맞고 자리로 돌아오니 선생님 말씀이 제대로 귀에 들어오겠는가. 멍하니 딴 생각만 하면서 있자 하니, 선생님이 그 특유의 억양으로 "어이 그 학생, 이리 다시 나와 봐요. 이 학생은 남들은 다 내 말을 받아 적고 있는데 받아 적지도 않잖아, 왜 이러실까."하면서 또 다시 빰을 이리 저리 때리셨다. 엎친 데 덮친 격이었다. 자리로 돌아오니 더더욱 강의들을 기분이 아니었다. 한참을 지나니 다시 선생님이 "어이 아까 그 학생, 다시 한 번 나와 봐요. 아무리 생각해도 괘씸하잖아"하시면서 다시 또 빰을 이리 저리 때리셨다. 선생님의 매에도 일사부재리가 있을진데 정말 '왜 이러실까' 하는 생각을 하면서, 10시간도 더 길게 느껴지는 50분을 보냈다.

국민윤리 시간이 지나고 '자유수호의 길' 시간이 되었다. 역시 예습숙제를 해 오지 않은 학생은 나 혼자였다. 그 선생님도 역시 철저히 숙제검사를 하시더니 해 오지 않은 나를 불러내서 엄청 아프도록 때리셨다. 다행히 그 선생님은 그것으로 그만이었고 국민윤리 선생님과 달리 수업시간 내내 정신을 못 차리게 하지는 않으셨다.

결국 2시간 내내 숙제 안 해온 것으로 인해 불려나가 매를 맞은 학생은 나 혼자였던 셈이다. 이를 지켜본 친구들의 생각은 어떠했을까. 몇 달이 지난 후에 양진영 군이 나에게 그날의 사건을 기억하면서 이야기를 했다. "우리 반에 대단한 문제아가 들어 왔구나"라는 생각을 했었노라고.

나의 서울고 생활은 그러한 모습으로 시작되었다. 그럭저럭 1학년이 거의 지나가 겨울방학이 되었다. 그 해 터진 제4차 중동전으로 석유가가 급등하여 난방비 문제로 각급 학교의 겨울방학이 예년보다 길어진다는 발표가 있었다.

중학교 내내 빡빡머리였는데 고등학교에 와서 스포츠머리로 하는 것이 좋았던 나는, 겨울방학이 길어지니 이참에 머리를 아예 기르고 싶었다. 문제는 방학 중의 소집일이다. 소집일에 학교를 안 갈 수는 없고, 그렇다고 한나절 학교를 갔다 오면 그만인데 공들여 기른 머리를 깎고 가기도 그렇고 해서, 고민하다가 그냥 가기로 결단을 내렸다. 학교에 가니 아니나 다를까 당시 생활 주임이시던 김덕량 선생님께서 반마다 일일이 바리깡을 들고 다니면서 나를 포함해 머리 긴 학생을 골라내서 머리 한 가운데를 밀어 고속도로를 내놓으셨다. 그후 제대로 된 머리모양을 찾는 데 몇 개월이 걸렸던 것은 당연했다.

2학년이 되었다. 이야기의 순서가 뒤바뀐 감이 있지만 다음 이야기를 위해 이 이야기를 늦게나마 언급하고 넘어가야 하겠다. 입학 당시 우리는 2학년에 가서 문과를 지망할 학생은 제2외국어로 불어를 선택해야 문과지망의 우선권을 주겠다는 식으로 불어를 장려하는 실정이었다. 당시 제2외국어로는 일제시대 이래 오랜 전통이어서인지 몰라도 독일어가 압도적으로 지망생이 많은 실정이어서 불어 보급을 위해 불가피한 면이 있었던 것 같다.

불어반과 독어반이 나뉘었는데 불어반과 독어반의 분위기는 천양지차로 달랐다. 불어반은 자유분방하고, 독어반은 비교적 차분하고 조용하다고 할까. 이는 그대로 불란서와 독일의 국민 기질과 닮은 꼴 아닌가. 나는 천생이 문과기질이라서 불어를 택했다. 지금은 제대로 된 불어는 한마디도 못하는 실정이지만, 서울대 입시에 제2외국어가 있었고 당시 제2외국어의 대종이 독어와 불어여서 그러한 반 편성이 이루어졌던 것인데 외국어 고등학교를 연상시키는 독어반이니, 불어반이니 하자니 우습다는 생각이 들기도 한다.

불어문과반 2학년 3반은 대단한 반이었다. 그해 5월에 우리 친구들이 이화여고 축제에 몰려갔다가 배재고등학교의 학생들과 집단 싸움을 하는 사건이 발생했다. 이로 인해 우리 친구들 20명 이상이 유기정학을 당했는데 그 중의 절반 가량이 2학년 3반이어서 교실의 뒷자리가 텅비어 버렸다. 얼마 후엔 미술시간에 야외 사생을 하는데 여기 저기 흩어져 사생을 하는 도중에 일부 친구들이 본관 앞에 있는 벚나무에 달라붙어 한참 익기 시작한 버찌를 따먹다가 이창갑 교장선생님께 발각당하는 사건이 발생하여 교장선생님으로부터 교직원 조회 때 2학년 3반이 다시 거론됐던 버찌게이트 사건이다.

그리고 얼마 후, 3교시쯤이 끝나고 쉬는 시간에 교실에서 3반의 유명한 통기타 가수(?)였던 최석구, 신춘성 군 등이 기타를 치고 그 주위에서 친구들이 열렬하게 노래를 부른 일이 있었다. 이 광경을 생물선생님이셨던 이강채 선생님께서 보고 교무실에 가셔서 "2학년 3반은 텍사스반여"하면서 놀리셨다. 이 말이 가뜩이나 거듭된 사건으로 안절부절 못하고 화가 나 있으시던 황일 담임선생님의 심기를 건드려 폭발하고 말았다.

그날 종례 때 황일선생님은 정말 대단히 화가 나셨다. 교실에 들어오시자 마자 "야 이새끼들아! 텍사스반이라는 것이 무슨 말인 줄 알아? 니놈들이 다 양아치라는 뜻여." 그 이후에 이어진 선생님의 폭탄발언은 일일이 기억이 나지 않으나, 하여튼 우리는 정신없이 야단을 맞았다. 그 동안의 일련의 사건과 겹쳐 뭔가 대단한 결의대회를 하지 않으면 안 될 분위기가 되었다. 당시 반장이던 한준석 군이 회의를 진행하는데, 원성환 군이 느닷없이 삭발결의를 제안했다. 분위기상 반대할 수가 없어 마지못해 중학교 졸업 이후 처음으로 삭발을 했다가 머리가 자라기까지 머리에 신경쓰느라 마음 고생한 것을 잊을 수가 없다.

이런 저런 사건이 겹친 탓인지 황일 선생님은 우리 2학년 3반 담임을 끝으로 학교를 떠나셨다. 지금 생각해 보면 죄송스럽기 그지없는 일이다.

2학년이 거의 끝나갈 무렵 정만순 선생님께서 나를 부르시더니 MBC에서 하는 장학퀴즈에 한 번 나갈 용의가 없느냐고 물어 오셨다. 나는 정만순 선생님과는 고전반에 속하여 지도를 받아 자유교양대회를 나갔던 인연으로 각별한 사이였다. 선생님이 갖고 계신 풍부한 지식과 소박한 인품은 나에게 많은 감명을 주었다. 2~3일 고민하다가 경험삼아 나가기로 했는데 평생 처음으로 TV 카메라 앞에 앉으니 몹시 당황스러웠다. 방송사가 학교 바로 앞인데다 학년 말이라 시간적으로 여유가 있는 반 친구들이 응원을 하기 위하여 방청석에 앉아 있었다. 나는 충청도 출신이라 동작이 천성적으로 느려서 아는 문제는 버튼을 늦게 눌러 순서를 놓쳤고, 일찍 버튼을 누른 것은 틀린 답을 말해 점수를 따기는 커녕 200점에서 출발한 점수가 110점까지 내려갔다. 선두를 달리던 타 고등학교의 어느 학생은 이미 300점에 육박하고 있었다. 그때 전광판의 점수를 확인하기 위하여 여유있게(?) 뒤를 돌아보는 내 모습에 방청석에 있던 친구들이 모두 폭소를 터뜨렸던 것이 기억난다.

그런데 선두를 달리던 친구는 계속 문제를 틀리고, 나는 30점대 문제부터 맞혀 나가서 역전했다. 결국 내가 뜻하지 않게 주장원이 되는 가문의 명예를 안게 되었다.

부상으로 상금 5만원과 스마트 학생복지를 받았다. 나는 그 5만원 중 1만원은 하나님께 십일조 겸 감사헌금으로 드리고, 2만원으로 철제 책상을 처음으로 사는 기쁨을 누렸으며, 나머지 2만원으로는 응원해 준 3반 친구들을 위한 식사자리를 마련하여 한턱 쏜 것으로 기억한다. (그 당시 학교 앞의 라면값이 몇 십원 할 때니 당시 돈 2만원이면 반 전체에 설렁탕 한 그릇씩 쯤의 한 턱은 쓸 수 있는 돈이었다.)

서울고등학교의 도서관은 대를 이어가며 3학년 학생이 방과 후에 밤늦도록(당시는 야간통행금지가 있던 시절이라 밤 11시가 도서관의 문을 닫는 시간으로 기억됨) 공부를 하는 장소로 유명했다. 서울고등학교 도서관을 3학년 1년 동안 지키며 공부하면, 원하는 대학에 진학한다는 전통이 이어져 내려오고 있었다.

그런 전통 탓에 3학년 선배의 졸업식날이면(서울고등학교의 졸업식은 전통적으로 서울대를 비롯한 전기대의 입시날 이틀 전에 치러졌음) 300여석 되었던 도서관의 자리를 서로 차지하기 위하여 학교 부근에서 밤샘을 하는 풍경이 벌어졌다. 정보에 어두웠던 나는 태연하게 오전 10시쯤 나가보니 이미 도서관의 공부 자리는 학교 앞에서 밤샘을 했던 친구들에게 preoccupy되어 있던 상황이었다. 그러다 보니 학교 도서관에서 공부할 것이 아니면서도 일단 자리를 잡아놓고 보는 일종의 가수요가 상당수 있었던 것도 사실이었다.

학교 당국에서는 뒤늦게 문제점을 알고 다시 자리를 배정하는 절차를 거쳤는데, 우여곡절을 거쳐 나도 3학년 담임선생님이셨던 신헌식 선생님의 배려로 귀퉁이 자리 하나를 확보했다. 가장 힘든 시기라고 불리는 고3 1년을 그 자리에서 좋은 친구들과 함께 머리를 맞대고 공부하며 보내는 기회를 얻은 것이다.

고3을 보내면서 쌓인 추억을 어찌 짧은 글로 요약할 수 있을까마는 한두 가지 적지 않을 수 없다.

5월경의 일로 기억된다. 술을 좋아하는 어느 선생님이 계셨다. 수업시간에도 술이 덜 깨서 들어오시는 일이 있을 정도로 술을 가까이 하는 선생님이었다. 그런 만큼 우리들에게 인간적으로 친근감을 주시고 강의도 재미있게 잘 하셨다. 그 선생님이 하루는 등교 직후에 당시 반장이던 나를 부르시더니 학급비 가진 것이 있는지를 물으셨다. 외상 술값을 줘야 하신다기에 인간적으로 거절할 수가 없어 담임선생님께 보고도 드리지 않고 학급비 6,000원을 대여해 드린 일이 있었다. 담임선생님이 이를 아시고 꾸중을 하셨지만 크게 혼내지는 않으셨다. 결국 그 돈을 돌려받지는 못하였다. 우리가 고등학교를 졸업한 지 얼마 안 되어 그 선생님께서 다른 고등학교에 근무하시다가 돌아가셨다는 말씀을 전해 들었다. 인간적으로 그 선생님과 함께 술 한 잔을 하면서 고등학교의 울타리 안에서 하지 못했던 여러 인간적인 이야기를 좀더 나누었더라면 좋았을 것을 하는 아쉬움과 장례식에도 참석 못한 죄송감이 한동안 나의 마음을 무겁게 하였다.

그럭저럭 고3 1년의 세월이 고통 속에 지나갔다. 졸업식이 끝나고 나는 교실에서 마지막으로 친구들에게 반장으로서의 여러 가지 공지사항을 이야기하고 있었는데, 신헌식 선생님께서 예전과 달리 짜증을 내셔서 머쓱한 기분으로 회의를 마쳤던 일이 있었다. 그 이유는 입학시험을 치르고 나서 알았다. 선생님은 그 동안 딸만 다섯을 두셨다가 늦게 아들을 보셨는데, 조산이라서 인큐베이터에 며칠 있다가 사망하는 일이 있었던 것이다. 선생님을 이를 내색하지 않으시고 끝까지 제자들을 챙기시는 데 최선을 다하신 것이었다. 나는 이 사실을 대학입학시험을 마치고 당시 신림동에 계시던 선생님의 댁을 찾아가서 알게 되었다.

우리 반우들은 그 이후 우리 모두가 선생님께는 아들노릇을 해드리자고 다짐하였건만 세월이 흐르면서 다들 세월의 무게에 눌리다 보니 아들 노릇은커녕 제자로서의 최소한의 도리도 다하지 못하고 지내 왔다. 얼마 전에 선생님께서 폐암에 걸려 투병 중이시라는 소식을 접하니 착잡한 마음 금할 길이 없다. 선생님 건강 회복하시어 좋은 세상 많이 보십시오.

글을 마치려니 고교시절이 주마등처럼 스쳐 지나간다. "자세 바로" 한마디 하시면 온 학생이 한 시간 내내 잡담하나 하지 않는 분위기를 만드시고 일사천리로 명강의를 하셨던 조재억 古文 선생님, "……했던 것여" 하면서 가쁘게 숨을 몰아쉬시면서도 명강의를 하셨던 김두호 世界史 선생님의 강의, 정완호 生物선생님의 쪽집게 명강의 등 우리를 기른 훌륭한 선생님들의 명강의가 떠오른다. 또 눈쌓인 운동장에 누군가가 큰 글씨로 써 놓았던 '양빠따'라는 글씨, 학교 교문에서 몽둥이를 들고 지각하는 학생들을 기다리고 계시던 공구영 선생님의 모습 등이 눈에 어른거린다. 입시준비 때문에 바쁜 와중에도 班歌 경연대회를 가졌던 기억, 8개 공립고교 체육대회에 지지 않으려고 응원연습을 하던 기억, 경희예술제를 거르지 않고 하던 모습, 고3 그 바쁜 때에도 백일장 대회를 거르지 않고 하던 모습, 등교 시에는 운동장을 몇 바퀴 돌고서 입실하게 하던 모습 등은 우리를 知德體를 고루 갖춘 全人으로 만들기 위한 선생님들의 교육철학의 발로였던 것으로 이해된다.

우리 나이가 이제 고등학교 때 우리를 가르치시던 선생님들의 당시 연세보다 조금 더 먹은 때가 된 것 같다. 그러니 이제 세상 바라보는 눈이 조금은 열린 것일까. 오십이 知天命이라니까.

SEOUL 서울

매장부

황형태
단국대학교 입학관리처장

'매장부'라는 단어를 들어본 적이 있는가?

우리 3학년 6반은 단 한 반밖에 없었던 불어 이과반이기 때문에 최소한 2년 동안 같은 반이었던 친구들이라서 그런지 반 친구들 간의 우정이 남달랐다고 자부한다. 대체로 순진하고 분위기도 비교적 화기애매(?) 했었으나 ……. 학력은 뭐 그저 그랬었는지 일명 '텍사스반'이라는 악칭으로 부르기도 했었다.

3학년으로 진급한 첫날, 일찍이 제자들 몽둥이찜질로 악명(?) 높으셨던 서복원 선생님이 담임을 맡으시게 됐다는 비보에 접한 친구들의 표정들이 아직도 생생하다 ……(ㅠㅠ).

아니나 다를까.

첫 조회시간에 선생님이 하셨던 선언은 우리들의 간담을 서늘하게 만들기에 충분했다. 당시 우리 학교는 중간고사나 기말고사와는 별도로 매달 월말고사를 실시했었는데, 선생님의 말씀인 즉, 전 달보다 전교석차가 1등 떨어질 때마다 빠따 1대씩이란다(ㅠㅠ). 전교생이 대략 720명이었으니까, 이번 달에 전교 200등이었으면 다음 달에 충분히 300등일 수 있는 거 아닌가? 그런데 그런데... 그렇게 되면 빠따가 300－200＝100대!! 허거~억!!!

"설~마~?" 라고 위안하기엔 선생님의 굳은 의지(?)를 너무 잘 파악하고 있었기에 그 때의 공포심과 긴장감은 말로 표현할 수가 없었다. 물을 끼얹은 듯이 흐르던 적막감 속에서, 내 단짝인 함돈휘군(현 하이마트 상무)의 "꼴깍~" 침 넘기던 소리는 왜 그렇게 크게 들리던지...(ㅠㅠ).

아~ 이게 웬 운명의 장난이란 말인가! 사실 그때 나를 포함한 20명 정도는, 1학년 때도 서복원 선생님 담임의 1반이었다. 우리는 선생님 치하의 압제와 공포(?)로 얼룩진 1년의 세월을 고스란히 기억하고 있었던 것이다.

희망과 자부심으로 가득했던 서울고등학교 입학식 다음 날의 수학 첫 시간... 수학을 담당하셨던 서복원 선생님이 출석을 부르자마자 대뜸 하신 말씀...

"숙제 안 해온 놈들 다 나와!!"

"아니! 숙제라뇨? 오늘 첫시간인데요...??"

"야, 이 놈들아! 첫시간이면 예습하고 문제 풀어 오는 게 숙제지 숙제가 왜 없어!! 숙제 안 해온 놈들 다 나왓!!"

그때 내 기억에 그 숙제(?)라는 걸 해온 친구는 우리 반의 영원한 모범생 염경환군(현 충남대학교 교수, 공부에 중독돼서 시간을 아끼느라 화장실도 잘 안가고 하루에 한두 번 화장실 갈 때마다 뛰어다녀왔던 것으로 알고 있음—필자 주) 밖에 없었던 것으로 기억한다. 아~애처롭게도 우리들의 고난과 타작의 세월은 이렇게 시작되었던 것이다.

3학년에 진급해서 첫 달 모의고사는 그 전 달이 없었으니 그 룰이 적용되지는 못했을 것이고 어떻게 지나갔는지 아쉽게도 기억이 없다. 다만 선생님의 성향으로 미루어 짐작컨대 아마 무사히 넘기지는 못했으리라. 절대로 그럴 리가 없었겠지...(ㅠㅠ). 적어도 가장 안심했던 애들은 아마 전교에서 뒤로 1등에 가까웠던 친구들이 아니었을까 짐작해본다.(누굴까? ㅋㅋ)

그 다음 달부터 선생님의 사랑(?)의 약속은 어김없이, 가차없이 이행되었다. 처음엔, '설마 그 많은 매를 선생님이 다 때릴 수 있으려나...' 하는 실낱같은 희망을 놓지 않았었다.

그러나 그때 치밀하게 준비되었던 선생님 나름대로의 장비가 있었으니 장갑과 '매장부'였다. 장갑은 너무 많은 타작 때문에 물집이나 멍 등으로 손상될 수 있는 선생님의 손을 보호하기 위한 장비요, 매장부에는 개인별로 맞아야 할 매의 총 대수와 한 번에 다 집행하기 곤란할 만큼 맞을 매가 많은 애들의 일일 집행계획서가 다 수록되어 있었던 것이다!! 정말 어김없이, 치밀하게 선생님은 제자들과의 약속을 이행하셨다. 모 군은 120대를 하루에 10대씩 12일에 걸쳐 매일 맞는 신기록을 수립하기도 하였다. 오늘날 선생님이 골프를 잘 치시는 것도 당시 휘두르시던 막강한 스윙실력과 무관하지 않을 것이다(ㅠㅠ).

몽둥이가 부러지면 다음 날은 좀더 튼튼한 몽둥이가 기다리고 있었다. 장갑을 끼고도 선생님의 손 역시 성할 날이 없었지만, 그 정도에 물러설 선생님이 아니었다. 당시 우리학교 교복은 3학년 쯤 되면 엉덩이 부분이 헤져서 엉덩이 부분만 누벼서 입고 다니던 애들이 꽤 있었는데, 우리 반엔 유독 그런 아이들이 몇 배 많았었다. 그야말로 엉덩이가 헤지도록 맞은 거였다.

물론 선생님은 사랑하는 제자들을 벌로써만 다스리지는 않으셨다. 성적이 많이 오른 학생들에게는 선생님의 주머니를 아낌없이 털어서 노트와 같은 학용품들을 상으로 주셨다. 그러나 그 상을 받는 애들의 얼굴이 썩 밝을 수만은 없었으니 …… . 이번 달에 상을 받을 정도로 겁나게(?) 성적이 올라버리면 다음 달이 어찌 두렵지 아니하겠는가? (ㅠㅠ)

그러나 지금 와서 돌이켜보면, 그렇게 혹독한 선생님의 제자사랑(?) 속에서도 우리들의 학창생활은 나름대로 즐거웠고 많은 추억도 남길 수 있었다. '매에는 장사 없다'는 말도 있지만, 우리들은 선생님의 매에 나름대로 훌륭하게 적응하며 생활할 수 있었다. 자식이 맞은 매를 항의했다는 부모님이 계셨다는 말도 들어보지 못했다. 그 매가 단순한 폭력이 아닌 선생님이 실천하기에도 매우 힘드셨던 '사랑의 매'임을 우리 모두 알고 있었기 때문이리라.

험난(?)하고도 즐거웠던 학창생활을 마감하는 졸업식을 마친 직후, 당시 개봉동에 있었던 선생님 댁을 단체로 찾아뵙던 날, 십시일반 돈을 모아 동네 가게에서 막걸리 두 대야를 주문해서 쳐들어갔다. 대야는 김장할 때 쓰이던 큰 것이었는데, 젊은 놈 여럿이 들고 가기에도 힘들만큼 정말 컸었다. 그날 우리들이 술 먹고 부린 깽판은 젊고 쪼끔(?) 예뻤셨던 사모님이 감당하기엔 너무 힘들었던, 역사에 남을 만한 사건이었다.

선생님 댁에는 그때 이상하리만큼 이불이 많이 있었는데, 술 먹고 뻗는 녀석이 하나씩 나올 때마다 이불이 장롱에서 계속 나와서 깔아주고 덮어주기가 반복되었다. 물론 그 이불 위에서 토하는 녀석들이 반이 넘었다. 선생님 댁의 마루며 모든 방들은 마치 전쟁터의 아수라장 부상병동과 다르지 않았다. 나도 어느 순간에 정신을 잃었는데 몇 시간이 지난 후 희미하게 정신을 차려보니, 이불 위에 토해 놓고 그 위에 코박고 있는 것이 아닌가……(ㅠㅠㅠㅠ). 이경호군(현재 1급자동차공업사 운영)은 그때도 술이 무척 셌던가 보다. 이 친구는 그때까지도 뻗지 않고 선생님과 계속 술을 마시고 있었다. 눈물을 펑펑 흘리고 울면서 선생님께 거의 떼쓰듯 얘기하면서……(ㅡ.ㅡ;;).

선생님은 현재 현직에서 은퇴하신 후에 사모님과 함께 건강하고 편안하신 노후를 보내시고 있다. 지금도 1년에 한두 차례 열리는 6반 반창회에는 빠짐없이 참석하시면서.

선생님,

저는 그때 선생님께 혹독하게 전수받았던 수학실력을 밑천으로 아직까지 그럭저럭 먹고 살고 있습니다. 그런데 그때 그 매장부를 혹시 지금도 보관하고 계신가요? 지금 그 장부가 아직도 있다면 그 앞에 고개 숙일 수밖에 없는 친구들이 여럿 있으리라 짐작됩니다만 ……(^*^;;).

저희들은 알고 있습니다. 그때 그 매장부에 담겨 있었던 선생님의 크나 큰 제자사랑을... 1학년 첫 수업에서 출석부도 안 보시고 저희들 이름을 하나하나 거명하시며 문제풀이를 시키셨을 때, 그때는 미처 몰랐습니다. 그 순서가 3, 13, 23, 33,... 이런 번호 순이었던 것을요. 수업 첫 시간에 이미, 수학을 담당하셨던 모든 반 학생들의 이름과 번호를 모두 다 외우고 계셨던 것을요. 그게, 단순히 선생님의 기억력이 좋아서가 아니라는 것을 아둔했던 저희는 이제야 어렴풋이 알 것 같습니다.

선생님과 사모님께서 이렇듯 건강하고 행복한 세월을 함께하시는 걸 저희 제자들은 무척이나 기쁘게 생각하고 있습니다. 앞으로도 지금처럼, 항상 즐거우시고 편안하신 가운데 저희들을 지켜봐 주시기를 저희 제자들 한마음으로 간절하게 빕니다.

선생님, 감사합니다.

SEOUL 서울

철들지 말자

조원태
이지로보틱스(주) 대표이사

지나간 기억을 끄집어내 본다. 그림이 펼쳐진다. 어디서 본 듯한 친근한 느낌의 영상이 아득히 지나간다. 어디서부터 시작할까? 글을 써달라는 요청이 반갑지만 부담스럽다. 28회 동기들의 지나간 회상들... 모두 같은 시대, 같은 풍경 속에 존재했었고 색깔만 다를 뿐 우리는 그모습 그대로 있었을 것이다.

우리 친구들은 나를 기억할 때 보이스카웃부터 떠올린다. 아마 교복과는 다른 유니폼이 친구들 기억에 오래 남았던 모양이다. 보이스카웃은 내가 중학교 시절부터 하던 활동이었다. 경험하지 못한 친구들은 보이스카웃이 캠핑 다니고, 교내외 행사때 질서정리 등에 투입되는 그냥 잘 노는 단체로 알고 있다. 사실 맞는 말이다. 외면적으로 보이는 활동은 크게 다르지 않다. 아무튼 그 보이스카웃 생활이 내 고등학교 시절에 큰 비중을 차지했던 것은 사실이다. 거기서 교장선생님 따님들을 만나볼 기회도 있었고, 육영수 여사 국장 때 광화문 사거리를 호각물고

왔다 갔다 하기도 했다. 김성민 군과 (많은 친구들은 나의 보이스카웃 모습을 기억할 땐 꼭 김성민을 같이 기억한다. '그 왜 키크고 마른…' 하면 '아! 성민이, 그래 그 친구' 하며 공감한다. 우리가 그렇게 같이 붙어 다녔나?) 같이 성심여고 걸스카웃 행사에 초대됐던 기억 등 재미있던 기억들이 다 즐거운 추억이다.

하지만, 내 기억 속에 크게 자리잡은 나의 모습은 1학년때 중간고사 끝나고 텅빈 교정을 걸으며 사색(?)하던 모습이다. 집에는 안 가고 왜 학교에서 서성였는지 모르겠지만. 도서관에서 공부를 하려고 했는지... 친구들의 비웃는 모습이 눈에 선하다 ^^. 그래 맞아. 도서관에 책가방은 잘도 갖다 놓았지만, 자리를 지키지는 않았다는 거. 그때 나는 바빴다. 공부보다 더 중요한 일들이 항상 있었으니까. 즐거운 핑계들이, 뿌리치기 어려운 유혹이 항상 많았거든(ㅠ.ㅠ). 아무튼 나는 조용한 교정의 적막을 즐기며 물오른 버드나무를 보았고, 막 돋아나는 아까시아 꽃잎을 마음으로 느꼈다. 그 당시 즐겨 읽던 헤르만 헤세의 소설 「데미안」에 나오는 주인공처럼 인생을 조각하고 있었는지 모른다. 그리고 한편으로 그 순간 순간이 황금빛 색깔의 지극히 소중한 시간이라는 생각도 했다.

그때 망친 시험과 내일 볼 시험에 집중했다해도 무엇이 달라졌을까? 궁금하다. 그렇게 해본 적이 없으니 말이다. 그 후로도 나는 텅빈 교정을 좋아 했다. 특히 3운동장 올라가는 길을 잘 거닐었다. 아마 심정은 대철학자의 유유한 산책이 아니었을까? 푸하하(^_^)…….

그로부터 많은 시간이 흘렀다. 그 많던 시간들은 다 어디에 가 있을까? 누구나 느끼듯이 그 시간들은 파편처럼 흩어진 조각이 아니라 잘 보관된 한 통의 필름처럼 생생하다. 아마 꿈을 만들던 시기라 그런 것 같다. 내 인생의 첫모습이 자아라는 존재감과 함께했기 때문에 기억이 생생한 것이리라. 실제로 대학 이후의 기억은 지극히 사회적이다. 언제나 상황과 함께 기억되어서인지, 첫눈처럼 나만의 소중한 선명한 기억과는 차이가 있다.

그런 의미에서 나는 경희궁의 혜택을 가장 많이 본 사람 중의 하나다. 교정이 좁고 초라했다면 나의 고고한(?) 사색은 그리 성공적이지 못했을 것이다. 숲이 있어 30분 정도의 산책이 가능하지 않았다면, 산책이라는 표현이 과연 적절했을까?

그때 내 인생의 방향을 정했는지도 모르겠다. 그 중 하나가 자유에 대한 것이었다. 한창 감수성 예민하고 꿈을 키워 가던 시기에 누가 자유라는 단어를 생각지 않았으랴마는, 혼자 사색할 여유를 갖기 않았다면 불가능한 단어였을 것이다.

상황에 얽혀 있을 수밖에 없는 생활 속에서 나는 아직도 자유를 꿈만 꾸고 있는지 모른다. 하지만, 그때 나는 많은 것을 깨달았다.

가치있는 것이 무엇인지, 창조적인 것이 무엇인지... 그리고 퇴폐까지도. 그것은 아름다움이라는 미학적인 것이라는 것도 알았다.

그때 현실적으로 결심한 것 하나가 학자가 되지 말자는 것이었다. 지금 생각하면 어리석기 짝이 없는 결심이었지만 학자(그때는 학자가 되려면 교수가 되어야 한다고 생각했다. 맞는 생각이었나?)는 연구실에 틀어박혀 사는 직업인 줄 알았다(나중에 교수된 친구들 보니 안 틀어박혀도 되더라. ^^). 아마도 이미 스스로의 소양을 알아차린 모양이다. 쉽게 말하면 공부하기 싫다, 세상엔 할 일이 많다, 자유롭고 창조적인 일을 하자, 뭐 대충 이런 것이 아니었을까?

멋있는 얘기만 하려 했는데, 결국 자기고백이 되는 것 같군(^*^). 그렇게 생각할 수 있었던 그 시절이 소중하다. 상황에 얽매이지 않고 자유로운 생각을 향유할 수 있던 그 시절이 그립다. 지나간 30년 세상이 많이 변했다. 시간도 많이 흘렀다. 그래도 변하지 않는 것은 철없이 자유롭던 그 시절이 아직도 마음 한켠에 그대로 살아 있다는 것이다.

가끔 농담처럼 말한다. 나의 좌우명이 뭐냐 묻는다면, '철들지 말자'라고 대답한다. 그래야 우리 친구들, 그 시절 처음처럼 한결같이 놀 수 있지 않을까?

어느 시인이 이 세상에 잠시 소풍 나왔다고 한 것 같은데…….
우리가 소풍와서 즐거웠던 추억이 벌써 30년이 아니라
이 소풍이 끝날 때까지 계속 철없이 놀아야 할 것 같다.

SEOUL
서울

너무나 공부 안하는
외동 딸 대학 보내기!

홍석현
www.drapt.biz 부동산교실 대표

공부라면 다 일가견이 있는 우리 동기들 아닌가!

내 외동 딸 대학 보낸 이야기를 횡설수설해 보고자 한다.

시골에서 서울로 유학을 온 난 공부는 뒷전이고, 고3 때 주말마다 대성리 가는 경춘선 열차를 타고 강변에서 멋있는 낭만을 즐겼다. 결국 재수를 했으니 시험을 몇 번 치뤘는가 하면, 지방이라 중학교 입시도 거치고, 고교 입시, 대학 입시, 대학원 입시 등등해서 한 15번은 본 것 같다.

그 어려운 입시를 거쳐서 사회에 나오니 결국 공부한 놈이나 안한 놈이나 사는 건 다 같더라.

너나 나나 마누라 하나, 집 한두 채, 크고 작고 차이는 있으나 차 한두 대, 하루 밥 세끼 먹는 것 똑 같고, 좋은 대학 나왔다고 월급 더 주는 경우 적고, 오히려 일을 잘 한다고 상사가 시키는 일만 더 많더라 이거지.

다시 대성리 이야기 더 하면, 1호선 지하철이 다니는 때라, 토요일 수업 끝나면 4반의 악동 김재우 군과 같이 바람의 아들처럼 달려 나가서, 12시 50분 학교 앞에서 버스 타고 종로 2가에 내리면 1시 10분, 지하철 타고 청량리 가면 1시 30분, 표사고 기차 타면 1시 35분에 춘천행 기차가 출발한다.

대성리에 도착하면 3시경, 보트 타고 1시간 논다. 보트에 타서 한 대 꼬나물면 세상근심 다 잊고 내 세상이지. 강변에 떠 있는 식당에서 매운탕하고 소주(미성년자에게 술 팔지 말라는 강제법규는 없을 때임) 한 잔 하면 저녁 6~7시, 청량리 오는 기차 타고 학교 도서관으로 돌아오면 10시 정도인데, 그때쯤 공부 마치고 귀가하는 친구들과 같이 귀가하곤 했다.

'바다이야기'처럼 '강물이야기'도 중독성이 농후해서 이게 매주 가지 않으면 못 견딜 지경이었어. 재우와 나만 가면 둘만 망치면 되는데 공부 잘하는 친구를 꼬드겨서 같이 가는 것이 문제라, 심지어는 입시 20일 앞 둔 크리스마스 이브에 열댓 명이 작당을 해서 대성리를 간 것이 탈이었다. 그 결과 '크리스마스 트레인'을 탄 친구들 중 윤경로 군만 재수를 안 하고 모두 재수하는 비참한 성적표를 낳고 말았다. 당시 나는 불어문과에서 자연계열로 전향을 했다. 담임 최기홍 선생님께서 100% 합격할 거라고 입시를 앞두고도 원서정리 업무를 시킬 정도였는데, 정신자세가 그랬으니 낙방을 해도 쌌다.

3월 달에 낙방거사들이 우루루 몰려간 곳이 종로학원과 대성학원인데, 고등학생 때 순진했던 이승준 군(고교 때 이름 이근수)이 종로학원 앞에 담배를 떡 물고 나타나는 것을 보고 너무나 놀랬던 기억이 난다. 이제 성인이라며 마음대로 술 담배를 하니, 재수한다고한들 성적이 오르겠나, 더 떨어지지.

재수할 때는 용돈도 궁하다. '크리스마스 트레인'을 타고도 연세대 상대 경영학과에 당당히 합격한 윤경로 군이 아르바이트 월급 받았다고 위로주 사줄 때 얼마나 고맙던지 그 기억이 아직도 생생하다.

우여곡절 끝에 재수 후 들어간 대학이 전국에서 술 잘 먹고 노는 놈 많기로 유명한 서울대 농대였으니 출세하기는 벌써 확률이 50% 이하로 팍 줄어 들었다. 농대는 풍토가 어떤고 하면, 1학년은 모두 기숙사에 의무 입사라 밤마다 술 취한 무리들이 여기저기서 노래를 해대는 것이 마치 여름의 해수욕장 같은 낭만과 자유가 물씬 풍기는 터라 말술을 하는 나는 물 만난 물고기였지.

문과에서 이과로 갔으니 수학, 물리, 화학 안 하는 과를 찾았지. 근데 나무와 꽃으로 멋진 풍경을 만드는 조경학과가 있더라 이거야 얼씨구나 하고 조경학과를 택했지. 2학년에 올라가니 웬걸, 모두 다 나처럼 공부 안 하고 놀기 좋아하는 놈들만 모인 것이 아닌가? '간 곳이 호랑이 굴'이라고 수학, 물리, 화학공부 안 하는 대신 농업미술학과란 별명에 걸맞게 매일 구성, 데생, 수채화를 배우는데, 물감통 들고 화판 들고 농대 다니니 남들은 미대 다니는 줄 알더라고.

지금은 '안산시'라는 대도시가 자리잡고 있지만, 이 지역이 그 당시는 '반월면' 이라는 한적한 해변이었다. 수원의 농대 캠퍼스에서 시외버스를 타고 1시간 정도 가면 '사리' 라는 곳이 있다. 여기에 가면 개펄

사이로 수로가 있어 작은 어선이 들어오는 포구가 있는데, 포구의 구멍가게에 들어가면 상어포를 천정에 매달아 놓고 안주를 시키면 칼로 쭉 찢어서 준다. '노인과 바다'를 연상시키는 정말 술 맛 나는 곳이다.

여기서 한잔 하다보면 저녁에 어선들이 꽃게를 잡아서 귀항을 한다. 꽃게 열 마리 정도 사서 구멍가게 아가씨보고 삶아 달라면 큰 솥에 넣고 푹 삶아 준다. 그 당시만 해도 대학생이 귀했고, 농대지만 서울대 배지 단 학생들에게는 어찌나 시골 분들이 잘해 주던지 지금 생각해도 고맙다. 칼로 꽃게 몸통 가운데를 잘라서 게살을 먹는데 그야말로 셋이 먹다가 셋 다 죽어도 모를 정도로 별미다. 몸통의 살과 노란 알을 먹다보면 게다리는 쳐다보지도 않을 정도다. 문어 몇 마리, 갑오징어 열댓 마리 사서 기숙사로 돌아오면 술꾼들이 죽치고 앉아서 기다리고 있다.

이놈들은 학점 잘 받으려고 미술 수업에 참석하고는 수업에 술파티 전문가들이 안 보이니 눈치를 채고 기다리고 있는 것이다. '공부 못 하는 놈들이 군기는 세다'고 농대 선후배간의 군기는 군 특수부대 부럽지 않다. 저학년 후배들이 문어 데치고, 오징어 데치고 기숙사 식당에서 고추장 가져오고, 됫병 소주병 나르고 파티가 벌어진다.

너무나 행복한 1~2학년이 지나고 3학년이 되었다. 조경학은 신학문이라 쓸 만한 직장에선 채용하는 데도 없고 하여, 건축학이나 부전공으로 해야겠다고 건축직 기술고시 1차를 보았는데 영어는 잘 하는지라 덜컥 붙어 버렸다. 그런데 사립대에서는 고시 1차만 붙어도 장학금 주고 난리인데, 명색이 서울대라고 교수들이 들은 척도 안하고 공부할 시간도 안 주고 수업도 빼주지 않는 것이다. 어쨌든, 3학년 말부터 공부

좀 하여서 기술고시 2차라도 합격해야 사람 구실하겠다고 굳게 결심을 하였는데, 그 당시 집이 수유리에 있었다. 그런데 지금 미국에서 사업가로 명성이 자자한 멍게 홍정만 군의 형 집이 또한 수유리 장미원 앞이었다. 홍정만 군의 형은 서울고 선배로 육사를 나와서 연대장으로 지방에서 근무 중인데, 수유리 집의 세입자가 나가고 비어 있어 천하의 풍류아 홍정만 군과 현재 LG전자 상무로 있는 황경석 군이 소위 '고시원'을 차린 것이다. 홍정만 군은 외시를 공부하고 황경석 군은 행시를 준비한다는 굳은 꿈을 가지고.

다들 짐작하겠지만, 고시원이 아닌 '주막'을 개업하여 친구들이 모여서 고스톱, 포카 치고, 용돈 떨어지면 100원짜리 민화투 치면서 술 마시고 노는 장소로 전락하는 데 일주일이 걸리지 않았다 이거야.

이게 뭐냐구? 공부할 팔자가 아닌 것이지. 놀다 도끼자루 썩는지 모르고 허송세월 보내다 어느덧 대학을 졸업했다. 아무튼 재미있는 대학생활이었다.

다시 농대 시절로 가서 지금 서울대 농생대 임학과 교수인 정주상 군도 다 내 덕분에 지금 교수로 잘 있다고 보면 된다. 아버지의 소원대로 꼭 교수가 되어야 하는 친구로 공부를 열심히 해야 했는데, 도서관에 있으면 항상 내가 불러내니 안 나올 수도 없었지. 술은 많이 못하지만 마셔야 했구. 싱가포르에 있는 김용훈 군도 같은 술 친구였다.

그러다 정주상 군은 군대를 가고 나는 졸업 후 군에 갔는데, 만일 같은 시기에 군대 가서 제대 후 같이 복학했다면 매일 술타령에 정주상 군이 교수되기는 백발백중 글렀을 것이다. 이 점 항상 정주상 교수가 명심하고 나를 볼 때마다 술을 사야만 한다.

이제 본론으로 39세 때 아홉수가 있었는지 잘 다니던, 이름도 긴 "서울올림픽기념국민체육진흥공단" 시설과장을 그만두고 가족 다 데리고 농사를 짓는다고 낙향을 한 것이 탈이다.

잠깐! 지방방송! … 올림픽공원에 가시어 멋진 풍경을 보시면 홍석현이 10년 간 고생을 하면서 정성들여 조경을 한 것이니 내 생각 한 번 하고 즐겁게 감상하시라! …

낙향을 한 곳은 고향인 '충주시 엄정면 가춘리' 라고 저수지가 아래로 보이는 30가구가 사는 깡촌인 두메산골 시골이다. 늦게 본 딸이 초등학교를 입학하니 전교생이 35명, 1학년이 6명인 진짜 폐교직전의 시골 학교였다. 교사들도 학생이 적으니 의욕이 없고, 경쟁도 없고, 스스로도 공부를 하든 안 하든 똑같으니, 열심히 건강하게 놀라고 전혀 공부에 신경을 안 썼다.

5년 후 우여곡절 끝에 다시 서울로 돌아왔고, 딸아이는 서울의 아이들을 따라가기 벅찼다. 잘 하겠지 했는데 고등학교 갈 때 성적을 보니 뒤에서 세는 것이 빨랐다. 담임과 상담을 했다. 어울리는 친구들에게 문제가 있다고 하였다. 소위 서클을 하는 무서운 소녀들과 같이 다니느라, 중3때 공부를 전혀 하지 않은 것이다.

은퇴 후 사업이라고 중개사사무실을 개설한 첫 해라 집사람과 같이 생소한 분야에서 자리 잡으려고 일에만 골몰하던 시기와 겹쳐서 딸아이는 부모의 무관심 속에 신나게 논 것이다.

아빠도 신나게 잘 놀던 사람이다. 지금 딸애를 야단치면 무엇하랴?

여러 각도로 고민을 한 끝에 실업계학교에 진학시켜 친구들도 떼어 놓고, 내신을 집중공략하기로 했다. 조금만 공부하면 성적이 오르니 재미를 느끼고 제 나름대로 공부를 했다. (열심히 한다고 하지만 인문계 고교의 1/3 도 공부 안 한다.) 그 결과 이번 대입 수시 1차에서 내신 성적만으로 4년제 대학 호텔관광학부(실업계특별 전형)에 당당히 합격을 하였다.

실업계 학교라 수시 1차에 4년제 대학을 합격한 것은 딸아이 혼자라 학교에서도 유명해지고 신바람이 났다. 사회 나가면 영어, 일어가 제일 중요하다고 들었다며 영어, 일어 공부한다고 책 사오는 것을 보니, 앞으로 아빠보다는 성공할 것이라고 믿어진다.

스스로 공부 열심히 하는 자녀보다 한 번 길을 잘못 들어서 공부 안 하는 자식 대학보내기는 정말 힘드나니, 늦둥이 본 동기들 처음부터 너무 귀여워 말고 잘 기르자!

이 이야기 저 이야기가 너무 길었네.

SEOUL 서울

두 분 선생님

류동희
China Watch 대표

경희(慶熙)교정에서의 학창시절을 회고할 때면 내게 어김없이 떠오르는 두 분 선생님이 계시다. 두 분 모두 조용하신 분이셨다. 평교사로 시종하셨으니 세속적으로 출세하신 분도 아니었다. 그렇다고 수업시간 외에 따로 뵙고 가르침을 구한 적도 없다. 하지만 세월이 흐른 지금 한 분은 부지불식간에 내 삶의 자세에 모범이 되셨고, 또 다른 한 분은 일생동안 씨름할 화두(話頭)를 던져 주신 분이다. 졸업 후 30년 동안 그 자세로 그 화두를 갖고 씨름해 왔다고 감히 말할 수 있고 또 앞으로도 변함없이 씨름해 나갈 것 같다.

한 분은 1학년 때 국어선생님이셨던 백순재(白淳在) 선생님이시다. 선생님에 대한 기억은 우리 나라의 문학 동인지인 「백조(白潮)」 창간호와 오버랩된다, 선생님은 어느 날 수업 중 작고 아주 낡은 책을 한 권 우리들에게 보여 주셨다. 표지가 아주 낯익었다. 그도 그럴 것이 그 책은 1922년 1월 박종화(朴鍾和), 홍사용(洪思容), 나도향(羅稻香),

박영희(朴英熙) 등 우리 문학사에 굵직한 족적을 남긴 작가들이 펴낸 문학 동인지 「백조」의 창간호였다. 각종 참고서를 통해 이미 초등학교 때부터 표지사진을 보아 온 그 잡지를 실물로 보게 된 것이다.

"내가 갖고 있는 백조 창간호인데 여러분들 한 번 봐요"라고 말씀하신 뒤 돌려보게 했다. 책의 인쇄와 지질은 조잡했지만 무슨 보물단지 보듯 했던 기억이 난다. 어떠한 경위로 그 책을 구하셨는지가 궁금했지만 이에 대해서는 말씀을 하신 바 없던 것으로 기억한다. 또 그 이전에도 그 이후에도 스스로에 대해 소개하신 바가 없기에 선생님이 주목받는 서지학자인 줄을 그때는 몰랐다. 단지 선생님은 「백조」 창간호 등과 같은 쉽게 구할 수 없는 귀중한 것들을 다수 소장하고 계시는데 집에 찾아가도 함부로 보여주시지 않는다는 이야기들을 귀동냥했을 뿐이었다.

선생님으로부터 국어를 배운 것은 1학년 때뿐이었고 졸업하기 전 다른 학교로 옮기셨기 때문에 졸업앨범에도 선생님의 사진은 실려 있지 않다. 어찌 보면 쉽게 잊혀질 수도 있었지만 선생님과는 졸업 후에 의미 깊은 만남을 여러 차례 가졌다. 직접 뵌 것이 아니라 책을 통해서였다. 대학시절, 어느 문학 전문지에서인가 신소설(新小說)의 기원을 끌어 올리는 내용의 선생님 논문을 접했다. 선생님이 「백조」를 비롯한 1920년대 문학 동인지의 창간호를 모두 소장하고 있다는 사실과 이 같은 자료를 근거로 의미있고 주목할만한 저술작업을 해왔다는 사실을 알게 되었다. 그로부터 얼마 뒤인 1979년 선생님이 타계하셨다는 소식을 신문 부음난을 통해 접하게 되었다. 신문 부음난은 선생님을 서지학자로 기록한 것으로 기억한다. 타계 당시 연세가 54세로 한창 활발하게 일하실 나이였다.

이 글을 쓰기 위해 선생님에 관한 자료를 찾아보는 가운데 선생님께서 서지학자로서 괄목할 만한 업적을 남겼음을 이제야 뒤늦게 알게 되었다. 언론학자 정진석(鄭晉錫) 교수는 2001년에 펴낸 「언론유사」라는 책에서 백순재 선생님의 자료발굴로 인해 우리 나라 최초의 주간지인 한성주보(漢城周報)의 발행 하한선이 1888년 3월 12일(106호)까지 내려 왔다고 기록하고 있다. 그는 백 선생님께서 1970년 5월 어느 날 동대문 근처의 한 골동품상에서 병풍에 배접되어 있는 한성주보를 발견하셨다고 밝혔다. 병풍에 배접된 헌 신문지는 작품 안쪽에 파묻혀 있기 때문에 병풍을 새로 수리하지 않는 한 다시 햇빛을 볼 수 없다. 더욱이 병풍을 수리할 때에는 앞쪽의 작품은 조심스레 다루지만 배접된 종이는 뜯어서 폐지로 버린다. 참으로 아슬아슬한 순간에 귀중한 자료를 구해내신 것이다, 정 교수도 백순재 선생님의 '전문가적 안목으로' 한성주보 발행역사를 연장하는 데 기여했다고 평가하고 있다. 선생님께서 우리에게 「백조」 창간호를 보여 주었을 때로부터 3년 전의 일이었다. 「백조」를 포함, 생전에 소장하셨던 희귀본들을 구하는 과정에 이런 사연들이 많이 있었으리라. 선생님이 소장하셨던 책들은 한동안 가족들이 보관하고 있다가 한화그룹이 인수하여 현재 '아단문고(雅端文庫)'라는 이름으로 운영되고 있다. 최근까지도 이 문고를 토대로 서지학연구가 이루어지고 있다.

서지학자로서의 선생님을 주목하게 된 것은 졸업 이후의 일이고 선생님을 지금껏 기억하는 것은 노천 야외수업 때문이다. 33년 전인 1973년 봄, 수업내용이 무엇이었는지는 가물가물하지만 백 선생님과의 그 수업시간 만큼은 기억에 생생하게 남아 있다. 그 수업은 고교 3년 재학 동안 내 기억으로는 미술과 체육 및 교련시간을 제외하곤 유일무이하게 제대로 진행된 노천 야외수업이었기 때문이다.

경희교정 뒷 담장에 인접한 숲에는 그럴 듯한 야외교실이 있었다. 칠판도 있었고 돌로 된 의자가 한 반 학생들이 충분히 앉을 정도 갖추어져 있었다. 그러나 이 운치 있는 야외교실은 제대로 활용이 되지 않았다. 아무래도 교사 밖으로 나오면 주의력이 분산되기 때문에 일반과목 선생님들이 활용하지 않은 때문이다.

"오늘은 야외수업을 할까"라는 말에 우리들은 환호작약하며 선생님의 뒤를 따랐다. 기억 속의 선생님이 와이셔츠 차림이었던 것으로 보아 초여름이었던 것 같다. 선생님은 우리들을 야외교실에 자유롭게 앉게 한 뒤 교실에서와 다름없이 수업을 진행하셨다. 바람소리에 선생님의 목소리가 묻히곤 하였지만 선생님은 목소리를 높이지 않고 예의 차분한 목소리로 진지하게 수업을 진행하셨다. 야외수업을 하자는 선생님의 말씀에 잡담시간을 갖자는 이야기인 줄 알았는데 선생님의 뜻은 어두운 실내가 아닌 실외에서 자연과 교감하며 수업을 하자는 것이었다. 좋은 산천을 찾아 글공부를 했던 옛 선인들의 기분을 잠시나마 맛볼 수 있었다. 이는 다른 학교에서는 경험할 수 없는, 경희궁터를 교정으로 한 우리 학교의 학생들만이 누릴 수 있는 호사이기도 했다. 이 수업이 내게 흐뭇한 기억으로 남아 있는 것은, 무엇엔가 쫓기며 공부한다는 느낌에서 잠시나마 벗어나게 해주었기 때문이다.

경희궁터의 교정에서 첫번째로 맞은 봄은 자랑스럽고 행복했다. 행복감을 안겨 준 것 중의 하나는, 아침마다 교문을 들어서면 꽃향기에 취하고 또 음악에 젖을 수 있었기 때문이었다. 지금은 경희궁이 복원되어 그 흔적을 찾을 길 없지만 정문 앞에서 본관까지 길 양옆으로 각종 꽃나무들이 심어져 있었다. 본관 앞까지 이어진 꽃길은 꽃향내를 한껏 음미하기에 충분했다. 특히 라일락 향기가 강렬하여 '꽃향기에 취한다'는 표현이 비유가 아니라, 사실이라고 해도 좋을 정도였다. 만원버스에 시달리다 교문 안으로 들어서면 파라다이스에 들어선 것 같았다. 흐드러지게 핀 꽃이 시각을 자극하고 클래식 음악은 귀를 즐겁게 했으며 라일락 향기가 몽롱한 기분을 들게 했다. 정말 다시 돌아가고 싶은 순간이다.

하지만 꽃길을 걸어가 교실에 들어가면 새로운 감옥생활이 시작되었다. 정규수업 이전에 방송수업이 있었는데 그 수준은 너무나 높았다. 영어의 경우, 아르메니아 출신 소설가의 작품, 시저의 암살을 소재로 한 소설 등이 텍스트였는데 그 수준이 대학생 교재에 가까웠다. 매일 단어 찾기에만 시간이 다 지날 정도였으니까.

치열한 고입경쟁을 치루고 들어온 신입생들에게 쉴 틈을 주지 않고 새로운 대장정에 진입시킨 것이다. 힘들더라도 따라오라는 식이었다. 사자새끼의 교육방식이었다. 과중한 학습부담에 허겁지겁 쫓기면서, 기대했던 고교 학창시절의 환상 때문에 반발심도 솟아나던 때였다. 그러던 차에 여유와 운치가 있었던 그날의 야외수업은 '산소' 같은 느낌으로 기억에 남아 있는 것이다.

선생님을 마지막으로 뵈웠던 것은 아마도 2학년 가을 강당에서 이루어지던 연극연습 장면을 우연히 구경하던 때였을 것이다. 연극연습 장면은 실제 공연 이상으로 볼 만했다. 연출자가 장면 장면마다 고래고래 소리를 질러댔고, 배우로 참여한 학우들을 그때마다 같은 장면을 반복해 나갔다. 연출자 옆에 선생님이 앉아 계셨는데 한 마디의 촌평도 없으셨다. 하지만 선생님 존재 자체가 배우와 연출가 모두에게 큰 격려와 자극이 되고 있었다. 모든 것이 시험과 성적으로 연결될 수밖에 없던 당시의 상황에서 무엇인가 부족감을 느끼던 내게 선생님은 그것을 채워 주는 존재로 여전히 남아 계신다.

다른 한 분 선생님은 3학년 때 역사를 가르쳤던 김두호(金斗昊) 선생님이시다. 1학년을 마치고 문과와 이과로 나뉠 때 나는 이과반에 배정됐다. 여러 이유가 있었지만 문과 분야에서 아주 뚜렷한 재능을 갖고 있는 것이 아니라면 가급적 이과를 선택하도록 유도한다는 학교의 방침이 결정적이었다. 성적도 시원치 않았고 경희교정에서 1년을 보내며 '군학일계(群鶴一鷄)'의 심정에 사로잡혀 있던 터라 학교의 이같은 방침에 딱히 저항할 수 없었다. 그러나 결국 적성과 배치된 이 선택은 나머지 고교시절을 힘들게 했다. 물론 2학년 말에 문과로 바꿀 기회가 있었으나 그러면 대학 진학시 멘세비키(소수파)를 각오해야 했다. 어쨌거나 볼세비키가 되어야 한다는 생각에 이과에 눌러 앉았고 때문에 3학년은 더욱 큰 시련의 한 해가 되었다.

가장 중요한 과목인 수학은 가장 많은 시간을 할애하고도 별다른 진보가 없는 가장 비효율적인 과목이 되었다. 물리는 뭘 모르는지를 모르는 수준에서 크게 벗어나지 못했다. 생물은 수험준비에 열중하기보다는 수업 중 언급된 과학교양서 「이중나선」을 사서 읽는 데 열중했다. 생물 선생님은 대학입학 후라는 전제를 달고 추천했지만 개의치 않았다. 수험공부의 중압감에서 도피하려는 의도였다. 과학적 탐구과정을 쫓기보다는 과학자들 사이에 벌어진 권력투쟁이 더 흥미로웠다. 여담이지만 지난해 황우석 사태가 벌어졌을 때 이를 내 나름으로 분석하는 데는 「이중나선」의 독서경험이 적지 않게 작용했다. 과학자들간의 정치게임이라는 관점에서 사건을 파악했다는 이야기다. 어쨌든, 김두호 선생님은 이과반의 역사 선생님이셨다. 이과반에서 아무래도 소홀히 취급될 수밖에 없는 역사를 가르치신 김두호 선생님의 처지는 이과반에서 문과지향의 나와 처지가 같았다는 생각이다. 요즘 표현을 빌리자면 서로 코드가 맞았다고 할까.

선생님 수업방식은 일정한 패턴이 있었다. 칠판에 판서를 한 뒤 뒷짐을 지고 교단 좌우를 오가며 강의를 하셨다. 그러다가 무엇인가 강조하여야 할 대목이 오면 우리들을 정면으로 바라보시며 손가락으로 허공을 찌르곤 하셨다. 수학과 물리시간에 답답해 하였던 나는 선생님 역사 시간이면 신났다. 3학년 교과 담당 선생님 중 가장 연장자셨던 선생님은 어눌하신 편에 속했다. 그렇지만 역사적 인물들을 '촌철살인(寸鐵殺人)'의 표현으로 평가하는 데 아주 능하셨다. 몇몇 평은 30년 흐른 지금에도 기억에 생생하다.

진시황과 당태종을 중국 역사상의 '최우량 군주'라고 표현했고 나폴레옹 밑에서 비밀경찰 책임자인 푸세와 외무장관을 지낸 탈레이랑에 대해서는 '시대의 악한(惡漢)'이라고 지칭했다. 당태종을 최우량군주로 지칭한 표현은 필자가 한국일보 기자로 있을 때 즐겨 써먹은 표현이다. 그리고 「백장미의 고백」으로 유명한 소설가 스테판 쯔바이크가 지은 푸세의 전기인 「어느 정치적 인간의 초상화」를 읽을 때 '시대의 악한' 이라는 표현이 참으로 적절하게 푸세의 인생을 요약하고 있구나 하는 것을 절감했다.

프랑스 대혁명의 이면, 그리고 기묘사화의 배경이 된 위훈삭제 문제 등에 관한 선생님의 설명은 역사를 보는 안목을 키워 주셨다. 선생님은 충분한 설명없이 이 같은 압축적 표현을 즐기셨는데, 이는 마치 고승이 수많은 화두를 던진 것과도 같았다. 필자는 대학을 졸업한 뒤 오늘의 역사를 기록하고 분석하는 신문기자 생활을 장기간 하였다. 대학시절 김두호 선생님이 고 3시절 무수히 던진 화두를 풀어 보기 위해 했던 독서가 이 과정에서 크게 도움이 되었음을 밝힌다.

선생님은 판서에 대해 콤플렉스를 느끼셨던 것 같다. 판서를 하시다가 우리들 둘러보면서 "천재의 특징 중의 하나는 악필이지. 내가 그렇다는 이야기는 아니고 나폴레옹이 그랬지"하고 빙긋이 웃던 표정이 지금도 미소를 자아낸다. 선생님은 고참 선생님이셨지만 담임이나 보직을 맡지 않으셨다. 이창갑 교장 선생님께서 3학년 교실을 순시하다가 선생님이 강의하시는 모습을 지켜본 적이 있었다. 몹시 불편해 하시는 표정이 역력했다. 두 분은 연배가 비슷하셨다. 모든 것에 초연하신 듯한 선생님의 인간적인 면모를 엿볼 수 있게 한 순간이었다.

자업자득으로 결국 볼세비키가 되지 못해 재수를 해야 했고 재수하면서 문과로 방향을 돌렸다. 김두호 선생님의 역사수업 시간이 이러한 결정을 내리는 데 큰 영향을 미쳤다. 역사에 흥미를 느끼면서 나는 나의 문과적 적성에 확신을 가졌던 것이다.

백순재 선생님과 김두호 선생님은 3학년 때의 담임선생이신 윤웅섭 선생님과 더불어 고교시절 내게 가장 많은 영향을 주신 선생님이시다. 그러나 한 분은 일찍 고인이 되셨고 다른 한 분은 고교 졸업 후 단 한 차례 뵈었을 뿐이었다. 그것도 찾아 뵌 것이 아니라 길거리에서 우연히 마주쳐 인사를 드렸을 뿐이었다. 감사하는 마음은 가슴에 가득하나 그것을 표현할 줄 몰랐던 제자가 이 자리를 빌어 선생님의 가르침에 감사드린다. 앞으로도 계속 그때의 가르침을 따르겠다는 다짐과 함께.

아빠의 고교 일기

천병년
(주)우정BSC 대표이사

1973년 1월 고교합격자 발표가 있던 날, 아버지와 어머니께서는 일찍 서울고등학교로 가셨다. 나는 무슨 깡다구인지 아침잠에 취해 있었고, 이상하리만치 당연히 붙을 거란 느긋함 때문이었을거야. 합격. 그럼 그렇지. 나의 고등학교 시절의 가장 큰 부분을 차지했던 것은 공부와 축구부 활동이었다. 먼저 축구 이야기부터 해볼까.

▪ 축구 이야기

어려서부터 야구, 축구를 워낙 좋아했고, 특히 야구선수는 중학시절 심각히 고려했던 나의 미래였다. 실제로 테스트 제안도 들어오긴 했으니 말이다. 천만다행(?)이었지만, 그 당시 공부를 못했더라면 그 길로 갔을 테니까.

축구, 배구, 농구(씨름도 포함이 되었던가?) 이들 세 종목의 반대항 체육대회가 있었다. 내가 속한 1학년 11반은 10반 그리고 12반과 대결했다. 정확히 기억이 안 나는데 첫 번째 시합은 응원석에 앉아 패하는 구경만 하였고, 두 번째 축구시합에서는 우리 반이 전반 중반까지 밀리니까 누군가 나를 추천하였다.

엉겁결에 교체멤버로 출전하게 되었지만 내심 내가 선택되기를 기다렸는지도 모른다. 출전하자마자 나는 이리저리 휘젓고 다녔다. 전반이 끝나고 하프타임, 양문석 체육선생님께서 나를 부른다. "축구부 해라."

이 후로 나의 축구실력은 부쩍 늘었고 2학년 때 50개교가 참가하는 서울시 교육감배 쟁탈전에서 당당히 우승을 차지하는 데 큰 역할을 했다.

▪ 공부 이야기

1학년에 입학 후 첫시험. 공부로는 한가닥 했던 친구들의 진검승부. 다 알다시피 성적표에 1등에서 20등까지는 석차를, 20에서 40등까지는 '중', 40등에서 꼴찌까지는 '하'라고 기재되질 않았던가.

나의 성적이 '하'. 참으로 기가 막힐 노릇이었다. 그 다음 시험성적도 '하'. 아침에 등교시 늘 같은 버스를 타던 여학생들에게 괜스레 찔려서 고개를 들 수가 없었다. 그동안 폼잡고 다녔던 나의 모습을 생각하며, 창피해서 서울고 배지를 감추고 싶었다.

이러다간 안 되겠단 생각에 정신을 차리고 세 번째 시험은 철저히 대비하였던 결과, 반에서 1등, 전교에서 6등이라는 쾌거를 이루어 냈다.

월요일 아침조회 때 전교생 앞에서 상도 받고 담임이셨던 김종현 선생님께로부터 반친구들 앞에서 칭찬을 받았던 기억이 생생하다. 참으로 우리들의 실력이 그 당시에는 종이 한 장 차이였음을 보여주는 좋은 에피소드가 아니었나 싶다.

고2 끝무렵, 그러니까 고3 선배들이 대학시험을 마치고 도서관의 자리를 우리에게 비어주던 때의 자리쟁탈전. 그 당시에는 밤 12시에서 새벽 4시까지 통행금지가 있던 시절이었다. 선착순 자리 배정을 하던 날, 나는 새벽 4시에 일어나 부리나케 학교에 갔다. 뜨악~~~~~~ 벌써 어마어마하게 길게 줄 서 있는 게 아닌가? 고3 선배들로부터 정보를 얻은 친구들은, 새벽 4시에 도착하면 이미 늦는다는 사실을 알고 학교 근처에서 밤새 기다렸다는 것이다. 당연히 나는 도서관 자리확보에 실패했다. 그때부터 1년 동안 도서관에 지정석이 없이 눈치 보며 이 자리 저 자리에서 주인 없을 때만 이용했다. 내가 1976년도 첫 번째 대학 시험에서 실패를 한 결정적 이유가 바로 이것이었으리라.(^_^;;)

수업이 끝나고 학교 밖 식당에서 짬뽕밥, 라면 등과 같은 메뉴로 저녁을 먹은 후, 친구들과 미니축구를 하며 스트레스와 땀을 쫙 뺀 후 도서관에 들어가 강도 있게 공부를 했다. 축구가 끝나고 지하수 콸콸 나오는 그 곳(이름은 잊어 버렸지만, 조회 단상 옆에 있던)에서 한여름 밤에 완전 나체로 물놀이 하던 기억이 새롭다. 물 나오는 파이프에 '과연, 누가 오래 버티나' 시합도 했었는데……. 할 수만 있다면 정말 그 시절로 되돌아가고 싶다.

고3 담임 소재익 선생님으로부터 흠씬 매맞는 사건이 있었다. 전날의 청소당번들(나를 포함한)이 모두 도망을 갔던 것 같다. 담임 선생님께서 화가 나셔서 전날 청소당번에게 기합을 주셨다. 칠판에 손을 대라 하시며 긴 대나무로 한 명씩 엉덩이를 치시는데 내 순서가 되었다. 나는 매를 맞아 본 적이 없어 겁이 많이 났다. 대나무로 한 대를 맞았는데 '무척 따갑고 예리한 기분 나쁜 느낌'이었다. 깜짝 놀라 칠판으로부터 손을 떼고 깡충깡충 뛰며 엉덩이를 비볐다. 그 모습에 반친구 놈들은 깔깔대며 웃고 선생님께서는 더 화가 나셔서 몇 번을 더 때리시더니 점차 아무데나 마구 때리는 것이었다. 손으로 막으면 손 위로, 살짝 피하면 다른 쪽으로. 지금 내가 생각해도 참으로 창피하고 웃기는 장면이다. 이 사건 이후로 한참 동안 친구들로부터 놀림을 받은 건 자명한 일이었고.

이제 고등학교 졸업 30주년, 그리고 오십이 되어 지난 시절을 다시 생각해 본다. 서울고등학교 학생이라는 자부심을 갖고, 부모님의 경제적, 사회적 차이가 있었겠지만 우리는 그에 대해 조금도 우월감이나 열등감을 갖지 않았으며, 열린 마음으로 서로를 존중하고 배려하며 진정으로 믿는 그런 이상적 친구로서의 우정을 쌓아 갔다.

그리고 우리들의 인격은 그렇게 비슷비슷하게 형성되어 왔다. 지금처럼.

서울

30년 전을 추억하며

신현규
청담치과의원 원장

▪ 추억

늘상 생각하던 대로 지나간 학창시절을 아름답게 反芻할 수도 있겠지만, 졸업 후 우리가 함께했던 3년의 10배가 넘은 세월을 살아오며 사람 사는 것이 이런 것이었음을 알게 되고, 손에 든 상대편의 패와 나의 패를 헤아릴 수 있는 중년이 되고 보니 조금은 색이 바랜 경희궁 시절이 곱고도 힘들었던 추억으로 다시 기억난다.

그 더웠던 여름날 두꺼운 국방색 면하복에 여학생복 칼라보다도 빳빳하게 풀먹인 하얀 광목칼라를 교복칼라 위에 덧대고 땀을 뻘뻘 흘리며 교문을 들어서면, 푸른 나무와 잔디 깔린 꽃밭, 널찍한 운동장, 사시사철 여러 모습으로 우리에게 안식처를 주던 수만 평의 너른 교정이 늘 여유로운 마음을 갖게 하였다.

그리고 그때는 무심코 지나쳤던 운동장 한 귀퉁이에 졸졸 흐르던 조그마한 지하수, 강당 앞 수백 년 된 돌계단이 얼마나 많은 사연을 간직

한 귀중한 문화 유적이었는가를 꽤 많은 시간이 흐른 후에야 알게 되어 어찌나 아쉬웠는지.

우정이 깊으면 미움으로 변한다고 했던가(?) 사이좋게 지내다가 사소한 무언가에 수틀려서 친구와 싸웠던 초여름의 꾀꼬리 울던 학교 뒷산, 화장실 청소가 불량하다고 훈육주임 김덕량 선생님께 같은 조였던 김영수 군과 함께 기합받던 본관 건물… 청소 않고 땡땡이 쳤던 김군은 몇 년 전 동창회서 보니 머리칼이 적당히 정돈된 신경외과 교수님이 되었더라.

아! 그리도 낯익던 모든 것들이 낯설어지다니 세월은 어지간히 멀리도 나를 50세의 오늘, 이곳까지 데려온 듯하다.

돌이켜보면 너무나 빠른 세월에, 각자의 삶은 여러 모습으로 나뉘었지만 그동안 자신의 진로에서 뜻을 세워 살며, 사랑하는 자식들이 더 나은 환경에서 살아갈 수 있도록 모두들 부단히 노력했을 성싶다. 아무튼 이 모든 추억이 경희궁에서의 인연으로 내 자신의 일부가 되어 함께하고 있음은 무엇보다도 바꿀 수 없는 소중한 자산이요 자랑이 아닌가 하는 생각이 든다. 또 같은 교정에서 지낸 인연으로 지금도 연락을 주고 받는 친구들이야말로 진정 이 시대의 딸깍발이로서 이 땅에 꼭 있어야 하는 동지라는 것을 뒤늦게 알게 된 건 나의 안목이 부족했기 때문이리라.

그러나 한 편으로는 우리가 남에게 불편을 주지 않고 상대로부터 도움을 바라지 않는다 해도 조금은 소심해 보이고 개인주의적인 모습으로 보이는 것은 한 시대 어깨를 함께하던 다른 고등학교 동문들이 사회에서 서로를 이끌어 주고 쉽게 단합하는 모습을 지켜보며 부러운 마음에서 생긴 杞憂이리라. 아니면 가방끈 자랑, 돈 자랑, 건강 자랑하면 바보 소리 듣는다는 지천명의 나이가 되어 지나온 삶에 미련이 많아서인지도 모른다. 하기는, 700명이 넘는 동무들이 불과 3년이라는 시간에 어찌 그 귀중한 만남의 이야기를 맺고 풀어갈 수 있었을까? 하는 생각도 든다. 그럼에도 불구하고 똑똑한 머리에 그냥 놔둬도 매사에 뒤탈이 없을 우리들을 붙잡고 쥐 잡듯이 진학지도에 힘쓰신 선생님들의 열의가 아직도 기억됨은 웬일일까?

▪ 우리의 아들 · 딸들에게

인생의 좌우명으로 '성공'보다도 '正道를 걸으라'는 말을 권하고 싶다. 요령 피우지 않는 성실함이 겉으로 보이는 성공을 뛰어 넘는 인생의 중요한 德目임은 마음에 새겨야 할 최고의 가치이다. 마음의 여유, 평화, 담대함은 우리가 추구하는 '至高'의 목표가 아닌가?

엄마 아빠들은 지난 수십 년 동안 너희 할아버지 세대가 겪었던 격변의 시대 이상의 엄청난 기술의 변화 속에서 살아 왔다. 불과 10여년 전만 하더라도 이렇게 빨리 세계 10대 경제대국을 운운할 정도로 여유롭게 살게 될 줄은 몰랐다.

이러한 풍요로운 환경에서도 인내심이 결여되고 눈앞의 현실에 안주하여 대학의 진로를 선택하는 젊은이들을 보노라면 바른 인생관에 대한 인식부족이 우리 세대의 잘못에서 비롯된 것 같아 마음이 편치 않다. 길지 않은 세월 동안 어떻게 배금주의가 이토록 뿌리 깊어졌는지 안타깝구나. 그러나 개인주의와 현실적 思考가 팽배해진다고 해도, 인생에 대한 확고한 신념이 있고, 남과 함께 어울려 나라를 생각하고, 똑똑하고 능력있으며 원대한 포부를 지니고 있는 젊은이들이 늘어나고 있다는 사실은 고무적이다. 모든 상황이 과거보다 나아진 지금, 너희들은 실력을 키워 좁은 울타리를 벗어나야 한다. 해외로 진출하여 국제적인 감각과 마인드를 지닌 세계인으로서 雄志를 펼쳐 나가야 한다. 그래야 엄마 아빠 세대, 이 땅의 先代 어른들이 흘린 땀과 희생이 정말로 값있게 기억될 것이다.

만물은 투여된 에너지만큼 변화하고, 능력으로서 인정받는 에너지는 투자한 시간과 노력, 지니고 있는 감각, 체력, 재능에 비례한다. 그러므로 짧은 시간에 일확천금의 꿈은 止揚해야 바른 삶을 살 수 있을 것이다. 과도한 물질과 자아에 대한 지나친 집착은 스스로의 발전에 큰 장애가 된다. 빠른 정보, 빠른 리듬의 음악, 빨라진 이동수단, 심지어 먹는 것도 빨라지는 이 시대에, 한걸음 한걸음 지나치지 않게 살아 왔던 기성세대의 생각이 작금의 정서와 어울리진 않겠지만, 언제나 過猶不及이라는 말을 기억하여 매사에 한 번 더 생각하는 여유를 갖기 바란다. 아무튼 부모로서, 인생의 先驗者로서 바라건대, 너희들이 많은 것을 배우고 부족한 점은 보완하여 지난 세대의 한계를 뛰어 넘어 축복받는 미래를 설계하고 누리기를 진심으로 기원한다.

▪ 동기들에게

끝으로 우리 동기에게 인생의 후반부를 보람있게 보낼 수 있는 의견을 다음과 같이 提言해 본다. 그 첫째는 종교를 가져보라는 것이고(종교가 없는 경우), 둘째는 신체에 신경을 쓰라는 것이다. 세월이 지날수록 삶과 죽음에 대한 확고한 인식이 정립되어야 한다는 것이 일반적인 생각이라면 이젠 주위와 스스로를 추스릴 때가 되지 않았나 싶다. 또 건강에 있어서 몸 속의 병에 대한 언급—정기검진—은 차치하고라도 적어도 몸 밖에서 볼 때 쉽게 불편함을 느낄 수 있는 곳은 눈과 치아(?)이니 만큼 많은 관심을 갖기를 바란다. 젊어서는 배우자를 만나 가정을 꾸리고, 자식 키우며 사회생활에 올인 하였지만, 이제는 땅 속에 묻힐 날까지 열심히 보고 먹어야 노후가 편안하리라는 것은 自明하지 않을까? 외부에서 쉽게 보이는 신체의 이 두 곳은 노화와 밀접하게 관련되어 향후 생활에 큰 영향을 미치므로 각별히 신경을 써서 품위 있는 노후인생을 보내자.

한마디 더하자. 어제도 오늘도 많은 동창 모임들이 열리고 있지만 연락도 닿지 않는, 사회적으로 힘든 위치에 있는 친구들을 보면 안타까운 마음을 금할 길이 없다. 이제는 이 땅에서 흔적을 남길 시간이 지나온 시간보다 많이 줄어든 이 때에 더 많이 만나고 연락하며 살아야 하지 않을까?

인생은 언제나 아쉬움을 남기는 것이지만 말이다.

SEOUL 서울

나의 아내가 거기 있었네

채규영
경상대학교병원 방사선종양학과 교수

인턴과정을 마치고 전공의 1년 차 생활이 막 시작된 4월의 토요일 아침. 이른 아침 출근하려고 집을 나서는데, 집안 어르신의 일방적 통보가 아침공기를 가르며 내 귀에 꽂혔다.

"오늘 오후 맞선 약속해 놓았다"

가뜩이나 날카로워져 있던 때인지라 벌컥 화를 내고 나왔지만, 마음 약한 나는 약속시간이 되자 약속장소로 나갔고, 거기서 낯선 어른들 그리고 한 여인과 조우했다. 적당한 시간이 흐른 후 어른들은 가시고 이제 둘만 남아 이런 저런 대화가 오고 가던 중 그녀가 물었다.

"혹시 고등학교 어디 나오셨어요?"

"서울고등학교요"

"어머 거기 제가 중학교 때 참 좋아하던 선생님이 계셨는데…"

"누구신데요?"

"김항구 선생님이요."

"아 역사 선생님이요!!!!! 알고 말고요. 2학년 때 부담임이셨어요. 왼손 쓰시잖아요"

"맞아요 맞아요, 어머! 신기하네"

공통의 화제가 발견되면 두 사람이 얼마나 쉽게 가까워질 수 있는지 여러분이 더 잘 아시리라. 그로부터 우리의 대화는 김항구 선생님, 서울고등학교, 그리고 그녀가 다녔던 창덕여중을 거쳐가며 밤늦게까지 펼쳐졌다.

창덕여중은 서울고등학교와 길 하나 건너 이웃에 있었다. 내가 고등학교 2학년 때 그녀는 창덕여중에 다니고 있었고, 많은 학생들이 김항구 선생님을 좋아했고 자기도 그 중 한 명이었다고 했다. 그런데 그 좋아하던 선생님이 전근을 가시게 되었으니 얼마나 사춘기 소녀들의 마음이 아팠을까? 그나마 바로 이웃에 있는 학교로 가신 것이 다행인지, 아니면 그 여린 마음들을 더욱 아프게 한 것인지는 알 수 없지만, 그들 중 일부는 용감하게 선생님을 찾아 그 아름답던 경희궁터의 캠퍼스로 찾아오곤 했단다. 당시 고2였던 우리는 정문을 바라 보고 있는 본관 2층을 사용하고 있었다. 김항구 선생님이 우리 학교로 오신 이후로, 여학생 무리들이 용감하게 잔디 깔린 캠퍼스 안으로 성큼성큼 걸어 오는 모습을 가끔씩 목격하곤 하였다. 순진한 나에겐 그들이 참 대단하게 여겨질 뿐이었는데, 그 무리들 중에 나의 아내가 된 그녀도 있었다니…….

공통된 화제로 마음 문이 열린 우리는 이틀이 멀다하고 만남을 가졌고 매번 약속하는 게 번거로워 첫만남을 가진 후 두 달 보름 만에 결혼에 골인하였다.

우리의 신혼여행은 약간은 드라마틱했다. 김포공항에서 '잘 다녀오라'는 친구들의 인사를 뒤로하고 제주행 비행기의 탑승을 기다리고 있었다. 그런데 우리에게 난데없이 구내방송이 흘러 나왔다. "제주공항의 급격한 기상 변화로 인하여 제주행 000 편의 운항이 취소되었습니다."

짐을 다시 찾고, 시내 호텔을 예약하고, 어수선한 과정들과 함께 첫날을 보냈다. 그 다음날은 주일(일요일)이었고 비행기 출발시각이 다소 여유가 있었기에 택시를 타고 평소 출석하던 교회에 가서 쑥스러운 인사들을 나누고 예배를 드렸다. 우리의 첫출발을 하나님께 드리는 예배로써 축복하시려는 하나님의 배려였던 것 같다. 이번에는 비행기가 무사히 이륙하였고 곧 제주공항에 도착한다는 기내방송도 들었다. 그러나 갑작스런 기상변화로 인하여 우리는 다시 서울로 돌아와야 했고, 임시 항공편이 뜰 때까지 기다려야 했다. 그나마 신혼여행이었기에 지루하지 않았다. 신혼여행 가방은 스티커로 덕지덕지 지저분해진 채, 결국 우리는 삼 세 번 만에 제주에 도착하였다. 신기하게도 그 때 김항구 선생님 아니 김항구 교수님은 제주대학에 재직 중이셨다. 우리의 만남에 보이지 않는 줄이 되어 주셨던 교수님을 만나려는 일념으로 밤중에 호텔을 떠나 서귀포에서 제주로 넘어 갔다. 우리는 서로 너무나 기뻐하고 신기해 했다.

딸들아! 쑥스럽고 당연하고 주책없는 고백이지만 너희 엄마를 사랑한다. 또한 너무 아름다웠고 나와 아내를 맺어 준 배경이 된 서울고등학교를, 경희궁터의 캠퍼스를 너무나 그리워하고 사랑한다. 그래서 이제는 경희궁으로 복원되고 있는 그 곳을 지나려면 웬지 쓸쓸하고 가슴 깊숙한 곳에서 아련한 아픔이 솟아오른단다.

아빠의 뜨락

SEOUL · HIGH · SCHOOL

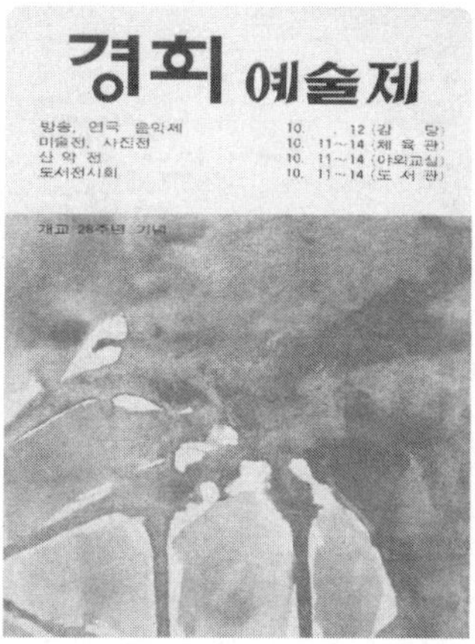

SEOUL 서울

아빠의 소망

김종환
KAIST 전자전산학과 교수

2002년 FIFA 월드컵을 한 달 앞둔 5월 로이터 통신과의 인터뷰 중에 "로봇이 축구를 한다는데 그렇다면 과학기술이 얼마나 더 발전할 수 있다고 생각합니까?"라는 질문을 받았다. 나는 서슴지 않고 "Technology will reach as far as our imagination allows." 라고 답했다. 이는 우리의 상상력이 매우 중요하다는 뜻이지.

지난 20세기에는 우리 인류의 생활 터전은 우리가 발을 딛고 있는 이 땅과 저 하늘 아래였지만, 21세기에 들어서면서 새로운 생활터전으로 디지털 공간이 등장하고 있다. 그곳은 국경도 없고, 시공도 초월할 수 있으며, 마음껏 날아 다닐 수 있는 컴퓨터 속의 디지털 세상이지. 너희들은 이런 새로운 세상의 주인이 되기 위하여 디지털 세계에 맞는 새로운 생각과 생활태도를 가져야 한다.

앞으로 우리 사회는 더욱 세분화되고, 전문화될 것이기에 다양한 분야에서 다양한 인재를 필요로 할 것이야. 학교에서 같은 반 친구들을 상대로 하여 석차에 울고 웃기보다는, 미래의 꿈을 이루기 위하여 밝은 마음으로 열심히 생활하고, 읽고 싶은 책을 많이 읽고, 조용히 사색도 하는 것이 매우 중요하단다. 같은 반 친구와, '경쟁하는 법'이 아니라 '협동하는 법'을 배워야 하고, 다른 나라의 친구들과도 어떻게 더불어 살 수 있는지를 생각해야 하지. 하지만 무엇보다도 너희들이 꼭 챙겨야 하는 것은 건강한 정신과 강인한 체력이란다. 사실 아빠도 고등학교 1학년 때 유도부에 들어가 열심히 운동했지. 물론 black belt이고... 그때 다져 놓은 강한 정신력과 승부 근성 그리고 지칠 줄 모르는 체력으로 활발한 사회활동을 하고 있단다.

너희들이 잘 알고 있듯이 아빠는 1995년에 그 당시 아무도 생각하지 못했던 로봇축구를 그려 냈다. 어렸을 때부터 물론 축구를 좋아했지. 방과 후에는 어김없이 친구들을 모아 함께 축구를 했어. 그리고 대학생이 되어서는 첨단분야에 대한 호기심과 도전 정신으로 전자공학을 공부했고, 이어 대학원에서 로봇을 연구하게 되었다. 이후 교수로 연구를 하며 국제학회에 많은 논문을 발표하면서, 이젠 우리도 세계 과학기술 발전에 기여하고 있다고 생각했지만 그래도 늘 부족함을 느꼈다. 이 부족함을 메우기 위하여 생각한 것이 바로 로봇축구란다. 어릴적 아빠가 그렇게도 좋아했던 운동과 과학기술과의 만남이라고 할 수 있지. 여기서 아빠가 거듭 이야기 하고 싶은 것은 남과 다른 새로운 생각을 하라는 것이고, 우리 나라만이 아니라 세계를 향해 도전하라는 것이야.

2005년 6월 핀란드 헬싱키에서 열린 국제전기전자공학회 주최 로봇 연산지능 학회에서 '제 3세대 로봇 공학: 유비쿼터스 로봇'이라는 제목으로 총회강연을 했다. 로봇연구에 있어서 매우 새로운 개념을 제시한 강연이지. 아빠가 총회강연 연사로 초청받은 것은 연구내용이 좋아서이겠지만, 그것보다는 어쩌면 이미 잘 알려진 IT 강국 코리아의 힘이 아닌가 싶다. 아빠는 이전에는 핀란드에 대해 잘 몰랐었는데 핀란드 친구들을 통해 그 역사를 알게 되었고, 짧지만 학회기간 동안 지내면서 가슴 뭉클하게 떠오른 생각이 있었단다.

싼타 할아버지의 나라인 핀란드는 남북으로 1,000km에 달하는 큰 나라이지만 인구는 500만 명에 불과하다. 살기 좋은 나라로만 알았던 이 나라에도 매우 슬픈 역사가 있었더군. 놀랍게도 무려 600여년 간 스웨덴의 지배를 받았을 뿐만 아니라 그것도 모자라 100년 간 러시아 제국의 지배를 받고 간신히 1917년에 해방된 나라야. 우리도 36년의 쓰라린 역사가 있기에 이들이 당한 고초가 얼마나 심했을까 짐작할 수 있었다. 하지만 이들은 스웨덴을 굳이 좋아할 리야 없겠지만, 나쁜 감정을 절대 내색하지는 않더라. 대신 노키아와 같은 기업을 앞세워 차곡차곡 실력을 쌓아 나간다는 느낌을 받았지. 이 학회기간 동안 지내면서 느낀 것은 학교나 호텔의 작은 물건까지도 자로 잰 듯이 정확하게 편리하도록 정리되어 있다는 점이야. 자전거 고정대가 그렇고, 세면대에는 항상 뽀송뽀송한 수건을 쓸 수 있게 되어 있고, 건물도 매우 효율적으로 설계되어 있지. 매우 반듯한 나라라는 인상을 받았단다.

미국이 선진국이지만 허리케인 카타리나에 의해 침수된 루이지애나 주를 보면 모범국가라고 할 수 없겠지. 일본도 현재는 경제대국이라고 하지만 누가 일본을 모범국가라고 얘기할 수 있을까? 우리 나라에도 이제는 세계적인 일류기업들이 있고, 이런 기업들이 있기에 우리도 이제는 세계 12위의 경제대국을 이룰 수 있었지. 현재 우리 정부는 국민소득 2만 불의 선진국이 되고자 많은 노력을 하고 있단다. 하지만 아빠는 우리 나라를 경제대국, 선진국가에 앞서 세계인이 부러워할 반듯한 모범국가로 만들어야 한다고 생각해.

아빠는 새로운 생각을 갖고 세계를 향해 도전했단다. 그러한 도전은 결국 우리 나라를 모범생, 모범가정, 모범기업이 많은 그런 나라로 만들고 싶은 간절한 소망에서 출발했다고 생각해. 너희들이 살아 나갈 우리 나라가 모범국가가 되는 것이 아빠의 소망이란다.

서울

젊은 시절의 세 가지 중요한 결정

조영수
변호사 | 전 청주지방검찰청 차장검사

30여년 전 고등학교 시절 3년 간은 참으로 소중한 때였다. 순수하였고, 무한한 가능성이 있었다. 고등학교를 졸업한 이후 30년 동안의 내 삶을 지금 되돌아보면 후회스럽고 아쉬운 점이 너무 많지만, 이제는 돌이킬 수 없으니 그것이 인생의 법칙이요 매력이기도 하다.

고등학교 1학년 때 반대항 합창대회가 있었는데, 각 반마다 학급가를 만들어 발표하고 합창곡을 한 곡씩 불렀다. 학급가는 반 친구들이 각자 작사, 작곡하여 창작한 작품들 중에서 괜찮은 것을 선택한 후 다듬어 완성하였다. 아직까지 보존되어 있는지 궁금하다. 반주와 지휘도 각 반별로 맡았는데, 나는 우연한 해프닝을 계기로 지휘를 담당하게 되었다. 합창곡은 남성삼중창으로 편곡된 '보리밭'을 선곡하였고, 쉬는 시간 등을 이용하여 틈틈이 연습한 끝에 합창대회에서 아름다운 화음을 만들어 내며 12개 학급 가운데 3등을 차지하였다.

2학년 때는 반 친구들이 모두 참여하여 학급지를 만들었다. 친구들의 작품을 싣고, 낙서란과 앙케트도 있었다. 같은 또래의 여학생들을 상대로 이상적인 남성상과 마음에 들지 않는 남성상을 묻는 앙케트가 있었는데, 반 친구들이 받아온 여학생들의 답변 중에는 재미난 것들이 많았다고 기억된다. 우리 반 친구들 모두에게 묻고 답한 앙케트 가운데 몇 가지가 생각난다. 나의 고등학교 생활을 스스로 평가하라는 질문에는 천하태평이라고 답하였으며, 장래 어떤 사람이 되고 싶으냐고 물은데 대하여는 아늑한 시골의 목장주인이라고 하였다. 훗날 꼭 하고 싶은 일을 묻는 질문도 있었는데, 나는 좋아하는 사람들을 모두 초청하여 멋진 파티를 열고 싶다고 답하였다. 그 꿈을 이룰 수 있을까? 고등학교를 졸업한 직후에 그 당시 광화문 부근에 있었던 국제극장에서 친구 김충섭 군과 함께 위대한 개츠비라는 영화를 보았다. 당대의 유명배우 로버트 레드포드와 미아 패로우가 남여 주인공 개츠비와 데이지 역을 맡은 영화였는데, 개츠비가 자신의 저택에서 화려한 파티를 개최하는 이야기가 인상적이고 부러웠다.

3학년이 되기 전까지는, 자주 어울리던 친구들과 함께 학교 근처에 있었던 김형식 군의 집에서 인기가수 송창식 씨의 노래 '한번쯤', '맨처음 고백' 등을 친구들의 기타 반주에 맞추어 부르기도 하고, 탁구장에서 복식경기를 하기도 하면서 낭만적인 생활을 즐겼다. 가끔씩 학교 운동장에서 농구나 축구를 하였는데, 축구를 너무 오래 열성적으로 하여 집으로 돌아가는 버스에 올라타기가 힘들 정도로 다리가 지친 적도 있었다. 언젠가 축구시합 때 친구 최세운 군이 상대방 골문 앞에서 몸을 던져 다이빙하며 통쾌한 헤딩슛을 성공시키던 모습은 지금도 생생하다.

3학년 때는 본격적으로 대학입시 준비에 몰입하였다. 1학년부터 2학년까지 줄곧 느긋하게 지내다가 3학년에 임박하여 뒤늦게 피치를 올린 탓으로 한동안 가시적 성과를 거두지 못하고 고생하였다. 그 당시에는 자정부터 새벽 4시까지 통행금지가 있었다. 도서관에서 공부한 후 마지막 버스로 귀가하였다가 다음날 아침 가장 먼저 등교할 정도로 열심히 공부하였고, 좋은 학교에서 훌륭한 은사님들의 지도를 받은 덕택에 입시결과는 나쁘지 않았다.

나는 법과대학에 진학하였는데, 링컨이 대통령이 되기 전에 변호사로 일하면서 어려움에 처한 어린 소녀를 도와준 일화를 언젠가 교과서에서 배운 후 어려운 사람을 돕는 변호사가 되어야겠다는 결심을 하였었다. 법학을 전공하고 사법시험에 합격하면 검사가 되어 10년 가량 일한 다음 40세쯤 변호사가 되어야겠다는 구상을 고등학교 시절에 하였으나, 원래 구상보다 훨씬 더 오랫동안 약 20년 간 검사로서 생활하다가 금년에 비로소 퇴직하고 변호사 일을 시작하였다. 과연 그동안 다짐하여 온 그대로 어려운 사람들을 돕는 좋은 변호사가 될 수 있을까? 인생의 새로운 라운드를 시작하며 앞으로 남은 과제이다.

인생 50세가 되면 천명을 안다고 하였는데, 나는 천명을 깨닫고 있는지 아직 자신이 없다. 하지만 고등학교를 졸업한 지 30년이 흐른 지금 생각해 보면, 젊은 시절에 미리 관심을 가지고 심각하게 고민하며 결정하여야 할 중요한 일들이 있었다고 느껴진다.

첫째, 어떤 가치관을 가지고 살 것인가?

둘째, 어떤 직업을 선택하여 살 것인가?

셋째, 어떤 배우자와 함께 살 것인가?

이 세 가지는 자신의 인생에 막대한 영향을 미칠 결정이므로 반드시 명심하고, 심사숙고하며 결정하여야 할 것이다. 무한한 가능성을 가진 순수한 젊은 시절에 미리 알고 고민하여야 훗날 후회함이 없을 결정들이다. 우리의 자녀들은 자신에게 가장 어울리는 현명한 선택을 하고, 최선을 다하는 멋진 사람들이 되기를 바란다.

SEOUL 서울

아버지의 사랑

김영수
한양대학교 신경외과 교수

어느덧 30년이 흘렀다. 당시 고등학생이었던 나는 '아버지의 사랑'에 대해서 잘 알지 못했던 것 같다. 근엄한 모습 뒤에 감춰진 '아버지의 사랑' 또한 특별했다는 것을.

현재 나는 나의 아버지처럼 두 아들을 둔 한 집안의 가장이 되었다. 어릴 적 아들로서 아버지를 바라봤던 것과 지금 아버지가 되어 나의 두 아들을 보면서 아버지와 아들의 관계, '아버지의 사랑'에 대해서 다시금 생각해 본다.

아직도 내가 '아버지의 사랑'을 온전히 안다고 할 수는 없다. 하지만 나의 아들에게 들려주고 싶은 말이 있다. 사랑은 모든 것을 이해하고 언제나 열린 마음으로 모든 것을 받아들인다. 아버지의 사랑도 그러하다.

두 아들과 아버지에 관한 이야기는 많은 책 속에 다양하게 나오지만 그 중 연말 성탄절 휴일에 텔레비전에서 간혹 방송되기도 하는 루가 복음의 '되찾은 아들의 비유'라는 말씀을 통해 '아버지의 사랑'을 전하고 싶다.

> 어떤 사람에게 아들이 둘 있었다. 작은 아들이 아버지로부터 자신의 유산을 챙겨 방종한 생활을 하다가 마침내 모든 재산을 날렸다. 곤궁에 처한 그는 돼지 치는 일로 겨우 연명하다 굶어 죽을 지경이 되자, '하늘과 아버지께 죄를 지었구나' 하고 반성하고는 집으로 돌아왔다. 그는 아버지께 '저는 아버지의 아들이라고 불릴 자격이 없습니다. 하인으로 삼아 주십시오' 라고 하자, 아버지는 그를 껴안고 입 맞추며, 가장 좋은 옷을 입히고, 송아지를 잡아 아들이 살아 돌아온 것을 기뻐하며 잔치를 벌였다. 들에서 일을 하고 돌아온 큰 아들은 동생이 돌아와 아버지가 잔치를 벌였다는 것을 알고 화가 나 집에 들어가지 않으려 했다. 아버지가 타일렀다. 그러나 큰 아들이 "저는 종처럼 여러 해를 아버지를 섬기며 아버지 명을 한 번도 어긴 적이 없으나 저에게 염소 한 마리 내어주신 적이 있습니까? 그런데 재산을 모두 탕진한 동생에게 어떻게 살찐 송아지를 잡아 주십니까?" 하고 대들었다. 아버지가 큰 아들에게 일렀다. "얘야, 너는 늘 나와 함께 있고 내 것이 다 네 것이다. 네 아우는 죽었다가 다시 살아났고 내가 잃었다가 되찾았다. 그러니 즐기고 기뻐해야 한다."

아버지의 큰 우산 밑에서 잘 살던 작은 아들은 아버지의 사랑을 귀찮게 여겨, 독립해 재미있게 살아보려고 집을 떠났지만 결국 모든 것을 잃고 죽을 지경이 되어서야 아버지의 사랑을 알게 되었다. 사람은 누구나 잘못을 하게 된다. 그러나 작은 아들과 같이 자신의 잘못을 반성하고 아버지를 다시 찾는 용기는 자신을 살리는 길이 된다. 미련한 사람은 자신이 하던 일이 잘못되고 모든 것을 잃어야 깨우치지만, 지혜로운 사람은 그 결과를 예측하여 그런 잘못을 저지르지 않는 것이다. 즉 아버지의 사랑 안에서 보다 나은 인생을 설계할 수 있으나, 아버지 사랑에 대한 무지와 자신의 교만으로 어려운 인생을 살게 될 수 있다. 물론 최근 경제적으로 독립하지 못하고 부모에 의존하는 '캥거루족'을 말하는 것은 아니다. 인생을 살다 보면 여러 가지 난관에 부딪힐 수 있다. 그것이 자의건 타의건 간에 자신이 바닥에 떨어지게 되는 경우 가장 먼저 달려 갈 수 있는 곳은 아버지의 품이다. 그리고 가족이다. 항상 아들이 잘되기를 멀리서 말없이 기원하며, 잘못된 아들의 선택에도 화내지 않으며, 그가 마음을 돌이키기를 참고 기다린다. 결국 자신을 반성하고 집으로 돌아오는 아들을 두 팔을 벌려 따뜻하게 맞이해 준다. 이것이 '아버지의 사랑' 그 실체이다.

아버지의 명을 한 번도 어기지 않고 종같이 일했는데 대접을 못 받았다고 투덜대는 큰 아들 역시 아버지의 사랑을 전혀 알지 못하고 살아온 것을 알 수 있다. 현재를 사는 많은 사람들은 자신이 행복하게 살고 있는 것을 깨닫지 못하는 우둔함에 빠져 있다. 지금 우리 사회 곳곳에서는 자신의 처지에 감사할 줄 모른 채 상대적 박탈감만을 주장하거나, 남에 대한 배려가 없는 이기적인 행동들이 넘쳐난다.

우리 나라가 이렇게 잘살게 된 것은 얼마 되지 않았다. 내가 고등학교를 다닐 때인 1970년대에는 모든 학생들이 검은 교복을 입었다. 학교에 가지 않는 평상시에는 군사훈련 과목시간에 입는 학생 군복이었던 교련복을 입고 다녔다. 겨울이면 체육복을 내복 대신에 껴입고 다녔다. 그 이상의 옷은 사치였다. 항상 도시락 두 개를 싸 가지고 다녔으며 군것질이나 외식이라는 것도 달리 없었다. 당시 조금 멋내는 학생들이 빵집을 다닐 정도였으니까. 또 지금 같이 인터넷, 게임기, 휴대폰, mp3 같은 것도 전혀 없던 시절이었다. 그래도 우리 학창시절은 모자란 것이 없었다. 또한 우리는 감사할 줄 아는 학생들이었다. 그렇게 자란 우리들 중에는 현재 각자 자기 자식들에게 모든 것을 다 해주지 못해 안달하는 부모도 있기는 하다. 나역시 자식들의 요구를 모두 들어주지 못한 것에 대해 미안한 마음이 들기도 한다. 하지만 모든 것을 다 해준다고 해서 그것이 사랑으로 포장되는 것은 아니다.

동생처럼 독립해서 자유롭게 살고 싶었을 큰 아들은 자신이 아버지의 명에 거역하지 않고 살아온 것을 마치 아버지를 위해 산 것인 양 이야기한다. 또한 동생에 대한 아버지의 환대에 자기의 삶이 마치 종의 삶과 같다고 비하하면서 시기한다. 아버지의 뜻이 자신의 길은 아닌 것이다. 자신의 길은 자신이 가는 것이다. 아버지의 사랑 안에서 얼마든지 행복하게 살아갈 수 있었는데도 불구하고 이를 마치 아버지의 뜻에 의해 마지못해 살아왔다고 생각하는 어리석음을 범하고 있다.

보통 아들이 둘 있는 집은 어릴 적부터 잘 싸우고 경쟁하며 큰다. 형제간에 누가 더 아버지의 사랑을 받을 것인가를 따진다면 의가 상한다. '아버지의 사랑'은 모든 아들에게 똑같다. 세상의 어떤 아버지도 한 아들이 잘되고 다른 아들이 잘못되기를 바라지는 않는다. 어떡하면 두 아들이 모두 다 잘될까 하는 걱정 속에 살아간다. 서로가 서로를 사랑하며, 도우며, 아버지를 존경하며 '아버지의 사랑'에 감사하는 가정이 세상에서 가장 아름다운 가정이며 이런 가정이 많을수록 우리 사회는 좀

더 아름다운 사회가 될 것이다. 나도 이제서야 새삼 '아버지의 사랑'에 감사를 드린다.

젊은 날의 초상

최종갑
변호사

大서울고에 입학하자마자, 특별활동반으로 문예신문반을 지원했다. 문예신문반의 기라성 같은 선배들이 신참들을 맞았다. 한 선배는 군기를 잡는다면서, 후미진 곳에 위치한 문예신문반실에서 대걸레 자루로 빠따를 때렸다. 20대씩 맞았다. 한 선배는 위로한답시고, 방과 후 어둠이 깔리자 신참 몇몇을 학교 본관 앞 잔디밭에 빙 둘러 앉게 하더니 주머니에서 기타제재 양주인 캡틴큐 혹은 나폴레옹을 꺼냈다. 뚜껑으로 받아 마셨다. 알코올이 내 울적한 식도와 위와 창자를 타고 내려가면서 짜릿하게 자극을 주었다. 지금까지 이어지는 내 음주역사의 시작이었다.

그 시절은 늘 가난이 따라다녔다. 가끔 굶기도 했고, 동회에서 배급되는 구호 밀가루로 수제비를 끓여먹기도 했다. 교통비 절약을 위해 등하교길을 자주 걸어다녔다. 동대문 밖 보문동에서 성안 신문로에 있는 학교까지 걸어가는 길은 멀어도 눈부셨다. 혼자만의 허튼 자부심이었을지는 몰라도, 그 당시는 누구나 인정해 주었던 훈장 같은 서울고 교복 때문이었다. 어머니는 시장통의 이집 저집을 돌아다니면서 생존과 학비를 위해 돈을 꾸곤 하셨다. 채권자들도 다 어려운 시장통 사람들이었다. 용돈을 위해 중학교 때까지 신문배달과 아이스케키 장사를 하던 나는, 서울고 재학생이라는 무기 하나로 가정교사 일을 시작했다. 그러나 그때의 가난은 지금의 가난과는 차원이 다른 가난이다. 남보다 풍요롭지 못하다는 이유 하나만으로 불행을 느끼는 지금의 세태. 남과 다른 쪽에서 행복과 풍요를 찾지 못하고 배앓이를 하는 혼탁한 물질의 시대. 그와는 달리 그 시절은 다 같이 가난했고, 남의 풍요가 나의 불행이 되지 않았다. 무엇을 가질 것인가는 관심사가 아니었고, 무엇이 될 것인가가 중요했다.

어느 날 한 여학생이 나를 자기 집으로 초대했다. 그 애는 시를 썼고, 나는 시와 소설을 썼다. 대학 백일장 등지에서 만나 알던 여학생이었는데, 문학 면에서 서로 말이 통했다. 그 집에는 마침 아무도 없었고, 자기 방에서 앨범을 보여 주었다. 빈 집에 둘만 있는 현실에 숨이 막혀 밖으로 나가자고 했다. 근처 야산에 올라 바위 위에 나란히 앉았다. 저녁 무렵이었다. 선홍빛 석양이 서쪽하늘을 온통 뒤덮고 있었다. 미치도록 아름다웠다. 가만히 그 애의 손을 잡았다. 정신이 아득해지고 가슴이 쿵쾅쿵쾅 뛰었다. 그것이 손만 잡다 끝난 내 풋사랑의 시작이었다.

한 선배가 불렀다. 모월 모일 대학생들과 어울려 유신반대 데모를 전국적으로 할 예정이니 서울고 모집책을 맡으란다. 계획을 짜기도 전에 집으로 형사들이 들이닥쳐 종로경찰서로 끌려갔다. 종로경찰서 꽉 대기층 시멘트바닥에서 이틀밤을 지샜다. 고등학생들은 모두 훈방되었고, 알지도 못했던 인혁당계 몇 명은 사형선고를 받아 바로 집행되었다. 민청학련 사건이었다. 참으로 암울했던 정치사를 불박이 배경처럼 두르고 다니면서, 독재와 부조리에 분노했던 시절이었다. 동료들과 복사본 불온서적을 돌려 읽으며 시대의 아픔을 치기어린 마음으로 나누던 시절이었다.

고3이 되었다. 낙제에 가까운 2학년 성적표를 받아 들고 1년 죽자고 다짐했다. 혈기왕성한 청춘을 대학입시에 저당잡히고, 밤을 새우다시피 공부했다. 실력과 열성을 겸비한 선생님들이 열강과 몽둥이로 나를, 우리들을 몰아부쳤다. 아! 고마우신 분들. 그 분들 덕에 나를 포함한 우리들은 대부분 명문대학에 진학했다.

눈부신 청춘은 그렇게 지나갔다. 그리고 그 시절은 지금의 나를 만들었다.

그리고 나는 어느덧 중3이라는 어린 나이에 유학을 떠나려는 딸을 둔 아버지가 되었다. 여기서 딸에게 쓴 편지를 소개하고자 한다.

애린이가 엄마와 아빠, 그리고 아영이의 곁을 떠나 캐나다로 갈 날도 이제 15일밖에 안 남았구나.

애린이가 처음 캐나다에서 공부하겠다고 했을 때 아빠는 솔직히 당황스러웠단다. 애린이가 내 곁에 없는 상황을 과연 내가 감당할 수 있을까도 의문이었고, 애린이가 과연 부모 슬하를 떠나 혼자 이국땅에서 외로움과 어려움을 견뎌 내고 제대로 공부를 할 수 있을까도 의문이었기 때문이란다.

그러나 한편으로는 그런 생각을 한 애린이가 대견스럽기도 하였지. 대개는 익숙한 생활, 편한 환경, 주위의 도움, 가족·친척·이웃·친구들이라는 울타리 안에서 살려고만 하지. 그 틀을 벗어나려는 것은 참으로 어려운 일이야. 그런데 애린이는 불과 열여섯의 어린 나이에 새로운 치즈를 찾겠다는 결단을 내린 거지. 이제 아빠는 애린이의 결단을 자랑스럽게 생각하고, 애린이를 믿기로 하였단다.

애린이와 같이 살아온 15년을 되새겨 본다.

아빠가 사법연수원에 있을 때, 애린이가 태어났단다. 이 세상을 얻은 것보다도 기뻤단다. 엄마와 아빠의 사랑의 결실이자, 앞으로 엄마와 아빠가 살아갈 보람과 힘이 되는 첫딸이니까. 반지하 셋방에 살면서도, 애린이의 기저귀를 갈아주고 목욕을 시킬 때마다 엄마와 아빠는 신기하고 신이 났다. 말을 갓 배워 "엄마, 아빠" 하고, 기어다니는가 싶더니 어느덧 걸어다니고, 마음에 안 든다고 보채는 일도 드물고, 일찍 한글을 깨쳐 혼자 동화책을 읽고…….

아빠가 판사로 임관된 후에는 신정동 아파트에서 할아버지, 삼촌, 고모와 함께 살았지. 생활형편이 어려워 엄마는 미술학원을 운영하였고, 애린이는 그 미술학원에 엄마와 같이 다니다가 얼마 안 있어 유치원을 다니기 시작하였지. 미술학원에서 종이에 손가락을 베어 피를 철철 흘렸을 때가 기억나니? 그리고 엄마가 기도원에 가 있을 때, 아빠와 함께 아빠가 엄마를 처음 만났던 동숭동 마로니에 공원에 간 일 또한 기억나니? 폐렴에 걸려 영등포에 있는 병원에 입원했던 일도 있었지. 할아버지를 따라 텃밭에 나가 채소를 가꾸던 애린이. 키우던 강아지가 너무 예뻐 내팽개쳤던 일도 있었지. 그때 아빠는 처음이자 마지막으로 애린이를 때렸었다.

자기식으로 사랑하는 것이 남에게 폐를 끼칠 수 있다는 것과 상대방의 입장을 배려하면서 사랑해야 한다는 것을 가르치기 위해서였단다.

그리고 제천생활 3년. 우리는 제비봉, 월악산, 소백산, 치악산 등 많은 산을 올랐었지. 소백산을 겨울에 올랐을 때는 하산길에 천동동굴 쪽으로 내려오면서 비료포대를 눈썰매 삼아 타고 내려왔었지. 그때 나무등걸에 애린이 엉덩이가 걸려 아파했던 모습도 눈에 선하다. 애린이 데리고 여행도 많이 다녔었지. 제천 근방의 문화유적지 답사, 전라도 지역의 남도 답사, 동해안의 바닷가, 용평의 스키장. 속리산과 계룡산 등.

제천에서 아영이가 태어나면서, 우리 가족의 생활도 많이 변하였다. 애린이에게 동생이 생기면서 애린이는 몰라보게 성숙하기 시작했다. 자신의 세계를 구축하고, 독립적인 사고방식을 쌓아가기 시작했지. 그런 토대가 오늘의 애린이를 만들었다고 생각한다.

다시 서울생활을 하면서, 애린이는 참 좋은 친구들을 만났다. 그 친구들 모두를 아빠도 좋아했었지. 같이 여행도 다니고, 공부도 함께 하고, 스트레스가 쌓이면 어울려 노래방에 가는 모습을 보고 아빠는 마음이 든든했단다.

애린이와 지냈던 이런 추억들이 캐나다에서 애린이에게 힘이 되었으면 한다. '가족은 추억이라는 예금을 저축해 놓고 그 이자로 살아가는 사람'이라는 말도 있다. 비록 몸은 떨어져 있더라도, 가족의 사랑이 항상 마음 속에 있다는 점을 잊지 않기 바란단다.

이제 애린이가 선진국에서 교육받기 위하여 캐나다로 떠난다. 영어나 불어 습득 외에도 그곳은 한국보다 많은 기회와 가능성이 보장되는 곳이겠지. 아빠의 지금까지 살아온 경험과 주위 사람들의 경우를 보면, 배움에는 때가 있고 그 때를 놓치면 결국 인생 자체가 실패로 돌아간다 할 것인데, 배움의 시기를 선진국의 좋은 교육환경에서 보내기 위하여 애린이를 떠나보내는 것이란다.

그 기회와 가능성을 애린이의 것으로 만들기 바란다. 목표를 세우고, 그 목표를 달성하기 위하여 노력하면 그 노력의 과정에 몰두하기 때문에 순간의 외로움과 고통은 자연스레 극복되기 마련이지. 그리고 세우는 목표는 너무 장기적이거나 거창해야 할 필요가 없다. 1년 단위, 학기 단위, 1달 단위, 1주일 단위로 단계적인 목표를 세우는 것이 훨씬 현실적이고 성취의 기쁨도 쉽게 맛볼 수 있다.

비록 콩글리쉬라도 말을 많이 하고, 자주 웃고, 적극적으로 생활해라. 한국과는 다른 자연환경, 남을 배려하고 사랑이 넘치는 캐나다 사람들, 자율적인 학교생활, 그런 좋은 곳에서 참된 친구들 가려 사귀고, 즐겁고 기쁜 생활하기 바란다. 그리고 무엇보다, 한국인으로서의 자부심과 정체성을 잃지 않기 바란다. 스스로를 귀하게 가꿈으로써 한국인인 것을 자랑스러워 하고, 세계 속에 한국인으로서의 아이덴티티를 확고하게 세우는 것이 애린이의 목표가 되었으면 한다.

엄마와 아빠, 그리고 아영이가 항상 애린이와 함께한다는 점을 잊지 않기 바란다. 전화는 엄마와 아빠가 하겠지만, 기쁜 일이 있었건, 슬픈 일이 있었건 자주자주 이메일을 보내렴.

애린이에게 사랑을 보낸다.

2001년 애린이를 보내면서, 아빠가.

서울

아들에게 보낸 편지

임봉욱
대전대학교 경제학과 교수

잘 도착했다니 다행이다. 무척 피곤했으리라고 생각한다.

'사람이 든 자리는 표가 나지 않지만, 난 자리는 표가 난다'는 말이 있다. 너와 은지가 그렇게 왔다가 떠나니 집이 텅 빈 것 같다. 당연히 엄마도 그렇게 느끼시고.

너희들이 휑하니 떠나고 나니 여러 가지 아쉬움이 남는구나. 좀더 잘해 줄 것을... 그러나 나 역시 이와 같은 상황이 처음이라 어떻게 해야 잘 하는 것인지를 몰랐던 측면도 있다. 만일 네가 아들이 아니라 딸이고 또한 딸이 남자친구를 데리고 온 상황이라면, 남자친구가 좀더 편안하게 느끼도록 행동할 수 있었으리라는 생각은 든다. 그러나 이 모든 것이 나의 인격을 반영하는 것이니 아쉬워한들 어쩌랴? 지나고 보니 은지가 무척 어려웠겠구나 싶다.

과거로 거슬러 올라가 내가 외할아버지를 처음 대했을 때의 생각이 난다. 혹시 일거수 일투족이 그 분의 눈에 거슬리지나 않을까 하는 생각에 거의 본능적으로 최선을 다했던 생각이 난다. 그 당시 아일랜드 더블린에서 경영자로 계시다가 사위가 될 나를 보러 한국에 오셨다. 처음 뵙는 그 분이 어떤 분이실까 마음 졸였다. 혹시 나를 부정적으로 보시면 어쩌나, 내가 대하기 어려울 만큼 까다로운 분이시면 어쩌나... 등등 그야말로 만감이 교차하였다. 그런데 너도 알다시피 너무나 다행스럽게도 항상 상대의 입장을 먼저 헤아리며 행동해 주시는 외할아버지 성품 덕분에 부족한 내가 별 탈없이 초면을 넘겼었다. 내가 외할아버지의 성품을 반만이라도 따라 갈 수 있었으면 은지가 아주 편했을텐데.

한 가지 기억이 난다. 추운 겨울날, 택시를 잡으려고 길에 섰는데, 택시기사는 젊은 나보다는 연세가 있으신 외할아버지 쪽으로 세우려 했다. 외할아버지께서 택시를 잡는 수고를 하시지 않도록 내가 얼른 달려 가서 택시를 잡았던 기억이 난다. 훗날 외할아버지께서 내 동작이 빨라 흡족해 하셨다는 말을 전해 들었다. 그 칭찬 때문인지 택시를 잡던 그때의 사소한 상황이 나의 뇌리에 아직까지 남아 있단다.

만일 내게 은지같은 딸이 있는데 그 딸이 타국에서 사랑하는 남자친구 부모님 댁에 인사드리러 혈혈단신 찾아뵙는 상황이라면 내 마음이 오죽했겠나? 사랑하는 딸이 혹시라도 마음 상하고 돌아오면 어쩌나, 혹시 남자친구 집에서 우리 딸을 서운하게 대하면 어쩌나...등등으로 좌불안석이었을 것이다. 그렇게 입장을 바꾸어 놓고 생각해 보니 그 어려운 길에 나선 은지가 대견하더라.

미국식으로 생각하더라도 쉽지 않은 상황이다. 가족이라야 일 년에 한두 번밖에 만나지 못하니 말이다. 경제적으로 아주 여유가 있다면 좀

더 자주 만날 수 있을텐데 그렇지도 못하니 말이다. 한국에서야 서울 부산에 떨어져 산다 하더라도 가족간의 만남이 이렇게 뜸하기야 하겠느냐? 이 어려운 고생을 하는 만큼 두 사람 모두 반드시 성공하여 먼 훗날 이 당시의 고생이 정말로 값진 것이었다는 생각을 할 수 있도록 최선을 다하기 바란다.

부모 밑에서 뒷바라지 받으면서 공부하는 것에 비해 혼자 생활하면서 공부하거나, 함께 생활해 가면서 공부하는 것이 얼마나 힘든지 나름대로는 알고 있다고 생각한다. 사람에 따라 힘듦을 느끼는 정도는 다르겠지만 나도 두 가지 생활을 다 해 보았기에 나름대로의 느낌을 갖고 있다. 물론 네가 어려움을 호소했을 때 그까짓 것으로 무얼 힘드냐고 애써 둘러 말할 때에도 진심은 그렇지 않았을 때가 많았다. 혹시라도 네가 그 어려움 때문에 정작 최선을 다해야 할 학업에 소홀할까 보아서 '그까짓 것 사소한 어려움'이라고 말한 적도 많았다는 것이다.

부연하지만 생활하노라면 행복하고 좋은 때도 많지만 그렇지 않은 때도 있다. 그렇지 않은 때를 슬기롭게 넘겨야 한다. 항상 좋기만 하면 좋겠지만 세상 어디에도 그러한 삶은 없다. 행복하고 좋은 때를 많이 만드는 방법 중의 하나는 항상 상대방을 먼저 생각해 주고 상대방의 입장을 헤아려 주는 것이라고 생각한다.

늘 건강하고 활기차고 보람있고 행복한 나날을 보내기 바라며 이만 줄인다.

앤아버에서 재환과 은지를 생각하며...

아버지.

* 추신: 재환의 건강한 식습관에 관해 말해 보마. 배고품에 관계없이 식사 시간을 정해 놓고 식사하고 간식이나 군것질을 줄여 보아라. 입이 짧은 사람은 군것질이나 간식을 하면 밥맛을 싹 잃어버려 식사를 못하게 되고 따라서 곧 다시 허기가 지게 되고... 그렇게 악순환의 반복이지. 그래서 나는 무지하게 먹고 싶어도 식사 때 맛있게 먹기 위해 식전에는 군것질을 하지 않는 것을 철칙으로 삼아 왔다. 참고하렴.

***

재환아,

일전에 친구에게서 조언을 구하는 편지를 받은 적이 있다. 그 당시 내가 전화로 하기보다는 생각을 정리해서 메일로 보내 주겠다고 했다. 혹시나 즉흥적인 말이 상대의 마음을 상하게 할지도 모른다는 생각에서 였다. 친구에게는 이렇게 마음을 쓰면서도 때로는 자식인 너에게는 어쩌면 마음 상하게 하는 말을 하게 되는지도 모르겠다. 나쁘게 생각하면 자식이니까 쉽게 생각한다고도 할 수 있겠다만 나로서는 그만큼 '자식 사랑'이 크다고 생각해 주면 좋겠다. 평가는 사람마다 다르겠으나 나의 경우 밖에 나가서는 남에게 기분 나쁜 말은 잘 안하는 편이다. 굳이 좀더 이득을 보겠다고 아웅다웅하며 살기 싫다는 측면도 있다.

물론 아무리 자식사랑이라는 미명으로 포장되더라도 듣는 사람은 답답할 것이다. 답답함을 피하는 방법 중의 하나는 심각한 주제의 대화는 피하는 것일 게다. 그러나 나는 그 점에 관해서 생각을 좀 달리한다.

너와 내가 부자지간으로서, 그리고 네 인생에서 중요한 시기에 단지 편하게 지내자고, 마음 속에 있는 말을 꼭꼭 묻어 두고 피상적인 말만을 한다면 그것은 바람직하지 않을 것이다. 물론 말을 하다 보면 생각이 달라서 불편해질 수도 있지만 가장 밑바닥에 있는 '부자지간'이라는 사실을 잊지 않는다면 웬만한 불편은 감수할 수 있을 것이다.

먼 훗날의 이야기이지만 내가 너의 일에 전혀 간섭할 열정이나 능력이 없는 나이가 되었을 때를 생각해 보면 나로서는 그래도 지금이 좋은 때라고 생각한다. 남과의 사이에서도 깊은 대화를 할진대 세상에서 가장 가까운 사이에 서로의 생각도 모르고 살아간대서야 인생이 무엇이겠느냐?

대화가 불편하여 네 마음이 상하는 경우가 있을 것이라는 점을 알고 있다. 그래도 네가 내 생각을 알고 내가 네 생각을 알고 지내는 것은 불편 이상의 의미가 있다고 생각한다. 부모나 자식이 어려운 시절을 지낼 때 서로 알리지 않아서 주변 사람들보다 그 사정을 모른대서야 어디 부모 자식간이라고 할 수 있겠느냐? 나는 네가 나름대로 네 이야기를 많이 해 주어서 고맙게 생각한다. 부자지간에 그야말로 꼭 필요한 이야기가 아니면 안 하고 사는 사람들도 많을 것이다. 그에 비하면 네가 무척이나 고마운 것이지.

너하고는 처지가 다르지만 나의 경우에는 요즈음 할아버지와 가급적 대화를 많이 하려고 노력한다. 내가 지금보다 나이가 적었을 때에 아쉬움을 느낀 적이 있기 때문이다. 할아버지와 성격상 심도 있는 대화가 되지 않는다고 생각했고 또한 할아버지의 관심사가 무엇이었는지를 헤아려 드리지 않았거든...할아버지께서 건강하고 오래 사시기 바라지만 한편으로는 인생이란 유한하다는 사실을 알고 있기에 할아버지께 관심을 더 많이 가져 드리려고 노력한다. 마음대로 되지 않는 경우도 많지만...

이야기 방향이 좀 이상하게 흐른 것 같기도 한데, 너와 대화하는 기술을 좀더 연마하도록 노력하겠다는 약속을 하며 이만 줄인다^^.

그럼 건강하게 잘 지내거라.

P.S. *미시간에서 만나기를 기대한다.*

***

재환아, 요즈음 아주 바쁘게 지내는 것 같더구나.

바쁜 가운데에서도 건강에 유의하기 바란다. 며칠 전 전화에서 목소리에 힘이 없어서 신경이 좀 쓰이더라. 예전에 내가 학생으로 유학생활을 할 때 할아버지께서 자주 편지를 하셨다. 그 편지에 있는 말씀 중에서 지금까지도 가장 기억에 남는 말씀은 첫째도 건강, 둘째도 건강, 셋째도 건강이라는 것이다. 그리고 참을 '인'자 3개를 늘 마음에 새기며 살라고 하셨다.

며칠 전 수박을 먹을 때 네 생각이 나더라. 수박 먹을 땐 수박을 좋아 하는 네 생각이 자주 난다. 그래서 작년 이맘 때 내가 샌프란시스코 너에게 갔을 때에도 수박을 사 먹게 된 것 같다.

이 곳은 WCC 조용한 휴게실이다. 여기에 오기 전 엄마와 용환과 함께 셋이서 한식당에 가서 점심을 먹었다. 그때에도 네 생각이 나더라. 부모마음에서 자식생각이 언제이든 떠나겠냐마는, 특히 내 입에 맛있는 것을 먹을 때 네 생각이 더 나더구나. 다른 것은 몰라도 너에게 먹는 것은 주리지 않게 해 주어야 한다는 생각을 하고 사는데...

엄마는 지금 시험보러 들어가셨고 용환은 책을 보고 있다. 나는 일을 하던 중에 평소에 생각은 있지만 보내지 못했던 이메일을 지금 쓰고 있는 것이다.

지금은 다른 학교에 가셨지만 예전에 나와 함께 계시던 우리과 교수님이 쓰신 수필집을 가끔씩 들추어 본다. 그 분이 나보다 15세 연상이신데 그 분이 바로 내 나이 때 쓰신 수필집이다. 많은 것을 생각하게 해 주더구나. 인생이 무엇이고 진정 가치 있는 것이 무엇인가 하는 것...부모와 자식...여러 가지들...그 분이 과거 현재 내 나이 때 홀로 프랑스에 연구년 교수로 가셔서 쓰신 수필들도 많이 포함되어 있다. 사람이 때가 되면 비슷한 생각을 하게 되는가 보다. 즐거운 날에는 항상 즐거운 날이 계속되지만은 않는다는 생각을 해야 되고 괴로운 날이 있으면 언젠가는 즐거운 날이 올 것이라는 희망을 갖고 살아야 한다는 구절처럼 말이다.

네 나이에는 어울리지 않는 말이지만, 슬픔보다 기쁨이 많아야만 더 나은 인생이라 할 수 있을까? 괴로움이 나를 더 성숙하게 만들고 그로 인해 더 참다운 인생을 살게 될 수도 있다(나중에 알고 보니 이 비슷한 말이 성경에도 있다더라. 가난한 자에게 복이 있나니...슬픔을 겪은 자가 겸손해진다느니...). 물론 사람이므로 괴로운 순간이 빨리 지나가 주기를 바라는 것은 사실이었지.

주위 분위기 때문에 차분히 가라앉아서인지 너무 센티멘탈한 말을 하게 된 것 같다. 너도 이런 저런 생각은 하겠지만, 무엇보다 젊은이답게 활기차게 살아야지!!!

요즈음 너를 참으로 대견스럽게 생각한다. 사실 주위에서 젊은이들을 만날 때마다 가장 안타까운 것이 자신이 무엇을 해야겠다고 원하는 것이 없다는 것이었다. 그런데 너는 네가 원하는 것이 있으니 얼마나 다행이냐? 성공의 가장 큰 조건은 자신이 원하는 것이 있어야 된다고 하더구나. 그러면 스스로 그것을 이루려고 계획을 세우고, 이루려고 노력할 것이고 그러다 보면 성공한다는 것이야(원하는 것이 없으면 이룰 것도 없겠지). 성공의 기준이야 사람마다 다르겠지만 자신이 원하는 것을 이루는 것이 성공 아니겠느냐? 너의 경우 원하는 것이 있으니 성공의 가장 중요한 요소는 갖추고 있는 것이지. 참으로 다행스럽고 좋은 일이다.

혹시 너를 지루하게 만들지나 않았나 모르겠구나.

늘 건강에 유의하고 열심히 살기 바라며 이만 줄인다.

WCC 조용한 휴게실에서 재환을 생각하며
아버지.

***

심각한 내용은 아니다. 시간 날 때 읽어 보거라.

▪ 남녀가 같겠지만 상대가 좋기는 한데 상대의 마음을 확신하지 못할 때에는 상대의 마음을 얻으려고 최선을 다할 것이다. 그러나 일단 서로 상대의 마음을 확인하고 그 다음 약속까지 한 상태에서는 상대에 대한 성의가 해이해지기 쉽다. 이 점에 특히 주의해야 한다. 항상 상대를 배려해 주는 마음이 있어야 한다. 특히 상대를 결혼 상대자로 생각할 경우에는 더욱 그렇다.

▪ 좋을 때만을 생각하지 말고 서로 갈등이 있을 때 그 갈등을 어떻게 풀어나갈 것인가도 생각해야 한다. 이 점과 관련해서는 나를 본받지 말아야 할 것이다. 이때에는 무엇보다 특히 남자다운 넓은 아량이 필요하다. 그리고 참을 줄 알아야 한다. 할아버지께서 나에게 늘 한자로 '참을 인'자 세 번을 항상 마음에 새기고 살라 하셨다. 맞는 말씀이다.

때로는 일일이 따지기보다는 일단 그 상황을 피해 기분을 전환한 다음 나중에 다시 얘기해 보자는 방법도 좋다고 생각한다. 특히 나에게 부족한 점이었다. 바둑에서도 좋은 수가 없으면 손을 빼라 하였다. 중요한 회담의 경우도 대부분 그 자리에서 끝내지 않는다. 휴회하였다가 다시 모여서 새로운 기분으로 다시 협상한다.

▪ 사랑은 가꾸어 가는 것이다. 항상 나보다 상대를 먼저 배려하는 마음을 지녀야 한다. 상대의 정성은 당연한 것으로 받아들이고 자신은 상대의 마음을 생각하지 않고 행동해서는 안 된다. 사랑은 얻기보다 지키는 데에 더 많은 노력이 필요하다고나 할까.

▪ 끝으로 사랑은 서로에 대한 신뢰가 밑바탕이 되어야 한다. 그러기 위해서는 서로 진실되어야 한다.

SEOUL 서울

아빠의 옛날 이야기

박상일
(주)인터컨스텍 대표이사

1989년 7월 27일(목요일) 오후 2시 12분!!!

세영이가 태어난 지 111일째 되는 날이고, 세정이는 아직 태어나기도 훨씬 전이던 아주 무덥던 여름날 오후였단다. 아빠뿐만 아니라 우리 가족 모두에게 너무나도 충격적인 사건이 벌어졌던 시간이었지…….

1989년 7월 26일 오후 6시40분에 대우건설이란 회사에 다니고 있던 아빠는 김포공항에서 대한항공 여객기(KE803편, 기종은 DC 10기)에 몸을 싣고 세계 최대의 사막인 '사하라 사막'이 열기를 내뿜고 있는 북부 아프리카의 리비아라는 나라로 근무하러 떠났다.

당시는 냉전시대(미국과 소련을 중심으로 민주주의와 공산주의 국가들이 첨예하게 대립하던 시절)의 끝자락으로, 우리 나라가 중국과 러시아(그때는 소련이라고 했음)와 아직 외교관계를 맺지 않았던 시절이라 비행기는 중국과 러시아를 통과하는 지름길로 가지 못 하고, 남쪽으로 태국의 방콕과 사우디아라비아의 제다라는 도시를 거쳐 무려 19시간의 비행끝에 리비아의 수도인 트리폴리 공항에 착륙하려던 순간이란다.

착륙 직전의 비행기 속 풍경을 잠깐 소개하자면, 장시간의 비행으로 지친 승객들이 삼삼오오 모여서 담배를 피면서 잡담을 나누는가 하면, 비행기 꼬리부근에 앉은 사람들이 라면을 끓여먹으며 왁자지껄하는 소리도 들리고……. 하여튼 모두들 곧 땅을 밟을 거라는 기대감에 젖어 있는 어수선한 분위기였지(이 당시에는 비행기 안에서 담배피우는 것이 허용되던 시절임).

리비아 시간으로는 아침 7시 무렵이었는데, 곧 착륙할 테니 안전벨트를 매고 담배를 꺼달라는 멘트가 흘러나왔다. 비행기 창으로 밖을 내다보니, 칠흑같은 안개 때문에 비행기 아래 풍광을 전혀 볼 수가 없을 정도였다. 비행기가 어떻게 착륙할까 하고 걱정하고 있던 순간, 갑자기 엄청난 굉음과 함께 비행기가 지면과 충돌하는 소리가 들리더니 비행기 동체가 지면과 마찰하며 무서운 속도로 전진하면서 비행기가 또다시 동강나는 파열음이 들리더라.

내 몸에도 엄청난 충격이 전해 왔지만 다행이 안전벨트를 하고 있어서 정신을 잃지 않은 채 침착하려고 안간힘을 쓰면서 주위를 둘러 보았다. 비행기 안의 기물은 엉망으로 널부러져 있고 여기 저기서 정신을 잃은 채 사경을 헤메고 있는 승객들의 신음소리로 기내는 아수라장이었는데, 뒤쪽을 돌아보니 비행기 동체가 동강난 채 아빠가 탄 앞부분만 빠른 속도로 자욱한 먼지를 일으키며 지면을 거칠게 미끌어져 가고 있는 거야.

'이러다 모두 죽는구나.' 하는 생각이 머리를 스치는 순간, 갑자기 아빠의 우측편에서 거대한 물체와 충돌하는 굉음이 다시 한 번 들리는 바람에 이 충격을 견디느라 고개를 바짝 숙이고 앞좌석 다리를 있는 힘껏 잡고 버텼다. 조금 있으니 비행기가 지면에 나뒹굴어지며 멈추길래 천천히 고개를 들어 보니 비행기 우측편에 커다란 구멍이 나있고(나중에 알고 보니 비행기가 송전철탑과 충돌한 것임) 몇몇 정신을 차린 사람들이 "어서 탈출 해야 돼"라고 절박하게 외치면서 우측편의 구멍으로 탈출하는 장면들이 어렴풋이 보였어.

아빠는 순간 리비아 정부에 제출할 우리 회사 입찰서가 든 까만 007 가방이 생각나는 거 있지……. 그래서 안경도 벗겨진 상태로 살펴보니 엉망으로 흩어진 기물들 속에 가방이 보이길래 얼른 집었단다. 그리고는 구두를 찾는데 주위가 너무 조용해서 둘러보니 살아있는 사람은 이미 모두 탈출한 거 아니겠니. 갑자기 공포감이 몰려 왔다. 아빠는 맨발로 부서진 의자와 뒤엉켜 쓰러져 있는 승객들을 헤치고 가방만 든 채 우측에 난 구멍으로 뛰어 내렸다. 푹신한 모래밭이더라. 그리고는 액션영화에서 본, 비행기가 추락 후 폭발하는 장면이 생각나서 정신없이 30초 정도 달린 다음 모래둔덕 뒤로 다이빙하듯 뛰어들며 몸을 숨겼지. 거기 갔더니 먼저 탈출한 사람들이 여기 저기 엎드려 있더구만……. 잠시 후 엄청난 폭발음과 섬광, 그리고 시커먼 연기와 함께 비행기 동체가 화염에 휩싸였어.

비행기가 조종석 앞부분 일부와 꼬리날개 일부만 남긴 채 모두 잿더미로 변하는 장면을 보면서 살아있는 사람들은 모두 만감이 교차해 멍한 얼굴로 서로를 쳐다봤다. '당신도 살았구료'하는 의미의 눈길을 주고 받고 있는데, 갑자기 경찰차와 소방차가 울리는 싸이렌 소리에 정신이 번쩍 들었다. 이제 무엇부터 해야 할 것인가…….

사고현장에 대한 처리는 리비아 경찰이 알아서 해야 될 일 같아서 아빠는 서울 본사에 사고 소식을 먼저 알리기로 했지. 그리고 한국에서 뉴스로 발표되기 전에 우선 엄마에게 전화해서 아빠가 무사하다는 사실을 알려주어야겠다고 생각했다. 그때 마침 대우직원을 태우러 공항에 마중나와 있던 버스가 사고현장으로 달려 왔기에 부상자들을 먼저 태운 후 버스기사(태국인 근로자)에게 대우건설 본부로 가자고 했지. 부상자들을 도중에 있는 병원에 내려주려고 했으나 병원이 너무 작아서 대우건설 본부의 의무실로 데려간 다음, 바로 업무부 사무실로 달려가서 이형로 부장(서울고 18회)께 사고소식을 제일 먼저 알렸단다.

이때가 리비아 시간으로 아침 8시경이고 한국시간으로는 오후 3시경이었다. 나중에 알고 보니 한국엔 5시 뉴스부터 이 사고소식이 발표되었다고 하니, 대우건설이 제일 먼저 소식을 접한 것이었고, 사고에 대한 정보도 계속 TELEX로 현지와 주고받는 바람에 대우 본사 상황실로 모든 기자들이 몰려 들었다고 하더라. (당시 리비아는 사회주의 국가로 통신시설이 매우 열악한 관계로 한국과 전화하기도 힘들고 FAX란 통신수단은 검열 문제로 사용 못 하게 하는 바람에 TELEX가 가장 편리한 커뮤니케이션 수단이었음)

아빠도 엄마하고 전화하려고 수십 차례나 시도해 보았지만 가뜩이나 안 좋은 통신시설에 대형사고가 발생했으니 전화연결이 될 리 없지. 그래서 다음과 같은 TELEX내용을 본사로 타전해서 엄마와 할머니, 할아버지를 안심시켜 달라고 부탁했단다.

"DESPITE OF ACCIDENT OF KE803 ON JULY 27, MR S I PARK IS SAFE W/O ANY INJURY, PLS MAKE CALL TO HIS HOME N LET THEM BE RELIEVED."

(TELEX를 이용한 문장은 요새 너희들 채팅말처럼 줄임말을 많이 사용했었지. 여기서 W/O는 WITHOUT이고 PLS는 PLEASE고 N은 AND란다.)

당시 대한항공 트리폴리 지사에는 4명의 직원만 근무하고 있었고, 대우건설과 함께 가장 많은 직원이 탑승한 동아건설은 본부가 트리폴리에서 1,500Km나 떨어진 벵가지에 있었다. 그래서 트리폴리 본부에 수백 명의 직원이 있는 대우건설에서 사고수습에 적극 나설 수밖에 없는 상황이었고, 근처에 있는 작은 병원들이 환자를 수용할 형편이 안 되었기 때문에 대부분의 생존자들이 대우건설 본부로 이송되어 의무실과 직원숙소 등에 분산 수용되었단다.

그날 저녁 리비아 경찰이 대우본부로 와서 보호하고 있는 생존자들을 모두 자기들한테 넘기라고 했었다. 이유는 사망자 파악은 시신이 너무 훼손되어 시간이 많이 걸릴 것이므로 생존자를 파악하는 것이 더욱 효과적이라 생존자들을 자기들이 관리해야 된다는 거야. 그런데 생존자들이 '입국서류가 사고와 함께 불타버려 밀입국자와 마찬가지의 신분'이라며 불안해했으므로, 아빠 회사에서는 '사고로 인한 것이니 불리한 대우를 하지 않겠다'는 리비아 당국의 약속을 받고 나서 생존자들을 리비아 경찰이 안내하는 병원으로 이송했었지.

그런데 아빠는 그때까지도 엄마와 통화를 하지 못했기 때문에 아빠 회사 직원숙소로 피신하면서 리비아 경찰의 소환에 따르지 않고 상황을 지켜보기로 했단다. 그날 자정무렵 (한국시간은 다음날 오전 7시경) 한가한 시간이기에 다시 한번 엄마와 전화를 시도했고 꿈처럼 연결이 되었단다. 엄마는 밤새 TV에서 방영되는 대형 비행기사고 화면을 보면서 아빠가 살았다고는 하지만 다치지는 않았을까 애를 태우느라 한숨도 자지 못했다고 하더라. 아빠는 생생한 목소리로 아무 곳도 다치지 않았다는 사실을 엄마한테 확실히 전해주고 나서 다음날(28일) 아침 리비아 경찰에 자진 신고하고 생존자들이 수용된 병원(트리폴리에 있는 Salahuddin University Hospital)으로 들어갔단다.

병원에 가보니 깊은 화상과 타박상 때문에 몸을 가누지 못하는 중환자들이 많아서 아빠같은 경상자들은 중환자들 옆에서 간병인 노릇을 하고 있는데, 오늘 저녁에야 한국에서 교통부 서울지방 항공관리국 유한규 국장을 단장으로 하는 사고대책반이 탄 비행기가 도착한다는 소식이 들리더라. 이때까지도 한국기자들은 한 명도 나타나지 않았다. 반면에 같은 비행기에 탄 3명의 일본인 중 1명이 숨지고 1명이 부상했다는 소식에, 사고 몇 시간도 채 지나지 않아 현지 일본 대사관 직원들과 이집트의 카이로 등지에서 날아온 NHK취재진 등 수십 명이 병원으로 달려와 각별한 관심을 보여주는 일본을 보며 한국인들은 부러움의 눈물을 흘려야 했었지.

다음날(29일)아침, 대한한공 조중훈 회장과 이상열 주 리비아 대사가 기자들을 대동하여 병원을 위로차 방문했는데, 몇몇 병실에 들러 사진 몇 장 찍고 돌아가자 기자들도 모두 따라 나가더라. 생존자들을 대상으로 심도있는 취재를 하는 기자가 한 명도 없다는 사실에 서글픔이 복바쳐 오르더구나. 잠시 후에는 사고대책반과 같이 한국에서 오신 아빠 회사의 유태창 전무님과 정규일 부장님을 만나 감격에 겨운 포옹을 했다. 사망자 신원을 확인하러 시신이 보관된 장소를 방문했더니 시신이 훼손된 정도가 너무 참혹해서 도저히 신분 식별이 불가능하더라는 정부장님의 말을 듣고는 눈시울이 저절로 붉어지더라.

조금 있으니 한국인 생존자들은 조만간 퇴원하여 특별기편으로 한국에 돌아갈 수 있을 거라는 기쁜 소식이 전해져 잔잔하게 환희의 물결이 넘쳤지. 리비아 당국과 협상이 잘 되었는지 오늘밤 10시 10분에 대한항공 특별기(보잉 747기)로 귀국하게 되었으니 모두들 퇴원 수속을 밟으라는 연락이 왔다. 이 병원 외과의사(Dr. Hassan Shtawi)가 아빠에게 발급해준 진단서 내용은 대충 다음과 같다.

"This case presented as a case of airplane crash with complaining of pain in right side of chest, pain in right shoulder...... He is fit for transfer if required."

아빠는 안전벨트에 힘이 너무 가해져서 복부 안전벨트 맨 자국이 시커멓게 멍이 들었고, 앞좌석 다리를 너무 세게 잡고 있느라고 우측 어깨와 가슴에 통증을 느끼는 부상을 입었다.

저녁에 트리폴리 공항에 도착하여 출국수속을 받는데 여권이 없으니 여행증명서 한 장 발급해 주는 것으로 대치했고, 대한항공측에서 Boarding pass를 주는데, 비행기 편명, 게이트번호, 좌석번호 같은 것은 아무것도 적혀 있지 않고 오직 1989. 7. 29라는 날짜만 적혀 있더라.

비행기에 탑승해 보니 중간 좌석들을 6개씩 접은 후 환자용 침대를 하나씩 설치하여 중상자들을 눕게 하고 아빠같은 경상자들은 창가 좌석에 앉게 하더라. 스튜어디스는 한 명도 없고 모두 남자 승무원과 의료진들만 탑승한 것을 보니 분노한 부상자들에게 여승무원들이 봉변이라도 당할까봐 그런 것 같던데……. 그렇지만 남자 승무원들의 서비스는 최고였다.

원하는 음식은 무엇이든지 제공하더군. 이 특별기는 105명의 생존자를 태우고 바레인과 방콕을 경유하여 18시간 만인 7월30일 오후 11시 15분(한국시간)에 김포공항에 도착하였단다.

특별기가 도착한 김포공항 대한항공 전용터미널에는 외부인사들의 출입이 엄격하게 제한된 가운데 공항경찰대는 부상자가족과 대한항공측의 마찰을 우려하여, 부상자를 태운 구급차를 항공계류장에서 곧장 병원으로 출발시켜 공항에 마중나온 가족들에게 심한 항의를 받았단다.

거기다가 부상자들은, 같은 병원에 모이게 되는 것을 꺼려한 대한항공측의 용의주도한 배려(?) 덕분에 7개의 병원(인하대병원, 한양대병원, 강동성심병원, 한강성심병원, 서울중앙병원, 세브란스병원, 국립

의료원)에 분산되어 입원하게 되는데, 아빠는 7월31일(월요일)로 날짜가 바뀐 1시쯤에 강동 성심병원에 도착하여 기다리고 있던 엄마와 작은 아빠와 감격적인 해후를 했었지.

정해진 병실(720호실)로 올라가 그동안의 얘기를 들어보니, 할머니와 할아버지는 사고나던 날 저녁 9시 뉴스에서 생존자 명단에 아빠가 있는 것을 확인하시고는 조용히 눈물만 흘리시더란다. 외할머니는 택시에서 내리시다 리비아에서 추락한 대한항공 여객기가 아빠가 탄 비행기임을 아시고 그대로 주저앉으셨고, 외할아버지는 저렇게 큰 사고에서 어떻게 살아 있을 수가 있냐고 엄마한테 계속 전화하셨다고 하더라. 이렇게 사고 시간부터 귀국하여 엄마를 만날 때까지의 83시간에 걸친 극적인 아빠의 옛날 이야기는 개인적으로는 해피엔딩으로 막을 내렸단다.

몇 개월 후 사고현장에서 수거된 유류품이 한국으로 보내졌는데, 그 불구덩이 속에서 온전한 상태로 발견된 아빠의 여권이 돌아온 거야. 정말 아빠의 분신을 만나는 느낌이었어. 나중에 회사를 그만두게 되면 여권을 회사에 반납하는 게 원칙인데, 아빠는 대우건설을 사직할 때 행운의 여권이니 갖게 해달라고 부탁하여 1999년까지 수호신처럼 여기며 사용했었지.

아빠가 겪은 비행기 사고내용을 대충 요약해 보면 다음과 같단다.

승객 181명과 승무원 18명 등 총 199명을 태운 대한항공 여객기가 리비아 트리폴리 공항에 착륙을 시도하다가, 짙은 안개 때문에 공항에서 1Km정도 떨어진 올리브 과수원의 2층주택과 충돌하면서, 먼저 바퀴(랜딩기어)가 부서지고 동체로 계속 전진하다가 도로를 주행하던 승용차도 깔아뭉개고, 송전 철탑과도 충돌하면서 세 동강이 났고, 끝내는 대형 폭발음과 함께 잿더미로 변한 사고란다. 약 80명의 승객이 사망하고 수많은 중상자가 발생한 대형사고로 '97년 8월에 괌에서 바위산에 추락해 승객 전원이 사망한 사고와 비슷한 사고였는데, 모래밭인 올리브 과수원으로 추락하는 바람에 그래도 생존자가 많았던 것 같아.

사고원인은 여러 가지 설이 있지만 사고나기 한 시간 전에 착륙하려던 소련 여객기는 짙은 안개 때문에 지중해에 있는 몰타공항으로 회항했다는 보도가 있었다. 그것을 감안해 볼때 사고 순간 기절했던 김호준 기장(54세, 이후 표시되는 나이는 모두 당시의 나이임)이 시계가 극도로 불량한 안개 속에서 무리하게 착륙을 시도하다 사고가 난 것이라는 분석이 정설이었지.

사망자나 생존자들에게 관련된 애끓는 사연이나 에피소드가 헤아릴 수 없이 많겠지만 몇 가지 아빠가 아는 사연에 대해 얘기해 줄게.

먼저 아빠가 목숨을 걸고 비행기에서 마지막으로 탈출하면서까지 찾아 들고 나왔던 입찰서가 든 검은색 가방은 아빠 가방이 아니고, 단지 모양만 비슷한 같은 회사의 박경서 씨(34세)가방이었는데, 다행히 이 아저씨도 살았기에 서로 손잡고 웃었단다.

아빠 회사에서 아빠와 고향도 같고 같은 현장에서 근무한 적도 있기 때문에 무척 친한 이윤규 과장(38세)이라는 분이 리비아에 근무하고 계셨다. 마침 이분 부인 김정아 씨(38세)가 방학을 맞이해서 딸 은진 양(11세)과 아들 준호 군(6세)을 데리고 리비아에 가려고 아빠와 같은 비행기를 탔더라. 은진 양이 비행기를 처음 타보는 기쁨과 아빠를 만난다는 설레임 때문에 며칠째 잠도 못 잤다며 즐거워 하던 모습이 아직도 눈에 선한데……. 은진 양은 결국 그때 사고로 하늘나라로 가고 말았지.

가는 도중 방콕 공항에서 잠깐 기착했을때, 3~4살된 여자아이를 데리고 아빠와 한 비행기를 탄 아줌마가 공중전화 박스에서 한국에 전화하는 방법을 묻길래 가르쳐 준 적이 있는데, 엄마손을 꼭 잡고 있던 그 여자아이가 나중에 뉴스의 초점이 되었단다.

기체가 계속 폭발하고 화염이 충천하는 아비규환 속에서 죽음 직전의 승객 6명을 구출한 예비 스튜어디스 신예강 양(23세)의 이야기가 국민들에게 커다란 감동을 주었는데, 한번 들어 보려무나.

사고를 직감한 신양은 비행기 뒤쪽의 갈라진 동체틈으로 뛰어 내린 후 비행기 바로 밑에 4명의 승객이 중화상을 입은 채 쓰러져 있는 것을 보고 '비행기가 폭발하면 저 사람들마저 죽는다'고 판단, 불길을 피해가며 한 사람씩 부축해서 대피시키고 리비아인들에게 넘겨 후송을 부탁했다. 이어 신음하던 태윤경 씨(28세)를 옮기려던 신양은 불길 속에서 어린아이의 울음소리를 들었다. 태씨를 옆에 있는 사람에게 인도하고 불속에 뛰어들어 태씨의 딸 윤아양(3세)을 안고 비행기로부터 멀리 내닫기 시작했다. 비행기가 폭발할 거라는 소리에 윤아 양을 가슴으로 끌어안고 땅바닥에 납작 엎드렸다. 그리고 꽝...꽝...꽝....

신양이 목숨을 걸고 구해낸 윤아 양은 화상이 심해 4일 뒤 온 국민들의 쾌유 기원을 뒤로한 채 트리폴리 병원에서 끝내 숨을 거두었는데,

그 윤아양이 방콕 공항에서 아빠가 만났던 바로 그 여자아이란다. 리비아에 근무하던 아빠 배명환 씨(28세, 삼성건설)를 만나러 가던 길이었다는 애처러운 사연도 알려졌었지.

결혼 5개월만에 이 사고로 숨진 대한항공 승무원 유기준 씨(31세)의 부인 이보경 씨(26세)는 소식을 듣고 실신을 해서 병원으로 옮겨졌는데, 진찰결과 임신 3개월이란 사실이 밝혀져 많은 사람들을 안타깝게 했단다.

사고 직후 아빠도 현장에 남아서 부상자들을 구조하는 일에 동참하지 못한 것이 지금 생각하면 가장 후회가 된다. 사고 20여분 전 화장실을 다녀오면서 남의 자리에 앉는 바람에 겨우 살아날 수 있었던 아빠와 같은 회사 소속의 윤원현 씨(31세)가 승객 20여명을 구출한 이야기를 나중에 들었을 때는 너무 부끄러워 살아있는 사실조차 죄스러웠다.

이 사고를 통해 아빠는 생명의 소중함과 위대함을 뼈저리게 느꼈지. 항상 무슨 일이든 범사에 감사하며 하나님께서 덤으로 주신 인생, 정말 값지게 살아 보겠다고 맹세했지만 나약한 아빠는 너무 자주 소중한 교훈을 망각하며 사는 것 같아 너희들에게 정말 부끄럽구나.

아빠가 잘못 되었으면 세영이는 아빠 얼굴도 모른 채 험한 세상을 살아왔을 것이고, 세정이는 이 세상에 태어나지도 못 했을 거 아니냐. 세영이와 세정이가 너무 소중하게 쓰일 사람이라 하나님께서 아빠를 지켜 주셨나보다. 아빠와 엄마, 세영이와 세정이 우리 가족은 이처럼 소중한 인연으로 맺어졌으며 하나님께도 커다란 빚을 진 거지, 그러니까 정말로 서로 아끼고 사랑하며, 또한 겸손하게 감사할 줄 알면서 하나님의 은혜에 보답해야 되지 않겠니?

아빠는 세영이, 세정이가 현명하고 따뜻한 사람으로 성장하여 베품을 행복으로 느끼며 살아간다면 더 이상 바램이 없겠다. 말광량이 어여쁜 아가씨들아! 엄마 좀 기쁘고 힘나게 해주기 바래... 엄마와 딸들은 인생의 영원한 동반자이자 친구가 되는 거란다.

비행기 사고 17주년이 되는 어느 비오는 여름날에 아빠가 사랑하는 세영이, 세정이에게 …….

SEOUL 서울

자녀의 건강한 인격형성을 위한
부모의 자녀교육 철학

오규훈
장로회 신학대학 교수

몇년 전에 외국의 대사를 지낸 어떤 분과 자녀교육에 대한 이야기를 나눈 적이 있다. 이야기의 결론은 자녀교육에 있어 가장 큰 문제는 부모라는 것이었다. 그 분이 "19xx년도 이전에 태어난 사람들은 동해 바닷가에 일렬로 서서 바다에 퐁당 빠져 죽어야 한다"라며 우스개 소리를 한 것이 기억난다. 부모가 바뀌어야 교육도 바뀌고 자녀교육도 제대로 이루어질텐데 그 부모가 바뀐다는 것이 거의 불가능하다는 것에 빗대어 한 말이었다.

부모라면 누구든지 자녀교육에 대해 나름대로 그럴듯한 가치관을 갖고 있고 확실한 경험 한 가지 정도는 말할 수 있을 것이다. 그런데 정작 부모로서의 말과 행동, 즉 살아가는 모습을 보면 자녀를 망치고 있다. '자녀들은 보면서 배운다'는 말은 진리다. 근사하게 포장된 말과는 상관없이 자녀들은 우리의 사는 모습에서 보고 배우는 것이다. 아무리 그럴듯한 말이어도 통하지 않는다. 결국 자녀교육은 '자녀 교육에 관한 우리의 생각'이 중요한 것이 아니라, 실제의 삶이 중요한 것이다.

나는 1년 전에 기러기 아빠가 되었다. 기러기 아빠가 된 데는 이유나 명분이 있고, 변명도 있을 것이다. 사회적으로 기러기 아빠를 보는 시각이 그다지 곱지는 않다. 나 자신도 내가 기러기 아빠라는 사실이 그다지 반갑지 않다. 하지만 제대로 하지 못한 경험을 통한 나름대로의 깨달음이 있기에 그 중 하나를 나누고 싶다.

자녀교육에 대한 나의 깨달음은 한 마디로 자녀교육에 대한 나름대로의 철학이 있어야 한다는 말이다. 철학이라고 해서 지나치게 고상하고 고리타분한 내용을 말하는 것이 아니다. 시대와 환경이 변해도 주위의 많은 사람들은 어떻게 살아가든 내가 옳다고 믿는 변치 않는 나만의 가치관을 가져야 한다는 말이다. 시대가 너무 빠르게 변하고 그에 따른 가치관도 변한다. 그러므로 무엇이 옳고 무엇이 잘못된 것인지 판단하기가 어렵다. 그 판단으로 고민하는 사이에 또 세상은 변할 정도로 혼란스럽다. 그러다 보니 눈에 보이고 피부에 느껴지는 물질적이고 말초적인 가치관이 세상을 지배하고 있는 듯하다. 자녀교육에 있어서도 이것이 좋다, 저것이 좋다, 이렇게 하면 된다 등등 수많은 이야기들을 듣고 쫓아간다. 조기유학도 그 한 가지요, 강남학군 선호도 마찬가지일 것이다.

나는 1990년도 조금은 늦은 나이에 미국으로 유학을 갔다가 10년 동안의 유학 생활을 마치고 귀국했다. 그리고 5년을 한국에서 살다가 작년부터 기러기가 되었다. 그런데 유학을 시작한 이후부터 지금까지 15년 동안 11번 이사를 했다. 이사는 주로 나의 미국 유학과 사역지의 변동 때문이었다. 그런데 이사를 할 때마다 가장 큰 문제는 자녀들의 학교였다. 어쩔 수 없이 받아들여야 할 상황이었다. 그러나 피해를 입는 것은 자녀들이었다. 네 아이 모두가 전학을 5~6번은 했다. 셋째는 초등학교 1학년부터 5학년까지 매년 다른 학교를 다녔다.

자녀와 가정에 관한 학문을 전공한 나로서 이사하는 것이 자녀들에게 가장 큰 스트레스라는 사실을 이론적으로는 누구보다도 잘 알고 있었다. 실제로 내 자녀가 그런 스트레스를 받는 것을 지켜보았다. 그런데 자녀들의 고통은 내 머리로만 이해했을 뿐 실제 나의 선택이나 결단에 있어서는 별로 중요한 사항이 아니었다. 사실 내가 할 수 있는 일이란 아이들이 이사로 인한 환경변화를 잘 받아들이고 적응하는 것을 바라는 것 뿐이었다.

결국 자녀들이 이사와 전학 때문에 힘들어 하는 모습을 보면서 나는 고민 끝에 자녀들을 다시 미국에 보내기로 생각했다. 거기엔 숨겨진 동기가 있었다. 자녀들이 미국으로 가고 싶어 하기도 했지만, 적어도 내 자녀들이 좋은 대학을 졸업해 좋은 직장을 얻어서 세상에서 성공해야 한다는 생각이 가장 중요한 이유였다. 자녀가 일류대학을 나와야 한다는 것은 나에게 당연한 기대였다. 부모들이 자녀에게 좋다는 것은 당연히 해야 한다고 생각했다. 학원도 보내고 가능하면 유학도 보내는 것은 당연하다. 더구나 미국에서 태어나 시민권도 갖고 있고 아이들이 원하는데 못 보낼 이유가 없다고 생각했다.

그 이후로 일어난 자세한 이야기를 다 할 수는 없지만 미국에 다시 온 이후에도 3번이나 이사를 했다. 그 과정에서 아이들은 또 다시 힘든 과정을 겪게 되었다. 이 모든 과정 속에서 나는 한 가지를 깨달았다. 그것은 내가 '자녀교육에 관한 철학'이 없었다는 충격적 사실이었다. 자녀가 세상에서 잘되고 성공하기를 바라는 욕심만 있었지, 내 자녀가 어떤 사람이 되기를 바라는가에 대한 분명한 확신과, 그 확신을 지켜나가는 구체적 방법론에 대해 나는 철학을 갖고 있지 않았다. 결국 내가 자녀를 교육시키는 일에 우왕좌왕할 수 밖에 없었던 것은 놀랄 일이 아니었다.

인생 오십이면 지천명이라고 했는데 이제서야 인생이 어떤 것인지를 조금은 알 것 같다. 자녀를 어떻게 길러야 하겠다는 것도 이제서야 어렴풋이 알 것 같다. 학벌, 좋은 직장, 성공 그런 것들도 물론 중요하지만 인간됨이 가장 중요하다는 사실을 새삼 알게 되었다. 뿐만 아니라 인생의 성공도 인격의 성숙이 밑받침되지 않으면 안 된다는 사실도 알게 되었다. 나는 이 사실을 아들, 딸들에게 거듭 강조해서 말하고 싶다.

아들, 딸들이여!

부모의 모습을 객관적으로 바라볼 수 있으면 좋겠다. 부모들이 여러분들을 위해서 하는 일이 다 옳은 것은 아니라는 분별력을 가져라. 그렇다면 부모들의 요구와 결정을 거부할 힘과 용기가 필요할 것이다. 그것은 철학이다. 그 철학은 좋은 스승을 만나 바른 가치관을 형성함으로써 이루어진다. 그 스승이 부모라면 가장 좋을 것이다. 그렇지 않더라도 학교에서, 혹은 주위의 모든 환경과 사람들을 통해서 배우는 도덕과 가치관에 관한 것을 중요하게 여겨라. 그 도덕과 가치관을 따라가고 지켜내기가 힘들지만 그렇게 살도록 노력하라.

요즘 모든 사람이 관심을 갖고 있는 리더십의 가장 중요한 덕목은 정직과 성실이다. 사회적으로 많은 사람들이 선호하는 직업과 사회적 지위에 있는 사람들의 윤리적인 수준을 보라. 부끄러운 우리 부모의 모습이다. 변호사, 국회의원, 의사, 교수, 목사, 등등의 지도층 인사들의 무너진 비윤리적 모습들이 매스컴 보도에서 홍수를 이루고 있다.

인생에서 중요한 것은 바른 인간의 모습을 가르치고, 배우고, 익히고 사는 것이다. 그렇지 않으면 어떤 교육도, 어떤 물질적 풍요도 우리 인생의 진정한 행복을 보장해 주지는 않는다. 2006년도 8월 29일자 타임(Times)지를 보면 요즈음 전 세계적으로 10대 후반과 20대 젊은이들이 이슬람 종교로 많이 개종한다고 한다. 학자들은 그 이유를 한 마디로 현대문화가 젊은이들에게 삶을 위한 도덕적 안내를 해 주지 않기 때문이라고 지적하고 있다. 실용주의적 과학만능주의와 물질적 풍요 속에서 살아가면서 도덕적인 가치관의 결여가 만들어낸 결과다. 물질적 풍요만 제공되면 만족할 것이라는 생각은 착각이다. 이것은 인류의 역사가 주는 변하지 않는 교훈이다. 물질적 만족의 끝엔 반드시 허전함이 있다.

20세기 후반에 공산주의가 무너진 이후 사상적으로 민주주의와 자본주의에 맞서는 제도나 철학이 등장하지 않았다. 따라서 민주주의와 자본주의가 갖고 있는 폐단과 한계점을 넘어서거나 보충해 줄 수 있는 사상적 제동, 혹은 보완장치가 없다 보니 자본주의의 허상인 물질 만능주의의 블랙홀에 인류가 빠져가고 있는 것이다. 이런 사상적 위기 속에서 아이들의 모든 삶에 철저한 도덕적 지침을 구체적으로 안내하는 이슬람 종교에 몰리는 것은 이해할 만한 일이다. 현대적 문화의 요구와 흐름에 맞추어 교육해야만 한다는 생각만을 가져서는 안 된다. 인간이 살아가는 데 필요한 기본과 원칙은 변하지 않는 것이다. 그것을 놓치고 그들의 요구와 문화만을 존중하면, 순간적인 육신의 만족은 즐거움을 줄지 모르나 그들의 인생은 방황하게 된다.

인간됨과 바른 인생의 목표에 대해 가르치는 부모의 철학과 혜안을 기대해 본다.

마음이 아픈 사람

최영희
메타 인지행동치료 연구소 연구소장

나는 정신과 전문의로서 정신질환을 가진 환자들의 치료를 돕는 일을 한다. 10여년 간 교수로서 의과대학생들에게 정신과 강의를 했고, 레지던트 수련을 했으며, 각종 학회에서 강연과 세미나 워크숍 등을 해왔다. 지난 20여년의 의사 생활을 통하여 48편의 논문을 발표하고 10권의 저서와 역서를 남겼다. 그리고 현재는 인지행동치료 전문가를 양성하는 전문 훈련기관인 메타 인지행동치료 연구소를 설립하여서 연구소장으로 활동 중이다.

문제를 가지고 고통 속에 살면서도 정신과라는 문턱이 너무 높아서 선뜻 정신과를 방문하지 못하는 사람들이 너무나 많기에 그들을 위하여 정신과의 문턱을 낮추는 작업을 해왔고 현재도 진행 중이다. 메타 인지행동치료 연구소에는 정신과라는 간판이 없다. 아무도 가운을 입고 있지 않다. 환자라는 용어도 사용하지 않는다. 꼭 필요한 경우가 아니면 가능한 약물치료를 하지 않고, 정신치료를 통하여 내담자가 지닌 문제를 스스로 해결할 수 있는 자가치유 능력을 키우도록 돕고 있다.

필자가 초등학교 4학년 무렵으로 기억된다. 당시에 TV에서 연속극으로 방영했던 <도망자>라는 외국 프로그램이 있었다. 부인을 살해했다는 누명을 쓰고 항상 쫓겨 다니지만, 항상 인술을 베푸는 의사로서의 기본을 잃지 않고 어려운 상황에서도 다른 사람을 돕는 리처드 킴블이라는 주인공을 좋아 했다. 그래서 의사라는 직업은 참으로 좋은 직업이라고 느꼈고, 나도 나중에 의사가 되어야겠다고 생각했다. 더욱이 그 당시에는 지금과 달리 경제적으로 어려울 때이고 지금처럼 의료보험제도도 없던 시절이기에 병원에 간다는 것은 일반 서민들에게는 경제적으로 상당히 부담이 되던 시절이었다.

병원에 갈 때마다 흰 가운을 입고 청진기로 심장소리를 들어 보며 약이나 주사를 주시던 의사 선생님이 부러웠단다. 나도 어서 커서 의사가 되어서 편찮으신 엄마를 고쳐 드려야지, 아픈 사람들을 고쳐 주어야지 하는 생각이 항상 가슴 속에 자리 잡고 있었다.

정신과 의사는, 의사들 중에서도 조금은 선택의 동기가 다른 분야이다. 정신병이 병이며 다른 병처럼 치료받아야 한다는 사실을 많은 사람들이 모르거나 무시하고 살아간다. 숨기려 하고 부끄러워 하고 남들이 알까 쉬쉬하며 살아간다. 그러나 정신병은 뇌신경계의 이상으로 인하여 생기는 병이다. 당뇨병이 인슐린이라는 호르몬의 이상으로 생기듯이, 정신질환은 뇌신경 전달물질들의 이상으로 인해 생기는 것으로 점차 밝혀지고 있다. 정신병의 종류도 150여종이 넘고 각각의 장애에 따라서 치료방법도 약물치료부터 정신치료까지 다양하다.

내가 정신과 의사가 되겠다고 마음먹은 것은 서울고등학교에 진학한 후 1학년 때였다. 당시 나는 성적으로 호기심도 많았고, 자위행위도 자꾸 하고 싶고, 어른들이 하지 말라고 하는 것들에 대한 호기심과 충동을 가지고 있다는 것 등 스스로 이상한 사람이 아닌가 하는 의문을 가지고 살았었다. 그러던 중에 우연히 프로이트가 쓴 「정신분석 입문」을 읽으면서 남몰래 가져 왔던 자신의 비밀스러운 생각들이 참으로 당연하고 지극히 정상적인 현상이었다는 사실을 알게 되었고, 프로이트에게 매료되어 「꿈의 해석」, 「토템과 타부」 등을 읽어 나갔다. 당시에 프로이트는 나에게 우상이었고 나도 프로이트처럼 정신과 의사가 되겠다고 결심을 했었다.

오늘날에는 무수히 많은 의사들이 있다. 의사라는 직업은 전통적으로 사람들의 존경을 받는 직업이었지만, 요즘에는 의사라는 직업에도 많은 변화가 왔다. 전과 같은 권위보다는 친절과 봉사 그리고 실력이 더욱 필요하게 되었다. 의사라는 직업은 돈을 많이 버는 직업, 망하지 않는 직업, 늙을 때까지도 할 수 있는 직업, 경기를 타지 않는 직업, 존경을 받는 직업 등으로 인식되어 왔다. 그래서 요즘도 대학교를 진학할 때에 의과대학은 항상 제일 우수한 학생들이 선택하는 과로 되어 있다.

하지만, 이제는 의사라는 직업은 돈을 많이 벌지 못한다. 취직이 어려울 수도 있다. 남들의 존경을 받으려면 전보다 훨씬 많은 노력을 해야만 된다. 편한 직업은 더욱 아니다. 의사가 되기까지는 상당히 고생을 해야 하고 의사가 된 후에도 고생은 끝이 없다고 해도 과언이 아니다. 편하게 살려고 의사를 선택한다면 오산이다. 그러나 무엇보다도 보람이 많은 직업이다.

직업의 귀천은 없다. 모든 직업이 다 중요하고 필요하다. 정신과 의사도 그 중의 일부분일 뿐이다. 경제활동의 수단이 타인을 돕는 행위의 결과와 일치한다면 그것은 이득과 보람을 한꺼번에 가질 수 있는 일이니 어찌 좋은 직업이라 하지 않을 수 있겠는가? 그런 면에서 마음이 아픈 사람들을 도와 주는 직업으로서 정신과 의사는 어렵지만 해볼 만한 직업이라고 생각한다.

나는 나의 아이들에게 어떤 직업을 가지라고 권유해 본 적도 없고 그런 생각을 가지고 있지도 않다. 어린 시절에 딸아이는 탤런트가 되는 것이 꿈이었고, 아들아이는 경찰관이나 응급처치사가 되는 것이 꿈이었다. 그런데 대학을 다니는 지금 아이들의 꿈은 또 변화하고 있다. 심지어 아들 녀석은 아직도 목표를 못 찾고 방황하고 있다. 아이들에 대한 나의 꿈은 우리 아이들이 하고 싶은 일들을 마음껏 해보도록 도와주는 것이다. 말을 물가로 끌고 갈 수는 있어도 물을 억지로 먹이기는 어렵듯이 우리의 아이들도 언제인가 스스로의 노력으로 무엇이 될 것이다. 그때에 그들이 얼마나 만족할 수 있는가 하는 것은 각자 자신들에게 달린 문제이다.

SEOUL 서울

새로운 눈을 뜨는 시기

나요섭
대구제일교회 담임목사

유럽의 루터교 전승에서는 만 16살이 될 때까지 세례를 베풀지 아니한다. 왜냐하면 16살이 되어야 자신의 존재에 대해 자각을 하게 되고, 하나님 앞에서 스스로 결단할 수 있는 나이가 된다고 생각하기 때문이다. 미국 세인트존스대학교의 교수인 류융은 「17살, 인생의 승부가 시작된다」('아들에게 주는 아버지의 편지')에서 중학교를 졸업하고 고등학교에 진학하면서 부모의 품을 급격하게 벗어나 사회화에 들어선 아들에게 나약해질 때 포기하지 않는 열정, 두려울 때 자신감을 잃지 않는 용기, 이겼을 때 과거를 잊지 않는 겸손 등을 가르치면서, 가장 위대한 승리는 자신을 극복하는 것임을 깨닫게 해주고 있다. 또한 살아가면서 맞닥뜨릴 수 있는 상황을 예측하고 무난하게 헤쳐 나갈 수 있는 방법도 제시하고 있다.

대부분 사람들이 그러하듯이, 고등학교 시절은 인생의 발판이 된다는 점에서 매우 중요하다. 지금까지 부모나 선생님에 의해 수동적으로 배우던 자세에서, 이제부터는 능동적으로 자신에 대해 생각해 보고 인생을 설계한다는 점에서 그러하다. 나 역시 그러한 시간을 가졌기에 항상 그 시간을 귀하게 여기며 살아간다.

이제 50대에 들어서면서 우리의 자녀들을 향해 무엇을 전할 수 있을까? 고등학교 시절을 통해 배운 그 무엇인가를 함께 나눌 수 있다는 것은 매우 기쁜 일이 아닐 수 없다. 돌이켜 보면 별것 아닌 것 같지만 그것이 인생의 중요한 분수령이 되었다는 것을 부인할 수 없다. 사람마다 다른 경험을 하겠지만, 그래도 함께 겪고 나눌 수 있는 것이 있다는 것과 그것을 전할 수 있다는 것은 특권이라 할 수도 있다. 일말의 기대를 품고 이 글을 펼쳐 보고자 한다.

서울고등학교 동창 대부분이 그러하겠지만, 나 역시 경희인의 한 사람이라는 것을 매우 자랑스러워 한다. 하지만 서울고등학교에 입학한 초기에는 상당한 열등감에 시달렸다. 왜냐하면, 사실 내가 서울고등학교에 합격했다는 것 자체는 감격스러운 일이었지만, 입학시험 성적도 그렇게 좋지 않았을 뿐만 아니라, 1학년 2학년을 거치면서도 그렇게 뛰어나지 못했기 때문이다. 열심히 공부하기는 했지만 상대적으로 비교할 때 항상 뒤처지는 듯한 느낌을 받았다.

고등학교 생활을 하면서 나를 더욱 어려움 가운데 빠지게 한 것은 진로에 관한 것이었다. 2대째 목사의 집안에서 태어나 기독교 신앙 가운데 자라났지만, 아직 확고한 신앙을 가지지 못했다. 그것 외에도 어릴 때부터 내가 목사가 되어야 하느냐 말아야 하느냐 하는 고민을 늘 해왔다. 하지만 생각하면 생각할수록 목사가 되고 싶은 마음은 없었다. 그래서 2학년으로 진학할 때도 일부러 이과를 택하기도 했다. 물론 목사가 되지 않으려고 택한 한 방법이었다. 그러면서도 겉으로는 열심히 진정한 기독교인인 것처럼 행동했다.

하지만 하나님은 나를 그냥 버려두지 않으셨다. 문제는 고등학교 3학년 때 마라톤과 연관해서 일어났다. 당시 우리 전교생 모두는 4월 중순이 되면 12km 마라톤을 뛰어야만 했다. 이는 중간고사 체육점수와 직결되기 때문에 누구도 피할 수 없는 길이다. 문제는 토요일에 열리기로 예정되어 있었는데, 비가 오는 관계로 일요일에 열리게 된 것이다. 기독교 신앙인으로서 일요일, 곧 주일(主日)에 예배에 가지 않고 마라톤에 참여하는 것은 매우 힘든 일이었다. 깊은 고민 속에 새벽기도회 참석하는 것을 위안으로 삼고 마라톤대회에 참석했다.

나는 뒷심이 좋아 장거리를 잘 뛰었다. 1학년 때는 720명 가운데 29등을 하였고 2학년 때는 15등을 했었다. 그날도 반환점 부근에서 세어보니 약 10등 정도로 뛰고 있었다. 이 정도 추세라면 5등 안에 결승점에 들어갈 것으로 생각했다. 그런 모습을 머리에 그리면서 반환점을 지나는 즈음 그곳에 준비된 물로 목을 축이려고 물컵을 잡아 손에 들었다. 그리고는 그 물을 입에 넣는 순간 몇 방울의 물이 위에 들어가고 말았다. 위가 켕기기 시작하는데 도저히 뛸 수 없었다. 한참 걷고 나서 다시 뛰기 시작해 69등으로 들어온 것으로 기억한다.

그날 나의 절친한 친구 김준도 어려움을 당했다. 들어보니 그는 달리던 도중에 쓰러져 구급차에 실려 들어온 것이다. 폐회식을 마치고 그와 함께 집으로 돌아오는 가운데 그는 내게 이런 말을 했다. 자신이 쓰러져 있는 동안 하늘에 빛으로 만들어진 십자가를 보게 되었다는 것이다. 그러면서 다시 한 번 하나님과의 긴밀한 관계를 가질 수 있음을 체험했다는 것이다.

나에게는 그 다음 일요일에 문제가 생겼다. 교회에서 예배를 마치고 학교 도서관에 가서 공부하려 하는데 몸 상태가 안 좋아지기 시작했다. 몸이 으슬으슬 추워지더니 뼈가 쑤시기 시작하였다. 그래서 집에 돌아가 누웠는데, 누우면 누운 대로 일어나 앉으면 앉은 대로 뼈가 쑤셔 견딜 수가 없었다. 뼈가 쑤신다는 말은 들었지만 직접 경험해 보니 그 고통은 말로 표현할 수 없을 정도였다. 이로 인해 나는 그날 오후 내내 울었던 것 같다. 그런데 신기한 일은 저녁 예배를 마친 아버지께서 나의 몸에 손을 대고 기도하는 순간 그 모든 고통이 언제 그랬냐는 듯 바로 사라지고 만 것이다. 아마도 기도를 받은 가운데 치료의 확신을 얻은 첫 번째 경험이었던 것 같다.

이러한 사건은 나에게 있어 사건으로서만 아니라, 그 의미에 있어 매우 중요한 사건이 되었다. 나는 하나님의 징벌이라고 생각했다. 그동안 교회에서 배우기를 주일에는 하나님께 예배하도록 배웠는데 그것을 지키지 않은 것이다. 이에 대해 하나님은 자신이 살아계심을 나에게 보여주신 것으로 이해되었고 또한 그렇게 믿었다. 하지만 나에게 있어 또다른 고민은 하나님이 '사랑의 하나님'이기보다는 '징벌의 하나님'으로 다가온 것이었다는 점이다. 이후 사랑의 하나님으로 다가오기까지 나의 영적 고민과 번민은 계속되었고, 하나님의 부르심을 통해 사랑의 하나님으로 확인되면서 나는 하나님께 더욱 헌신하는 삶을 살게 되었다.

나의 고등학교 시절은 하나님과 인격적인 관계를 형성하기 시작했다는 점에서 매우 중요했다. 과연 하나님이 계시는가 하는 문제는 물론 각 사람의 판단에 달려 있다. 나의 인생에 있어 어떤 중요한 사건이나 계기가 우연적으로 일어난 것이라 여기면 하나님의 존재는 결코 느껴지거나 확인되지 않을 것이다. 반면에 그러한 사건이나 계기를 하나님과 연관시켜 이해하면 거기서 하나님의 존재를 깨닫게 되는 것이다. 그러면서 하나님과의 관계는 나의 인생에 있어 떨어질 수 없는 관계로 점점 더 발전하게 되는 것이다.

나는 오늘을 살면서 모든 일들을 하나님과의 관계성 속에서 해석하며 살아간다. 하나님이라는 존재는 내가 아는 한 거의 '내가 하나님이다'라고 나타나지 않는다. 혹 꿈에 나이가 많은 분으로, 수염을 길게 늘어뜨리고 하얀 도포를 입고 거룩한 모습으로 나타나는지는 모르지만, 현실의 삶에서는 거의 직접적으로 나타나지는 않는다. 하지만 사람은 영적인 능력을 가진 존재이기에 하나님의 존재를 느낄 수 있고 확인할 수 있다.

예를 들면, 이 광활한 우주를 보자. 많은 사람들은 이 우주가 어떻게 생겨났는지 궁금해 하고 연구한다. 여러 가지 이론을 우주과학자들이 제시하지만 아직도 모든 사람의 동의를 얻고 있는 것은 아니다. 우주의

탄생과정이 혹 완전히 밝혀진다 하더라도 어떻게 그러한 과정이 이루어지게 되었는지에 대해서는 풀 수가 없다. 바로 그러한 과정이 있게 한 분이 하나님이라고 믿는 것이다.

또다른 예를 들면, 생명에 대한 문제에 있어서도 마찬가지이다. 오늘날 유전생명공학이 눈부신 발전을 하고 있다. 그래서 복제동물을 만들어 내는 수준에 이르게 되었다. 시험관아기를 성공시킬 때만 해도 생명의 신비에 대한 문제를 푼 것처럼 떠벌였으나, 복제동물의 탄생은 그 이상의 발전이다. 하지만 여전히 생명의 근원 그 자체를 사람이 만들어 낸 것은 아니다. 과학이 아무리 발전된다 하더라도 생명의 신비는 영원히 계속될 것이다. 그 생명을 만들어 내신 분은 하나님이라고 믿는 것이다. 하나님의 존재는 증명되는 단계가 아니라 우리의 믿음에 속한 영역이다.

고등학교의 삶을 통해 점점 배우기 시작하는 것 가운데 하나는 자기의 삶에 대해 해석하는 능력일 것이다. 우리는 너무 대학입시 준비에 매달려 이러한 능력을 배우지 못하고 있는 것 같다. 단지 지각적인 면에서 앞서 나가는 몇몇 사람 외에는 이러한 문제에 대해 깊이 생각해 보아야 하겠다는 생각조차 가지지 못하는 것 같다. 참으로 안타까운 일이 아닐 수 없다. 더욱이 이러한 정신적 단계를 넘어 영적인 단계까지 생각해 보는 것은 더욱 어려운 것이 아닌가 여겨진다. 우리는 너무 마음에 여유가 없이 청소년의 시기를 보내는 것은 아닌가?

나는 이러한 영적 영역에 대해 고등학교 생활을 통해 알게 된 것을 하나님께 매우 감사한다. 이는 삶에 있어 한 단계 도약하는 과정이라 할 것이다. 그 이후에는 많은 것을 하나님과의 관계성 속에서 해석하고 살아가기 시작했다. 대학생활과 군생활 그리고 신학대학원에서의 생활 모두 하나님의 인도하심 가운데 이루어졌다. 더욱이 미국에서의 9년 동안의 유학생활은 하나님과의 관계를 더욱 가깝게 만들어 가는 시간이었다. 물론 한국으로 돌아온 후의 생활은 더더욱 하나님과 동행하는 삶이라고 믿는다.

귀국 후 교수자리를 찾는데 그리 쉽지는 않았다. 하지만 하나님은 나의 길을 계속 인도하셨다. 반년이 지나 암담했던 시기에 나는 오산리 금식기도원을 찾았다. 기도한 지 얼마 안 되어 하나님은 나의 마음 속에 "염려하지 말라"는 음성을 주셨다. 좀 의심도 갔지만 계속 기도할 때 다시 한 번 "염려하지 말래도!"라는 음성을 주셨다. 정말 하나님의 도움 가운데 1998년 2월 18일 영남신학대학교로부터 교수채용 소식이 들려왔다. 이때는 국제통화기금(IMF) 체제 아래 들어가면서 많은 사람들이 해고 혹은 퇴직되는 때였다. 이러한 때 교수로 채용된 것은 정말 기적과도 같은 일이었다.

교수생활을 3년 정도 했을 때, 어느 날 갑자기 하나님의 음성이 내 마음에 들려왔다. 이는 "너, 목회할 준비해!"라는 간단한 음성이었다. 목사로서 목회의 길을 피하고 교수의 길에 들어선 나에게 하나님은 이렇게 말씀하시는 것 같았다. "그래, 지금까지 네가 하고 싶어 하던 교수의 길을 걷게 해 주었으니, 이제 내가 네게 원하는 목회의 길을 좀 걷지 그래!" 그러한 음성을 들은 후 약 40일이 지나 대구제일교회에서 나를 담임목사로 초청해 왔다. 그래서 나는 하나님의 인도하심으로 알고 교수직을 떠나 목회직으로 가게 되었다.

지금까지 어려움이 없는 것은 아니다. 하지만 지금도 분명히 믿는 것은 하나님이 나를 인도하시고 계신다는 것이다. 그리고 앞으로도 그러할 것이다.

하나님과 인격적 관계를 가지고 살아간다는 것은 많은 사람들이 경험하지 못하는 것이요 이 세상에서 경험하는 다른 세계의 삶이다. 사도 바울은 로마서 8:28에서 하나님에 대해 이렇게 고백하였다: "우리가 알거니와 하나님을 사랑하는 자 곧 그 뜻대로 부르심을 입은 자들에게는 모든 것이 합력하여 선을 이루느니라." 앞으로도 하나님이 이러한 약속을 나에게 이루어 가실 것을 믿는다. 또한 하나님의 자녀가 된 모든 사람들에게도 이루어 주실 것이다. 나는 이러한 삶의 시작이 이미 하나님이 나를 이 세상에 보낼 때부터 시작되었다고 믿지만 특별히 서울고등학교를 다닐 때부터 인식이 되었다는 사실에 감사한다.

우리의 자녀들이여! 이 세상의 육적인 세계만이 아닌 영적인 세계에도 눈을 뜨고 살아가기를 간절히 바란다. 여기에 우리가 알지 못했던 새로운 세계가 또한 놓여 있다는 것을 알려 주고 싶다. 이 길이 바로 진정 행복을 누리는 길임을 꼭 전하고 싶다.

새로운 지평의 문

SEOUL·HIGH·SCHOOL

학창 시절은 아름답지 않다

류춘렬
국민대학교 언론정보학부 교수

"좋은 때다."

어른들이 청소년들을 보고 흔히 하는 말이다. 일견 대견하고 일견 부럽다는 표정으로 그렇게 말을 하지만, 막상 당사자인 청소년들은 도대체 뭐가 좋다는 것인지 선뜻 이해가 되지 않는다.

"우리도 항상 즐거운 건 아니에요."

볼멘소리가 목까지 올라왔다간 억지로 삼켜진다. 좋으라고 하는 어른 말씀을 대놓고 반박하는 게 예의가 아니라는 것쯤은 청소년들도 안다. 그러나 수긍하지 못 하겠다는 표정이 역력하다. 청소년 시절을 무조건 미화하는 어른을 보면 '개구리 올챙이 적 생각 못 한다'라는 속담이 떠오른다.

어른들이여 돌이켜 보시라. 학교성적, 친구들과의 관계, 선생님이나 부모님과의 갈등, 이성친구 문제, 또는 어려운 가정형편 등으로 학창 시절에 고민한 적이 없었는가?

나는 외국에 오래 거주했던 탓으로 몇 해 전부터 고등학교 동창회를 나가기 시작했다. 고만고만하게 어리고 철없던 친구들이 이젠 모두들 의젓하게 사회생활을 하는 모습을 보니 무척 신기했다. 첫 모임에서 나는 두 가지 사실을 깨달았다. 하나는 대부분의 친구들이 옛 모습의 흔적을 꽤 간직하고 있다는 점이었다. 단지 얼굴 모습뿐만 아니라 말투와 행동거지까지도 예전의 기억을 고스란히 되살려 주고 있었다. 그 느낌이 아주 강렬해서 동창들과 인사를 할 때 마치 고등학교 시절의 교실에서 있는 듯한 기분이 들었다.

또 하나는 내 마음 속에 학창 시절에 가졌던 감정의 앙금이 상당히 남아 있었다는 점이었다. 기쁨과 환희, 슬픔과 고뇌, 우정과 갈등, 성공과 좌절 등등의 감정이 동창들과의 이야기 중에 저 깊숙한 무의식의 늪에서 마음의 표면으로 떠올랐다. 각각의 친구들과의 추억에 연관되어 있을 것이 틀림없을 그 감정들은, 정작 그 기억은 되살려지지 않음에도 불구하고, 조그마한 편린에서 점점 커져서 괴물처럼 나를 압도해 버렸다. 동창회에 참석하는 횟수가 늘어나면서 그 감정들은 다시 사그라져서 이제 생각도 나지 않지만 과거 학창 시절의 감정들이 그토록 오랜 세월이 지나도록 내 속에 살아 있었다는 사실에 대한 놀라움은 잊히지 않는다.

학창 시절의 동창들을 처음 만나면 아무래도 처음에는 그 시절의 이야기들을 하기 마련이다. 이런저런 이야기들을 하다가 문득 한 친구가 고등학교 시절의 고민들을 털어놓았다. 그러자 다른 친구들도 당시의 자신들이 가졌던 고민을 고백하였다. 그때에는 각자에게 상당한 고민거리였을 문제들이 지금은 별것 아닌 사소한 문제로 여겨지므로 별다른 주저없이 동창들에게 솔직하게 털어놓을 수 있었을 것이다. 새삼스럽게 털어놓는 그 시절의 고민들을 들으면서 나는 당시의 내 고민들을, 사실은 나만이 아니라 대부분의 친구들이 씨름하고 있었다는 사실을 알게 되었다. 요즘은 모르겠지만 내가 고교생이었던 '70년대 중반에는 남학생들이 친구들에게 자신의 고민을 털어놓는 일은 아주 드물었던 것으로 기억한다. 당시에 모두들 내색하지 않고 즐거운 표정으로 다른 친구들과 어울렸지만 각자 마음 속에는 비슷한 문제들을 안고 고민하고 있었던 것이다. 글쎄, 당시에 우리가 서로 자신의 고민을 털어놓고 그것이 자신만의 고민이 아니라는 것을 알았다면 다소 위안이 될 수 있었을까?

학교는 기본적으로 닫힌 공간이다. 비상시에 빠져 나갈 탈출구가 마땅치 않은 곳이라는 뜻이다. 눈 뜨면 반드시 가야 하는 곳, 성적이라는 무거운 짐을 들어야 하는 곳, 자신이 선택할 수 없는 사람들과 함께 하루의 대부분을 지내야 하는 곳이 바로 학교다. 매스컴에서 가끔 보도하는 소위 왕따 학생들의 피해가 바로 탈출구 없는 학교 때문에 생기는 것이다. 탈출할 곳이 없기 때문에 피해 학생들은 도망갈 수가 없다. 극단적인 경우에 죽음만이 유일한 탈출구라고 생각하고 자살하기도 한다. 문제가 없을 때는 괜찮지만, 심각한 문제가 발생했을 때는 탈출구 없는 공간에 갇혀 있는 상황은 절망스러울 것이다. 당면한 문제를 고스란히 온몸으로 받아 내야 한다. 이럴 때 학창 시절은 아름답지 않다.

삶이 장애에 막힐 때 인생의 의미에 대한 본질적인 질문들이 떠오르기 쉽다. 마찬가지로 학창 시절이 아름답지 않게 여겨질 때 청소년들에게는 인생의 본질적 문제가 떠오르는 듯이 느낀다.

고등학교 때 영어 선생님의 추천으로 우리들은 「행복의 정복」이라는 영어 책을 읽었다. '읽었다'는 표현보다는 '읽으려고 노력을 했다'는 표현이 더 적절하겠다. 행복의 정복이라니? 행복이라는 살가운 단어를 정복이라는 살벌한 단어와 연관시킨 발상이 엉뚱하지 않은가? 이 책을 지은 러셀이라는 영국의 철학자겸 수학자는 행복을 얻기 위해서 치열한 투쟁을 한 것이 틀림없다. 사실 러셀은 부유한 귀족이지만 어려서 부모님을 잃고 외롭게 자라면서 인생의 의미를 찾기 위해서 처절한 노력을 한 것으로 알려져 있다.

「행복의 정복」에서 그 제목만큼 엉뚱하게 소시지 기계가 잠깐 등장을 한다. 소시지 제조기의 살아가는 선택에 관한 이야기이다. 소시지 제조기 '철수'는 "난 누구인가? 어디에서 왔는가? 내 인생의 의미는 무엇인가?" 등에 대하여 고뇌한다. 그런 중요한 문제를 생각하느라 소시지의 제조에는 관심이 없다. 다른 소시지 제조기 '영희'는 열심히 소시지를 만든다. 고민을 해도 그 주제는 "어떻게 소시지를 만들 것인가?" 처럼 제조에 관한 것이다. 러셀의 결론에 따르면, 소시지를 만들지 않고 자신의 의미에 관한 고민을 지속하는 소시지 제조기 '철수'는 마침내 녹슬어 폐기처분 당하고 만다. 소시지 제조를 열심히 하던 '영희'는 좀 더 효율적이고 멋진 기계가 되어 지금도 우수한 소시지를 만들어 낸다고 한다.

고등학생이 되면 정신적으로 많이 성숙해진다. 이때부터 자신과 인생에 대한 본질적인 문제에 접근하기 시작한다. 자신의 정체성과 자신의 존재의 의미에 대해서 숙고하고 고민하는 학생들도 등장한다. 이때에 자칫하면 녹슬게 된 소시지 제조기와 같은 함정에 빠지는 경우가 생긴다. 어느 정도 성숙하기는 했으나 아직 완전히 성숙하지 않았으므로 청소년의 사고는 미숙한 점이 많다. 그런 때에 인생의 의미에 대한 과도한 심사숙고는 객관적이고 철학적인 사고체계의 발전으로 이끌기보다는 자기 합리화와 변명으로 유도하기 쉽다. "난 누구인가?" 라는 의문이 "생각한다, 그러므로 나는 존재한다." 라는 위대한 철학적인 명제로 인도하는 것이 아니라 "모든 것은 의미가 없다. 그러므로 나는 아무것도 하지 않는다."라는 게으름의 변명으로 유도하는 것이다.

따라서 자신에 대한 자부심에 회의가 들거나 인생에 비관적인 감정을 가지게 될 때에 러셀의 소시지 제조기를 생각하는 것이 좋다. 인생의 의미에 대한 회의가 자신의 철학적인 자질 때문이 아니라 현재 생활의 어려움에서 나타난다고 인식하는 것이 바람직하다. 또 사실이 그렇다. 그래서 자신의 '내적'인 것에 대한 관심을 자신의 '외적'인 것에 대한 관심으로 돌려야 한다. 즉, 자신의 본질에 대한 관심을 자신의 행위에 대한 관심으로 돌려야 한다는 의미이다. "나는 누구인가? 인생에서 공부가 중요한가?" 라는 의문이 들 때 "내 공부 성향은 어떠한가? 어떤 식으로 공부를 해야 더 효율적으로 실행할 수 있을까? 내가 발전적으로 공부할 수 있는 기법은 무엇인가?" 등을 생각해야 한다. 왜 그래야 하느냐고? 그것은 러셀이 왜 소시지 제조기 이야기를 했는지 따져 보면 안다. 러셀은 자신의 인생 경험을 돌이켜 보면서 자신의 '내적'이 아닌

'외적'인 관심이 중요함을 깨닫고 자신의 깨달음을 타인들에게 알려주기 위해서 그 이야기를 저술한 것이다. 물론 나 역시 그것의 중요함을 절실하게 생각한 까닭에 그 이야기를 쓰는 것이다.

좀더 청소년의 마음에 닿는 방식으로 이 얘기를 다시 해보자. 한 남학생이 한 여학생을 마음에 두고 있다고 가정해 보자. 그 남학생 이름을 철수라고 하자. 철수는 하루종일 과연 자신이 여학생의 마음에 들지 안 들지에 대하여 생각을 한다. 자신의 용모가 여학생의 마음에 들지, 자신의 말투가 여학생에게 호소력이 있을지, 과연 여학생이 자신의 접근에 긍정적인 의미를 둘지를 고민한다. 또한 여학생과의 사귐이 자신에게 어떤 의미를 갖게 되는지 숙고해 본다. 그런데 과연 이러한 생각들이 철수가 그 여학생과 사귀는 데 도움이 될까?

다른 남학생 '동수'를 가정해 보자. 동수도 역시 그 여학생을 마음에 두고 있다. 하지만 동수는 철수와 다른 생각을 한다. 동수는 "내 용모가 여학생의 마음에 들까?"를 고민하는 대신에 "그 여학생은 어떤 용모를 좋아하나? 어떻게 하면 내 용모를 그 여학생의 취향에 맞출 수 있을까?"를 노력한다. "과연 내가 여학생의 마음에 들 수 있을까?"를 고민하지 않고 "과연 내가 어떻게 행동해야 그 여학생의 마음에 들 수 있을까?"를 연구한다. 동일한 조건이라면, 철수와 동수 둘 중에서 누가 더 그 여학생과 사귀게 될 가능성이 높을까? 아마 여러분의 추측도 나와 다르지 않을 것이다.

학창 시절은 아름답지 않다. 왜냐하면 인생은 본질적으로 완전하지 못하기 때문이다. 그러므로 학창 시절은 아름다워야 하는데 왜 내 학창

시절은 이런저런 문제가 많으냐고 불만인 청소년은 즉각 자신의 고정 관념을 수정해야 한다. 아름다운 학창 시절은 올챙이 적 생각을 못 하는 어른이 만들어 낸 환상이므로. 학생 시절의 우리는 완전할 수 없으며 완전하지 못한 우리들이 어울리는 학창 시절은 완전할 수가 없다. 수많은 결함이 존재한다. 학생 때의 이러한 결함은 아마도 성년이 되어서도 또 노인이 되어서도 여전히 계속 존재할 것이다. 좀 점잖아지고 사려 깊어지겠지만 그래도 기본틀은 여전할 것이다. 그래서 나이 들어 만난 동창생들이 여전히 많은 과거의 모습을 지니고 있는 것이다.

법정 스님께서 '새로 태어난다는 것의 의미는 모든 것을 새로운 방식으로 하는 것이 아니라 모든 것에 새로운 의미를 부여한다는 뜻'이라고 말씀하신 적이 있다. 불완전한 나, 불완전한 환경, 불완전한 현재, 불완전한 인생에 대하여 왜 완벽하지 않은가라고 불평하는 것은 삶을 잘못 이해한 것이다. 따라서 그것들을 버리고 완전한 나, 완전한 환경, 완전한 현재, 완전한 인생을 구현하려고 노력하는 것은 무모한 일이다. 내 존재를 인정하고 내게 새로운 의미를 부여하는 것이 새로 태어나는 첫걸음이다. 세상이 내게 "사무치도록 애절한" 의미를 가질 때, 나는 "사무치도록 애절하게 미쳐야 하는" 동기가 생겨나는 것이다. 그럴 때 온 세상은 아름다워지고, 아름다운 학창 시절을 꽃눈 속에서 보낼 수 있지 않겠는가?

SEOUL 서울

당신 나라에 미국 가는 비행기는 있나요?

정홍기

(주)한일항공기계 대표이사 | 동국대학교 기계공학과 겸임교수

대학을 졸업한 후 20년이 지나서 대학원 진학을 하였다. 먹고 살기 힘들었기 때문에 내 자신을 돌아다 볼 시간도 없었고 세상을 살아가면서 제일 중요한 본인에게 투자한 그 무엇이 있었던가 생각이 나지도 않았다. 가장 가까이에 있는 친구와 소주마시면서 불현듯 떠오른 아쉬움에 대학원에 입학했다. 기대보다는 쉽지 않았던 입학이었기에 나름대로는 학창시절보다 더욱 열심히 공부하였다. 딸과 아들에게 그리고 무엇보다도 소중한 아내에게 쪽팔리지 않은 아빠가 될 수 있도록 노력하였다. 2년 반이 지나 졸업을 앞둔 어느 봄날에 해외로 진출하고 싶었던 오래 전의 꿈을 실현할 계획을 실천하고자 하였다.

혹 어느 사람은 들으면 웃음을 지을지 모르겠지만 법대를 나오면 죄 지은 사람이 있어야 돈벌이가 될 수 있고, 의대를 졸업하면 아픈 사람이 있어야 밥 벌어 먹을 수 있다는 돌아가신 어르신의 말씀에 따라 공

대로 진학하였다. 나의 경우에 대학 입학시험보다는 고등학교 입시가 훨씬 어려웠었던 것으로 기억된다. 하긴 나뿐 아니라 대부분의 고교 동기들이 만점에 가까웠던 커트라인으로 체력장 점수가 엄청 부담이 되었던 기억이 있다. 사람이 필요로 하는 제품을 만들어 주고 돈을 벌 수 있다는, 당시에는 매력적인 공대로의 진학이었다. 그렇지만 당시 부친께서는 왜 상대를 비롯한 다른 학과도 있었다고 조언해 주지 않으셨을까?

이미 하늘나라로 가버린 친구들을 제외한 약 700여 명의 동기 중에서 중소기업에서 제조업에 종사하고 있는 숫자는 거의 없다. 군대를 제대하고 대기업에 입사한 적이 있었지만, 선친의 권유로 현재의 회사로 왔다. 전형적인 우리 나라의 대표적인 소규모의 제조업으로 우여곡절도 있었지만 아직도 꾸준히 명맥을 유지하고 있다. 10여명의 직원들과 우리가 아니면 대한민국의 항공기는 날아다닐 수 없다는 자긍심과 함께 현업에 종사해 온 지도 20년이 넘는다.

대학원을 졸업하던 때, 왜 우리는 수출할 수 없을까? 자문해 보았다. 나름대로 기술도 있고 연륜에 따른 노하우도 있는데... 몇 년 전의 괌으로의 수출실적에 힘입어 독자적으로 해외로의 활로를 찾기로 하였다.

'친구 따라 강남 간다'고, 6~7년 전에 선배와 같이 대만을 방문한 적이 있다. 대부분 들렀던 공장이 매우 영세하였지만 매출의 80%이상을 수출하고 있었다. 1층은 작업장, 2층은 사무실 그리고 3층은 살림집이었던 대부분 공장들의 사장들은 고급 외제차를 몰고 다녔다. 영어도 잘 하지는 못했지만 당시에는 그들이 매우 부러웠었고 나도 그들처럼 수출도 하고 해외출장도 다니고 싶었다. 그전까지 나의 해외여행은 대기업 근무시 홍콩을 경유하여 인도를 다녀온 것이 전부였다. 선배와의 대만 방문은 나에게 많은 생각과 더불어 향후진로를 고민하게 하였다.

중국에는 많은 항공사가 있다. 동방항공, 남방항공 그리고 중국항공 등을 비롯하여 셀 수 없을 정도이다. 베트남에는 베트남항공과 퍼시픽항공이 있을 뿐이고 퍼시픽항공도 실제로는 베트남항공의 자회사이다. 여럿보다는 한군데를 상대하는 것이 나을 터이고 중국은 지리적 위치로 이미 많은 시도가 있었을 것이라는 단순한 생각에 목표를 베트남으로 정하였다. 이제는 누구를 만나야 하는가? 인터넷을 찾아 구매담당 이사에게 일단 팩스를 보내고 기다려 보기로 했다. 며칠 뒤 거래하고 싶다는 회신이 왔다. 몇 번의 연락이 오고 간 후에 베트남행 항공기에 몸을 실었다. 나름대로는 처음이라 준비물도 많이 챙기긴 했다.

테이블 이쪽에는 달랑 나 혼자, 저쪽에는 대 여섯 명이 앉아 있었다. 영어도 유창하지는 않았지만 그들의 발음은 왜 그리 이상하게 들리는지. 감으로 이해하는 수밖에 없었다. '미연방항공의 증명서는 있습니까?' '없습니다.' '보잉사의 증명서는?' '없습니다.' '그럼 에어버스사의 증명서는?' '없는데요.' 직원들과 열심히 준비했던 제품자료를 보며 상대방이 던진 질문에 No라고 대답할 수밖에 없었다. 그런 증명서를 나 같은 업체에서는 감히 꿈도 꿀 수 없었는데……. 한참을 쑥덕거리던 상대방에서 던진 마지막 질문 "한국정부에서 발급받은 증명서는 있나요?" 우와 곤혹스럽다. "없는데요." "그럼 여기는 왜 왔습니까?" 이쯤 되면 울고 일어나야 하나? 부아가 치밀었다.

"당신 나라에 미국 가는 비행기가 있나요?" "당신 회사가 나에게 증명서 만들어 주면 거래할 수 있지 않겠습니까?" 그렇게 틈새시장이었던 베트남에서 좋은 친구들을 만나서 사업을 같이 해 온 지난 4년여 기간이 꿈만 같다. 많은 돈도 벌지 못했고 커다란 비즈니스도 아니지만 나 개인에게는 특별한 기회였다. 전에 내가 몸담고 있었던 기업의 회장께서 '세계는 넓고 할 일은 많다'고 하였다. 해외출장을 자주 다니게 된 내겐 가슴에 와 닿는 말이다. 조금 더 일찍 시작하였더라면 좋았을 터인데 하는 아쉬움과 함께.

하나뿐인 아들 녀석은 듬직하게도 아빠의 생각을 따라 해외 비즈니스를 하고 싶다고 인도에서 공부하고 있다. 그 녀석은 지난 번 출장 중 남 프랑스에서 찍었던 아빠의 사진에 흠뻑 매료되었던 듯 싶다. 하긴 좁디 좁은 한반도의 반 토막난 땅에서보다는 끝이 보이지 않는 넓은 세계에서 자신의 꿈이 무엇인지를 찾아보는 것이 인생에 있어 훨씬 더 매력적이지 않을까?

얼마 전 나의 강의를 듣던 학생 중 기억에 남는 친구가 있었다. 재학 중 프랑스로 건너가 외인부대에서 근무하며 넓은 세상을 경험하고 돌아온 학생이었다. 지금은 졸업해 어느 직장에 다니는지 아니면 세계의 어느 곳에서 일하고 있는지는 모르겠지만 그 특별한 경험은 큰 도움이 되었으리라.

대학의 졸업생들에게 해 줄 좋은 말이 언뜻 떠오르지 않는다. 우리 나라의 경제상황이 좋지 않고 대부분의 학생들은 근무환경이 좋은 일류 대기업만을 선호하기 때문일 것이다. 하지만 세계지도를 펼쳐 놓고 보면 대한민국은 아주 작은 나라이다. 미래를 펼치기에는 젊은이에게 너무 좁다. 서울고등학교 재학시절 선생님과 선배에게 많이 들었던 말로 끝을 맺으려 한다. "Boys! Be ambitious."

서울

성공은 없다, 실패도 없다

정배연
정배연 정신과의원 원장

성공이란 무엇일까요? 또한 실패란 무엇일까요? 그리고 그런 것들이 현실에 존재하는 것일까요? 나 역시 그런 것들이 단지 인간의 상상이 만든 허상들이라는 것을 알게 되기까지 당연히 존재한다고 믿어 왔습니다. 또한 성공을 향해 정진하는 것이 사는 것이고, 그것이 삶의 목표라고 잘못 생각하고 살았었습니다.

그 이전에도 성공과 실패가 있었겠지만 고등학교 입학 무렵부터 현재에 이르기까지 내가 겪었던 성공과 실패의 경험을 잠시 돌아보겠습니다. 그리고 몇 년 전에야 비로소 이러한 것들이 모두 존재하지 않는 것임을 알게 된 과정과 내용을 설명하려 합니다. 대도시에 살았던 내 또래들이 대부분이 그랬듯 나는 중학교를 추첨을 통해 입학했습니다. 하지만 고등학교는 시험을 통해 진학해야 했습니다. 중학교 3학년, 고입을 앞두고 마지막으로 시행한 배치고사 성적은 내가 원했던 서울고등학교에 미치지 못했습니다. 고민을 하다가 서울고등학교를 졸업한

국어 선생님을 찾아가 상의를 했고, 도전해 보라는 권유를 받아 지원을 했습니다. 하지만 걱정했던 것과는 달리 상위권으로 합격을 했습니다. 나는 고입 시험에 성공한 것일까요?

고등학교 1학년 때 정신과 의사가 되기로 마음을 정했습니다. 원래 의사가 될 생각은 없었지만, 서울고등학교에 입학하고 의사가 되라고 권유하는 부모의 요구를 무시할 수는 없었습니다. 한참을 고민하던 중에 적절한 타협안이 떠올랐습니다. 어려서부터 나는 생각하는 것이 취미였고, 서로 다른 사람들의 성격에 대해 또한 텔레파시나 염력 등의 심리현상 등에 대해 관심이 많았습니다. 그래서 막연히 사람에 대한 학문을 해보겠다는 생각을 가지고 있었습니다. 내가 의사가 되기를 바라는 부모의 요구와 내가 원했던 장래희망을 모두 충족해 줄 수 있는 것이 바로 정신과 의사가 되는 것이었습니다.

서울고등학교에 입학하는 대부분의 학생들이 그랬듯이 그 다음의 목표는 서울대학이었습니다. 또한 정신과 의사가 되기 위해서는 가장 높은 성적이 요구되는 서울의대에 가는 것입니다. 그렇게 되기 위해서는 이과(자연계) 420명 중에 최소 30등 이내의 성적을 얻어야만 합니다. 하지만 나는 고등학교 3학년 내내 이과에서 100등 안에 들었던 적이 없었습니다. 문과와 이과가 나뉘는 2학년부터 매달 모의고사를 치룬 뒤에는 복도에 멋진 붓글씨로 쓰인 100등까지의 학생들 이름이 게시되었습니다. 거기에 내 이름은 한 차례도 없었습니다.

이러한 통계로만 본다면 내가 서울의대를 간다는 것은 거의 불가능한 일입니다. 그렇다면 서울대학을 포기해야 할 것인가? 아니면 의대를 포기하고 성적이 상대적으로 낮은 다른 전공을 택해야 할 것인가? 이 무렵 내게 이런 생각이 떠올랐습니다. 내가 어느 대학 무슨 과를 원하는 것과는 반대로, 서울대학의 입장에서 그들이 원하거나 요구하는 학생의 수준을 살펴보자는 것이었습니다. 만약 서울대학에서 요구하는 학생의 수준에 내가 미치지 못한다면 나는 대학을 바꾸거나 전공을 바꿀 수밖에 없다는 것이 내 판단이었습니다.

하지만 과거 몇 년 동안의 서울의대 본고사 시험문제를 살펴본 후에 내가 내린 판단은 내가 그들의 요구에 모자라지 않다는 것이었습니다. 학교에서 시행하는 어렵기만 한 모의고사 문제들과는 달리, 서울대학의 시험문제들은 간단한 원리를 얼마나 올바로 이해하고 있느냐 하는 것과 또한 그 원리들을 상황에 따라 효율적으로 적용할 수 있느냐 하는 것이었습니다. 무엇보다 각 과목 모두 아주 어렵기만 한 문제들은 거의 볼 수가 없었다는 것입니다. 그렇다면 한 번 도전해 볼 만한 일입니다.

하지만 내 판단처럼 일이 순조롭게 풀리지는 않았습니다. 대입원서를 쓰기 위해 담임을 찾아가는 아버지에게 나는 내 입장을 설명했습니다. 내 성적이 부족하니 성적이 낮은 다른 과를 지원하라고 할 것이다. 하지만 내 판단으로 볼 때 나는 합격할 수 있으니 나를 믿고 원서를 써달라고 아버지에게 부탁했습니다. 하지만 담임을 찾은 후 귀가한 아버지의 얼굴에는 실망만이 가득했습니다. 의대를 가겠다는 내 말과는 달리 내 성적이 한참이나 부족한 것을 보았던 것입니다. 실망한 아버지는 내게 말했습니다. 성적에 맞는 다른 과를 가라는 것이었습니다. 아버지의 실망을 보는 내 실망과 좌절감 역시 아버지의 실망만큼이나 큰 것이었습니다. 왜 아들의 말은 전혀 듣거나 믿지 않을까?

원하지 않는 의사가 되라고 했을 때의 고민과 비슷하게, 이번에는 의대를 가지 말라고 하는 부모와의 사이에 다시 큰 갈등이 생겼습니다. 하지만 다시 타협을 하고 절충을 했습니다. 일단 공대에 합격을 해서 부모를 안심시킨 후에 다시 의대에 도전하고자 한 것입니다. 공대 공업교육과에 지원을 했고 합격통지를 받았습니다. 서울대학에 지원을 해서 합격통지를 받으면서 나처럼 마음이 편치 않은 사람은 별로 없었을 것입니다. 입학식을 마치자마자 휴학을 했습니다. 부모님은 처음엔 반대를 했지만, 서울대학에 이미 합격을 한 상황이기 때문에 내 계획을 마지못해 허락해 주었습니다. 이어 1년 동안 재수를 했고 이듬해에 서울의대에 합격을 했습니다. 재수하는 데 든 비용은 얇은 예비고사용 수학 참고서 한 권을 사는데 썼던 250원이 다였고, 집에서 혼자 공부했습니다. 나는 대입에 성공한 것일까요?

나 자신도 처음에는 성공한 것으로 생각했었습니다. 대학지원에 대한 고등학교의 성적기준에 한참 못 미치는 내가, 그것도 주위의 만류에도 불구하고 다시 시도해서 원하는 의대에 합격했다면, 성공이라고 생각하는 데 전혀 무리가 없었다는 것입니다. 이제 대학입시에 성공했으니 나는 그 성공을 즐기는 것만 남았습니다. 하지만 성공의 기쁨은 채 한 달을 넘기지 못했습니다. 오히려 한 달이 넘어가면서 내게는 성공하기까지 겪었던 것보다 더 큰 문제가 찾아 왔습니다. 이전까지는 서울의대라는 목표가 있었습니다. 그 목표를 이루면 모든 것이 저절로 이루어질 줄 알았습니다. 하지만 기대했던 목표를 이룬 후에도 이루어진 것은 아무것도 없었고, 또한 더 이상 이루어야 할 목표가 사라진 것입니다. 이후로, 성공과 실패 또는 기대와 좌절이라는 것들이 모두 허상이라는 것을 깨닫고 그로부터 완전히 자유로워지기까지 나는 오랜 기간을 방황했습니다.

그에 대한 해답을 찾지 못해 내가 방황을 했던 주제들은 인생의 목표, 성공과 실패 그리고 남녀간의 사랑과 부모 자식간의 사랑 등이었습니다. 정신과 전문의가 되고 난 후까지 적지 않은 시행착오를 겪으면서 이런 주제들의 정체에 대해 하나 둘씩 알게 되었습니다. 또한 그 과정이 어려웠던 이유는 이런 주제들에 대한 해답이 기존의 어떤 정신과 의사들에게도 없었기 때문입니다. 그래서 많은 시행착오를 겪는 과정을 통해 나 스스로 그 해답을 발견해야 했기 때문입니다.

모든 답은 생각이라는 것에 있었습니다. 신기하게도 모든 생각의 내용들은 대극을 이루고 있습니다. 성공과 실패, 기대와 실망/좌절, 기대와 걱정, 열등감과 우월감, 비관과 낙관, 행복과 불행, 선과 악 등등. 또한 이전의 모든 인류가 생각(사고)의 기능과는 별개이거나 또는 대극을 이루는 기능이라고 잘못 생각해 왔던 감정이라는 것이 바로 생각이라는 것을 알게 되었습니다. 즉 좋다(like)와 싫다(hate)는 감정(emotion)이 아니라 바로 생각(thinking)이라는 것입니다.

'인간은 생각하는 동물이다', '나는 생각한다, 고로 존재한다'는 표현들에서 보듯이 지구상의 생명체들 중에서 오직 인간만이 생각이라는 것을 합니다. 하지만 반면에 이러한 생각을 하는 인간에게만 생각으로 인한 고통들과 정신적 문제들 그리고 정신질환들이 존재합니다. 생각이라는 것은 과연 무엇일까요? 인간이기에 생각을 한다는 것은 너무나 당연한 것으로만 여겨야 할까요? 반대로 생각이라는 것을 하지 않는다면 인간도 아니고, 또한 존재하지도 않는 것일까요? 어쨌든 인간으로 살기 위해서는 반드시 생각이라는 것을 해야만 하는 것일까요?

신기하게도 지금까지의 인류 중에서 생각이라는 것이 과연 무엇일까에 대해 근본적으로 회의를 하거나, 또는 과학적으로 밝히려고 시도해 본 사람이 없었습니다. 또한 그러한 모든 시도들 역시 생각에 대해서 생각을 하는 과정이었기에 생각이라는 것 자체를 증명할 수 없었던 것입니다. 하지만 지금까지의 모든 과학적 발견들이 그러하듯이, 일단 과학적인 원리가 발견되면 그 내용은 아주 간단한 것이 되는 것입니다. 결론을 먼저 말한다면, 생각이라는 것은 존재하지 않습니다. 즉 앞에서 말한 모든 생각의 대극들은 존재하지 않는 것입니다.

오직 인간만이 생각이라는 것을 합니다. 여기서 생각이라는 것은 아직 눈앞에 존재하지 않는 어떤 내용에 대해 미리 상상을 하는 기능을 말합니다. 나는 이를 가상설정(simulation)이라고 부릅니다. 이러한 가상설정이 가능하려면 오감을 통해 이전에 감각된 내용을 기억하는 기능이 전제되어야 합니다. 즉 가상설정이란 이미 경험을 통해서 기억하고 있는 내용들을 소재로 아직 현실로 나타나지 않은 어떤 가상의 내용을 상상하거나 설정하는 것을 말합니다. 이것이 생각입니다. 대략 10만 년 전 발달된 유인원 중에서 이러한 가상설정 기능이 가능하게 된 유인원이 인간으로 진화한 것입니다. 이러한 가상설정 기능으로 인해 인간으로 진화한 유인원은 도구를 만들어 사용하게 됩니다.

예를 들어, 최초의 인간은 개미굴 안에 많은 개미들이 모여 있는 것을 경험합니다. 또한 그 개미들이 먹이가 된다는 것을 경험합니다. 하지만 개미굴 안에 깊이 숨어있는 개미는 잡아먹기 어렵습니다. 최초의 인간은 이 상황에서 문제를 해결하기 위해 애를 씁니다. 이 때 최초의 인간은 이전의 기억을 떠올리게 됩니다. 개미들이 가느다란 나뭇가지 위를 기어 다니는 것을 목격했던 경험입니다. 이 기억들을 조합해서 최초의 인간은 아직 현실에 나타나지 않은 어떤 내용을 가상으로 설정하게 됩니다. 즉 상상을 하는 것입니다. 이런 내용입니다. 주변에 있는 가느다란 나뭇가지를 주워 개미굴 안으로 집어넣으면 그 나뭇가지를 타고 개미들이 올라올 것이라는 내용의 상상을 하는 것입니다. 이어 상상한 내용을 실행에 옮기게 되고, 상상했던 대로 많은 개미들을 사냥하게 되는 것입니다. 이것이 도구의 시작입니다.

도구의 사용은 다른 여타의 생물들과는 다른 발전을 가져왔습니다. 하지만 인간에게만 독특하게 존재하는 가상설정이라는 기능은 인간이 그 기능을 올바로 이해해서 정복하기까지 무수한 시행착오를 만들고 또한 많은 문제들을 야기했습니다. 이런 것들이 바로 인류가 지금까지 행하고 있는 수많은 정신적 문제들과 정신질환들입니다. 정신적 문제란 정신질환의 범주에 해당하지는 않지만 본인과 타인에게 많은 고통을 야기하는 인간의 생각과 행동들을 말합니다. 즉 대인관계에서의 갈등, 폭력, 범죄 그리고 전쟁 등이 모두 정신적 문제들입니다. 인간에게만 존재하는 이러한 정신질환들과 정신적 문제들은 모두 인간에게만 존재하는 잘못된 가상설정 기능, 즉 생각이라는 잘못된 기능 때문입니다.

생각이라는 것의 정체는 의외로 간단합니다. 첫째, 생각의 속성은 '기대'입니다. 기대가 없는 사람은 생각을 하지 않습니다. 마찬가지로 생각이 없는 사람은 기대라는 것을 하지 않습니다. 생각은 항상 대극을 형성하기 때문에 기대라는 것을 생각하는 순간 걱정이라는 내용의 생각이 동시에 설정됩니다. 둘째, 생각의 내용은 '좋다'와 '싫다'입니다. 생각을 한다는 것은 세상에 존재하는 모든 것에 대해 나의 어떤 목적을 이루기 위해 유리한 것과 반대로 불리한 것으로 나누는 과정입니다. 또한 그렇게 생각으로 양분해서 나눈 대상들을 보거나 생각하는 동안 내게서 나타나는 반응이 좋아하거나 싫어하는 등의 감정입니다. 셋째, 생각의 목적은 '나 이상의 내가' 되는 것입니다. 달리 표현한다면 현실에서 내가 나인 것이 싫어서 있는 그대로의 나를 그냥 나라고 인정하지 못하고, 내가 나인 것을 부정합니다. 동시에 그런 모습이라면 내가 나인 것이 좋을 것이라고 생각으로 설정한 나 이상의 나를 나라고 생각하거나 믿는 것입니다.

모든 정신질환들과 정신적 문제들은 바로 좋다와 싫다는 내용의 대극으로 이루어지는 생각이라는 잘못된 기능에서 비롯됩니다. 생각이라는 것이 잘못된 기능이라고 말하는 것은, 좋다와 싫다로 구성된 생각이라는 것 모두가 없는 것을 있다고 잘못 생각한 것이라는 뜻입니다. 즉 어떤 사람이 그 어떤 생각을 하든지 간에 그 사람이 생각을 하는 것이라면, 그것은 단지 현실에 존재하지도 않고 또 존재할 수도 없는 내용의 상상을 하고는 그렇게 상상한 내용을 마치 현실인 것처럼 여기거나 믿고 있다는 것을 말합니다. 좋다와 싫다는 내용으로 이루어진 모든 생각들은 현실에 존재하지도 않고 또 존재할 수도 없는 잘못된 상상이자 가상설정입니다. 이렇게 존재하지도 않고 또 존재할 수도 없는 것을 마치 있는 것처럼 생각하거나 믿는다면, 또한 이러한 현실에는 없는 생각을 토대로 모든 행동을 실행한다면 이것은 잘못된 것입니다. 또한 이것은 미친 것입니다.

모든 정신질환들과 정신적 문제들은, 또 다른 표현을 빌자면 사랑의 실패 또는 부재에서 비롯됩니다. 즉 좋다와 싫다는 내용의 잘못된 생각이란 사랑의 실패나 부재와 동의어이자 같은 상황을 말하는 것입니다. 좋아한다와 사랑한다는 동의어일까요? 아니면 반대말일까요? 이 질문을 받는 모든 사람들의 대답은 이렇습니다. '동의어는 아니지만 같은 쪽의 뜻을 가진 것으로서 절대로 반대말은 아니다'라는 것입니다. 또한 좋아한다와 사랑한다는 같은 쪽의 말이지만 좋아한다보다 사랑한다가 좀더 깊은 어떤 것이라고 생각하고 있습니다.

하지만 생각을 하는 모든 사람들이 잘못 생각하는 것과는 달리, 좋아한다와 사랑한다는 정반대의 뜻을 가진 반대말입니다. 좋아한다는 것의 정의는 '내 욕구충족을 위해 필요로 하는 것'입니다. 또한 좋아한다는 것은 철저하게 나를 위한 것이고, 내 욕구충족을 위해서는 반드시 내가 좋아하는 대상을 이용하거나 희생시키는 것을 전제로 합니다. 싫어한다는 것 역시 마찬가지입니다. 내 욕구충족에 도움이 되지 않거나 혹은 방해가 되는 것에 대해 그 대상으로부터 멀리 피하려 하거나 또는 그 대상을 제거하려고 하는 입장이나 태도입니다. 반면에 사랑한다는 것의 정의는 '그를 위해 내 마음의 공간을 준비하는 것'입니다. 사랑은 결코 나를 위한 것이 아닙니다. 그 대상만을 위한 것입니다. 그 대상을 위해 내 마음의 공간이 준비되어 있는 것이고, 그 대상을 향해 내 마음이 움직이는 것입니다. 지금까지 생각이라는 것을 했던 모든 인류가 잘못 생각해왔던 것과는 달리 좋아한다와 사랑한다는 털끝만큼의 공유점도 갖지 않는 전혀 다른 말이고, 완전히 반대말입니다.

좋아하거나 싫어하는 것이 털끝만큼이라도 있는 사람이라면 그에게는 털끝만큼의 사랑도 존재하지 않습니다. 마찬가지로 좋다와 싫다는 내용의 생각이라는 것을 해왔던 지금까지의 인류에게는 사랑이라는 것이 털끝만큼도 존재할 수 없었습니다. 좋아한다와 싫어한다는 조절 불가능한 감정도 아니고 또한 인간의 본능도 아닙니다. 유인원으로부터 진화한 인간이 아직 유치한 단계에 머물면서 충분히 성장해서 그로부터 벗어나기까지, 없는 것을 있다고 잘못 생각한 내용에 불과한 것입니다.

인류가 좋다와 싫다라는 내용의 잘못된 가상설정을 본격적으로 시작한 것은 대략 기원전 3000년경입니다. 인류가 유인원으로부터 인간으로 진화한 후에 점차 성장하여 청동기 시대에 접어들 무렵, 인류는 농경과 목축을 시작하게 되었습니다. 인간에게만 있는 가상설정 기능의 결과입니다. 하지만 이 과정에서 아직 어린 인류는 현실에 존재할 수 없는 잘못된 가상설정을 시작했습니다. 바로 좋다와 싫다는 내용의 생각입니다. 아직 과학적인 발견이나 판단이 충분하지 못한 인류가 농경과 목축을 시작하면서, 인류는 많은 시행착오를 겪었을 것입니다. 어떤 해에는 의외로 많은 결과를 얻기도 하고 어떤 해에는 자연재해로 인해 아주 적은 결과를 얻기도 했을 것입니다.

이런 경험을 하는 과정에서 인류가 시작한 것이 바로 좋다와 싫다는 내용의 생각입니다. 즉 봄이 되어 농사를 시작하면서 또한 추수하기까지 농작물을 돌보면서 아직 현실에 드러나지 않은 농사의 결과에 대해 두 방향으로 상상을 하는 것입니다. 예전에 많은 결과를 얻었던 기억을 떠올리면서 올해도 그만큼의 또는 그 이상의 결과를 얻는 내용을 상상(가상설정)하고는 그렇게 될 것을 원하고 기대합니다. 이것이 좋다(좋아한다)라는 생각의 출발입니다. 또한 이전 자연재해로 인해 형편없는 결과를 얻었던 기억을 떠올리면서 올해 역시 그렇게 될 것이라는 내용을 상상하고는 그렇게 될지 모른다며 걱정하고 두려워합니다. 마찬가지로 이것이 싫다(싫어한다)라는 생각의 출발입니다.

이후로 모든 인류는 아직 일어나지 않은 상황에 대해 큰 결과와 작은 결과의 모습을 상상하게 되었고, 큰 결과를 기대하면서 동시에 작은 결과에 대해 걱정을 하기 시작했습니다. 또한 큰 결과를 상상하면서 좋아하고 작은 결과를 상상하면서 싫어하는 것으로 항상 반응해 왔습니다. 이후로 모든 인류에게 좋다와 싫다는 내용의 가상설정은 당연한 것이 되었고, 또한 당연히 크거나 더 많은 것은 좋은 것이고 작거나 더 적은 것은 싫은 것이 되었습니다. 하지만 어린 인류가 생각하기 시작했던 모든 기대와 걱정은 존재하는 현실이 아닙니다. 좋아하거나 싫어하는 것 역시 현실이 아닙니다. 마찬가지로 인류가 겪었던 결과들 역시 그들이 기대하거나 걱정했던 내용과는 전혀 상관없는 것들입니다. 모든 인류가 현실에서 얻는 결과는 그때의 인류가 가진 능력의 결과일 뿐입니다. 또한 인류의 능력과는 무관한, 자연의 변화에 따른 결과일 뿐입니다.

하지만 인류가 충분히 성장을 해서 서기 2000년에 이르기까지 모든 인류는 좋다와 싫다는 내용의 가상설정을 마치 현실인 것처럼 생각하거나 믿으면서 지내왔던 것입니다. 크거나 더 많은 것은 좋은 것입니다. 또한 작거나 더 적은 것은 싫은 것입니다. 좋은 것을 얻기 위해, 또한 싫은 것을 피하기 위해 계속해서 노력하고 기대하고 추구해야 합니다. 그것이 이루어진 상황을 상상하면서 그런 상상의 내용을 행복이라고 이름 지었습니다. 또한 그것이 이루어지는 과정을 상상하면서 성공이라고 이름 지었습니다. 불행과 실패 역시 그 반대의 상황을 상상한 결과입니다.

그것이 왜 필요한지, 그것을 왜 얻어야 하는지 알지 못한 채 인류는 더 크고 많은 것을 얻으려고 끝없이 매달려 왔습니다. 그렇게 되면 더 좋거나 행복해질 것이라고 생각했기 때문입니다. 하지만 아무리 크고 많은 것을 얻게 되더라도 좋거나 행복한 것은 결코 찾아오지 않습니다. 이유는 간단합니다. 좋다와 싫다는 내용의 상상은 현실도 아니고 현실에 존재하는 것도 아니기 때문입니다. 또한 이러한 좋다와 싫다는 내용의 생각이 존재하지 않는 상상이라는 것을 알게 되어 그것으로부터 자유로워지기까지 지금까지의 인류는 이러한 잘못된 생각으로 인해 수없는 시행착오를 겪어 온 것입니다.

좋다와 싫다는 내용의 생각을 시작한 인류는 존재하는 세상의 모든 것들을 좋은 것과 싫은 것으로 양분하기 시작했습니다. 즉 내 눈에 보이는 어떤 대상이 앞으로 내가 더 크거나 많은 결과를 얻는 데 유리한 것으로 생각되면 그 대상은 좋은 것으로, 반대로 더 작거나 적은 결과를 가져올 것으로 생각되는 대상은 싫은 것으로 생각하기 시작한 것입니다. 좋다와 싫다는 내용의 생각을 시작한 인류에게 존재하는 모든 것은 없는 것을 있다고 잘못 생각한 생각의 목적을 이루기 위한 수단으로 전락하게 됩니다. 목적은 오로지 하나입니다. 없는 것을 있다고 생각하면서 그것을 이루겠다는 것입니다. 더욱 심각한 문제는 좋다와 싫다는 내용의 생각을 시작한 인류가 자신의 이웃은 물론 자신의 배우자나 아이들 역시 자신에게 유리한 결과를 가져오거나 또는 불리한 결과를 가져올 대상으로 판단하게 되면서 그들을 좋아하거나 싫어하기 시작했다는 것입니다.

인류가 좋다와 싫다는 내용의 잘못된 생각을 시작한 이후로 이러한 잘못된 생각은 부모에게서 아이들에게로 끊임없이 전승되었습니다. 구체적으로 모든 잘못된 생각은 엄마로부터 아이들에게로 전달됩니다. 좋다와 싫다는 내용의 생각을 하는 인류의 모든 엄마들은 그의 아이들 역시 자신이 더 크거나 많은 결과를 얻는 데 유리한 아이인지 또는 불리한 아이인지 생각을 하고 판단을 하게 됩니다. 그리고는 그 생각의 기준에 따라 좋아하거나 싫어하는 것입니다.

엄마에게 불리한 결과를 가져다 줄 것으로 생각하는 아이를 엄마는 쓸모없는 아이라고 생각합니다. 그리고는 싫어합니다. 이 아이는 엄마의 생각을 그대로 감지합니다. 나는 쓸모없는 아이이고, 그래서 엄마가 싫어한다고 생각하는 것입니다. 이것이 열등감의 뿌리입니다. 그리고는 내가 이러한 나라는 것이 견딜 수 없이 고통스러워서 이런 나는 내가 아니라고 생각하기 시작합니다. 반대로 엄마가 좋아할 그런 모습의 나를 상상하면서 그 모습이 나라고 생각하는 것입니다. 하지만 내가 나라고 생각하거나 또한 그렇게 되기를 기대하는 모습은 내 현실의 모습이 아닙니다. 그러니 내 기대는 반드시 실패할 수밖에 없습니다. 이런 상황에서 엄마가 싫어할 수밖에 없는 쓸모없는 내가 나라는 것이 현실에서 드러날 것으로 생각하면서 두려워하게 되는데, 이러한 상황을 다시 피하기 위해 생각을 하는 과정이거나 생각한 결과가 모든 정신질환들과 정신적 문제들입니다. 즉 수단과 방법을 가리지 않고 내가 나인 나를 나라고 하지 않기 위해, 나를 내가 아니라고 생각하기 위해 열심히 생각한 결과가 모든 정신질환들과 정신적 문제들인 것입니다.

엄마가 자신에게 유리할 것으로 판단해서 쓸모 있는 아이라고 생각하거나 좋아한 아이 역시 마찬가지입니다. 이 경우의 아이가 자신에 대해 갖는 입장이 우월감입니다. 자신의 있는 그대로보다 더 큰 모습을 상상하면서 그것이 자신의 모습이라고 생각하거나 믿는 것입니다. 하지만 이 아이의 생각은 현실이 아닙니다. 그러니 오래지 않아 현실에서 자신이 생각한 것보다는 훨씬 작은 자신의 모습을 발견하게 됩니다. 이 상황에서 아이는 엄청난 충격과 고통에 휩싸이게 됩니다. 자신이 생각한 모습보다 훨씬 못한 자신을 엄마는 더 이상 좋아하지 않을 것임을 잘 알기 때문입니다. 그리고는 이어서 이러한 현실의 나는 내가 아니라고 생각하기 위해 모든 노력을 다해 생각을 하게 됩니다. 이 상황에서 모든 정신질환과 정신적 문제가 만들어지는 것입니다.

열등감은 나보다 못한 나 이하의 모습을 상상하면서 그 모습이 나라고 생각하는 상태입니다. 또한 그러한 나를 싫어하는 상태입니다. 반대로 우월감은 나 이상의 모습을 상상하면서 그것이 나라고 생각하는 상태이고, 그러한 나를 좋아하는 상태입니다. 하지만 모든 우월감의 경우 곧 현실에서 자신이 생각한 자신의 모습보다 훨씬 작은 모습을 발견하게 되고, 그러한 자신의 현실 모습에 대해 결국 싫어하게 됩니다. 즉 좋다와 싫다는 내용의 생각을 시작한 이후로 모든 인류의 현실은 싫은 것이 될 수밖에 없는 것입니다. 그래서 생각을 하는 모든 인류는 현실의 나를 싫어하면서, 나 이상의 내가 되기 위해 끝없이 집착하고 또한 현실의 나는 내가 아니라고 하기 위해 끝없이 분노하는 것입니다.

모든 정신적 문제의 해결은 의외로 간단합니다. 좋다와 싫다는 없습니다. 나 이상의 나도 나 이하의 나도 있을 수 없습니다. 나는 나이가 들면서 모습이 달라질 수는 있지만, 내가 나라는 사실은 결코 달라지지 않습니다. 어제는 풀지 못했던 문제를 오늘 풀게 되었다 하더라도 내가 나인 내가 내가 아닌 내가 되는 것은 결코 아닙니다. 또한 내가 가진 능력의 이상을 얻게 된 것 역시 아닙니다. 내가 아닌 나 이상의 내가 되기를 기대했기 때문에 얻은 결과도 아닙니다. 마찬가지로 성공한 것도 아니고 또한 좋아할 일도 아닙니다. 반대로 다른 누군가는 풀 수 있는 어떤 문제를 나는 계속 풀 수 없다고 해서 내가 나 이하가 되는 것은 아닙니다. 그것 역시 실패는 아니고 싫어할 일도 아닙니다. 단지 크게는 서로 비슷하지만 반대로 사람에 따라 서로 다른 속성과 기능의 차이일 뿐입니다.

나 이상의 내가 되는 것을, 생각을 하는 사람들은 성공이라고 생각합니다. 반대로 나 이상의 내가 되고 싶지만 그것을 이루지 못하는 것을 사람들은 실패라고 생각합니다. 하지만 이러한 대극의 생각은 그 자체가 모순입니다. 아무리 애를 쓴다고 하더라도 나는 나 이상이 될 수 없습니다. 마찬가지로 나 이하의 내가 될 것이라고, 또한 나 이하의 내가 나라고 생각하면서 아무리 걱정을 하거나 두려워하더라도 나는 결코 나 이하의 내가 될 수 없는 것입니다. 좋다와 싫다 그리고 이것으로부터 파생된 모든 생각의 대극들은 단지 없는 것을 있다고 생각하는 것일 뿐, 현실이 아닙니다. 이것을 알게 되어 좋다와 싫다는 생각에서 깨면 인류의 생각이 만들었던 모든 정신질환들과 정신적 문제들에서 벗어나게 됩니다.

좋다와 싫다는 내용의 잘못된 생각에서 깬 상태가 마음입니다. 마음에는 좋다와 싫다는 내용을 포함해 그 어떤 생각의 대극도 존재하지 않습니다. 마음은 존재하는 모든 사람들과 사물들을 조금도 좋아하거나 싫어하지 않습니다. 또한 없는 것을 있다고 생각하면서 그러한 생각의 내용을 이루기 위해 존재하는 어떤 것도 수단으로 이용하지 않습니다. 좋다와 싫다는 내용의 잘못된 생각에서 벗어나면, 몸과 마음의 요구에 부응하는 삶을 살게 됩니다. 몸은 생명유지를 위해 먹을 것과 입을 것 그리고 누울 곳을 요구합니다. 생각이 원하거나 추구하는 것과는 전혀 상관없이 몸은 생각이 좋아하는 것을 좋아하지 않습니다. 마찬가지로 생각이 싫어하는 것을 싫어하지도 않습니다.

이어 마음이 요구하는 것은 존재하는 모든 것에 대해 같이 느끼고 알아 가는 것입니다. 나를 포함해서 내 아이들과 내 이웃, 그리고 존재하는 자연의 모든 모습들에 대해 보다 더 알기를 원하고 또한 그들 모두가 함께 운행하는 전체 생명의 원리에 부응하는 삶을 사는 것입니다. 좋다와 싫다, 또한 그것에서 파생된 모든 생각의 대극들은 존재하지 않습니다. 이러한 내용의 생각은 아직 어린 단계를 벗어나지 못한 인류가 마음에 이르는 성장과정에 불과합니다. 좋다와 싫다는 내용의 생각을 하면서 기대와 걱정을 하는 사람은 어린 아이에 불과합니다. 동시에 없는 것을 있다고 생각하는 사람으로서 미친 사람입니다.

좋다와 싫다는 내용은 있다고 생각하면서 기대와 실망 속에서 사는 것, 또한 그러한 생각을 하면서 존재하는 모든 것들을 좋아하거나 싫어하는 삶을 사는 것, 마찬가지로 자신의 아이들 역시 좋아하거나 싫어하면서 사는 것을 택하시겠습니까? 아니면 이러한 좋다와 싫다는 내용의 생각이라는 것이 현실에 존재하지 않는 것임을 알고 생각에서 깨어 마음의 상태로 사는 것을 선택하시겠습니까?

서울

종교적 진리와 과학적 진리

김 준
고려대 생명과학대학 생명과학부 / 생명공학원 교수

서울고등학교에 처음 입학하여 넓디 넓은 교정을 진리에 대해 고민하며 헤매던 것이 엊그제 같은데 벌써 30년이 흘렀습니다. 그 시간 동안 고민을 하던 문제들이 많이 해결되었고, 이제는 감히 그 문제에 대해 이 글을 쓸 수 있음을 기쁘게 생각합니다. 1학년 때에는 이과를 할까 문과를 할까 고민을 하다가 부모님의 기대와는 다르게 이과를 택한 기억이 있고(원래는 법조계로 진출하라고 부모님께서 준(準)이라는 이름을 지어 주셨습니다.), 2학년 때에는 멋모르고 하나님의 존재에 대한 고민을 가진 채, 어렸을 때부터 다니던 교회를 다녔던 기억이 있습니다.

생애의 가장 중요한 사건은 3학년 때에 일어났다고 해도 과언이 아닙니다. 삶의 고민의 무게에 눌린 채 고등학교 3학년이 되었을 때 당시 생물선생님이셨던 정완호 선생님(후에 교원대 총장을 역임하심)을 담임선생님으로 만난 것이 미래의 전공을 정하는 중요한 계기가 되었습니다. 그분은 당시 서울고등학교에서 명강의를 하신 분 중의 한 분으로 유명하셨는데, 본인에게는 생물학도 재미있었지만 그 중에서 특히 생명의 기원에 대한 강의가 대단히 인상적이었습니다. 우주와 지구 또한 생명체는 미생물에서 오랜 시간을 거쳐 진화하였고 인간은 불과 얼마 전에 지구의 주인이 되었다는 내용이었습니다. 인간의 존재의 가벼움!! 평소에 교회에서 배운 내용과 차이가 있을 뿐만 아니라, 만물의 영장인 인류의 존재가 참으로 미미하다는 사실에 대단한 충격을 받았으며 동시에 생명의 기원에 지대한 관심을 갖게 되었습니다(참고로 진화론에 의한 46억년의 지구의 나이를 하루인 24시간으로 가정한다면 지구가 오전 0시에 만들어졌고, 원시 미생물은 오전 5시 45분, 척추동물은 오후 9시 2분, 포유동물은 오후 10시 45분, 영장류는 오후 11시 37분, 마지막으로 인류는 오후 11시 58분에 만들어졌다고 함).

그러던 어느 일요일, 알다시피 매년 서울고등학교에서는 11km 단축마라톤을 4월 19일을 전후로 해 왔는데, 1975년엔 마라톤 개최일이 일요일이었던 걸로 기억합니다. 원래 일요일은 빠지지 않고 교회에서 예배를 드렸는데, 이날은 갈등을 하다가 마라톤에 참여했습니다. 그런데 그날 일생에서 중요한 사건이 발생했습니다. 뛰다가 쓰러지면서 그 사이에 말로 설명하기는 곤란하지만 기독교에서 흔히 이야기하는 '신앙의 체험'을 하게 되었습니다. 그동안 미심쩍어 했던 하나님의 존재에 대한 확신을 몸으로 체험한 것입니다. 그러나 그 사건으로 인하여 나의 삶에 일대의 혼란이 생겼습니다. 생명의 기원에 대한 과학과 종교 사이의 갈등이었습니다. 즉 인간이 오랜 시간에 의해 우연히 만들어진 진화의 산물이냐, 혹은 특별한 뜻에 따라 창조된 것이냐에 대한 갈등이었습니다. 따라서 생명의 기원을 공부하고자, 또한 그 선생님께서 생물학이 미래의 학문이라고 강조하셨기에 서울대 미생물학과에 진학했습니다. 따라서 고등학교 시절에 제 신앙이 확립되었고, 아울러 제 미래의 전공도 동시에 정해진 것입니다.

그러나 불행하게도 제가 대학생활을 하던 1970년대 말과 1980년도 초에는 박정희 대통령을 반대하는 데모로 인해 학부수업은 제대로 이루어지지 않았습니다. 하지만, 고등학교 시절을 통하여 이미 삶의 이정표가 정해졌으며 신앙과 학문의 방향이 정립되었기에 큰 방황은 없었습니다. 수업의 내용도 생명의 기원과는 거리가 멀었고. 데모와 휴강의 연속이던 79년 10월에 급기야 박정희 대통령이 암살당하고, 80년엔 광주 항쟁이 있었습니다. 수업도 거의 매 학기 휴교니 휴업이니 해서, 더욱이 제대로 하지 못했었던 것은 다 그 시대를 살아온 우리 동기들의 역사의 일부가 되었습니다. 그러나 그 당시에 그리도 혐오하던 박 대통령이 지금은 구관이 명관이었다는 재평가를 받고 있으니, 이 어찌 역사의 아이러니가 아니겠습니까?

열악한 내외적인 조건에도 불구하고, 미생물학과에서 석사까지 마치고 미국 유학생활을 거쳐, 지금 나 자신이 고려대에서 10여년이 넘게 후학을 가르치는 위치에 이르렀습니다. 그러나 지금까지도 본인이 관심이 있는 분야는 고등학교 시절에 가지고 있었던 주관심 분야에서 크게 벗어나는 것 같지는 않습니다. 그것은 종교와 과학의 진리에 관한 것입니다. 고등학교 이래로 가지고 있었던 질문에 대해 이제는 약간의 경험도 있기에 이 지면을 빌어 말씀드리고자 합니다.

종교와 과학은 모두 진리를 논하고 있습니다. 종교는 자연, 초자연, 인성까지를 포함하는 포괄적 진리이며, 자연과학은 현재 지식으로 자연현상을 설명하는 단편적인 진리이기 때문에 본인은 개인적으로 종교를 상위의 진리로 받아들이고 있습니다. 기독교인으로서 성경을 공부해 보고, 또한 과학자로서 현대과학을 연구하다 보면 서로가 주장하고 있는 내용 가운데는 상충되는 것이 적지 않음을 알게 됩니다. 그래서 현대 과학사회를 살아가는 분들에게 이 갈등을 합리적으로 이해하는 올바른 길을 알려주려고 노력하고 있습니다. 아마도 그 많은 고민거리 가운데, 가장 두드러진 문제가 '창조와 진화'의 문제일 것입니다. 왜냐하면 성경은 하나님의 창조를 선포하고 있는 반면, 많은 사람들은 과학은 진화를 대변한다고 생각하는 동시에, 흔히 '창조냐, 진화냐?' 하는 논쟁이 과학에 의해서 판결이 날 것이라고 생각하기 때문입니다. 사실 진화론을 옹호하는 사람들은 자신들의 주장만이 과학적이고 우월하며, 창조론이라는 것은 순전히 비과학적이고 맹목적인 신앙의 문제에 불과한 것이라고 주장하고 있습니다. 그들은 창조와 진화의 문제에 관한 한 과학과 신앙은 서로 양립할 수 없는 관계에 있다는 전제를 갖고서 과학의 우월성 및 합리성의 주장을 폅니다. 하지만 분명한 것은 생명의 기원의 문제에 관한 한 엄밀한 의미에서 무엇을 아느냐에 관한 과학적 영역의 문제가 아니라, 단지 무엇이 진리임을 믿느냐에 관한 철학적 혹은 신앙적 영역의 문제입니다.

또한 성경과 과학이 모두 진리임에 틀림이 없으나, 성경은 수천년의 신앙의 기본을 이어 온 불변적인 진리이며, 과학은 그 시대의 지식을 최대한으로 활용하여 현상을 해석한 가변적인 진리라고 생각합니다. 그러므로 우리는 자연과학은 주지하는 바와 같이 무수히 그 이론이 수정되고, 변화 및 발전을 거듭하며 오늘에 이르렀으며 아직도 진행 중이라는 사실을 인식해야 할 것입니다.

창조론이든 진화론이든, 생명의 기원에 관한 논의는 진정한 의미에서는 과학적인 사안이 아니라고 생각합니다. 그것은 수십억년 전에 일어났다고 추정하는 현상에 대한 보편적인 관찰이나 실험적 검증이 불가능하기 때문이며, 실제로 개인의 기원관은 그 사람이 무엇을 믿느냐에 관한 종교적 혹은 철학적인 입장의 차이입니다. 하지만 하나님을 믿지 않는 무신론자들이 비과학적인 부분이 많은데도 불구하고 진화론을 고수하려고 하는 이유는 그들에게는 대안이 없기 때문입니다. 과학적인 방법론의 적용 여부를 놓고 볼 때, 성경에 계시된 창조기사는 창조주에 의한 관찰과 경험적 검증이 이루어진 생명 및 우주의 기원에 대한 진술이라고 생각합니다. '대부분의 과학적인 지식'을 과학자와 교사들이 전달하는 세상적인 지식을 믿는 것이라 본다면, '기원에 대한 과학적인 지식'은 만물의 시작을 관찰하고 경험한 인격적인 하나님과 그의 계시를 담고 있는 성경을 믿음으로써 얻는다고 볼 수 있겠습니다.

지금 지구상에 무수히 많은 생명체들이 존재하고 있는 점에는 태초에 분명히 어떤 원인이 작용했음이 분명합니다. 생명체의 기원에 대한 설명은 크게 두가지로 나뉩니다. 누군가가 만들었거나(창조설) 아니면 저절로 생겼거나(자연발생설) 둘 중에 하나밖에는 될 수가 없습니다.

대부분의 과학자들이 생명체는 저절로 생겨났다는 진화론을 믿을 수밖에 없음은, 그렇지 않다면 누가 그것을 만들었냐하는 질문에 봉착할 수밖에 없기 때문입니다.

그러나 인류역사 이래 생명체의 자연발생은 결코 관찰된 적이 없습니다. 아니 확률적으로 없을 것이라고 단언할 수 있습니다. 오히려 생명체는 생명체가 원인이 되어야만 생겨날 수 있다는 것이 생물학에서 생명체를 정의함에 있어서 가장 중요한 요소입니다. '콩 심은 데 콩나고, 팥 심은 데 팥이 나'는 이치입니다. 실험실에서 물질로부터 생명체를 합성하겠다는 실험은 계속 시도되고 있지만, 복제생명체조차도 이미 만들어져 있는 난자와 같은 물질에 DNA(유전자)를 치환하는 것에 불과합니다. 생명체의 합성은 지금의 과학으로서는 거의 불가능하다고 봅니다. 만일 먼 훗날 그 실험들이 엄청나게 정교한 실험방법을 사용하여 성공을 거둔다고 하더라도 그것은 결코 생명체의 자연적 발생에 대한 증거가 될 수는 없을 것입니다. 왜냐하면 생명체가 우연히 발생할 수 있는 확률은 과학적으로 0이기 때문에, 만일 생명체가 만들어졌다면 그것은 누군가가 세밀하게 간섭하여 이루어진 것이며, 결국 생명의 근원이 되시는 창조주가 계시지 않는다면 생명체의 존재를 설명할 수 있는 다른 방법은 없기 때문입니다.

오랜만에 만난 친구로부터 의미있는 질문을 받았습니다. "너 아직도 창조론 믿으면서 생명공학을 연구하냐?"는 질문을 받았고 나는 "물론이지." 라고 대답했습니다. 그랬더니 나의 친구는 어떻게 생물학을 연구하는 사람이 진화론을 안 믿을 수 있냐며 "너는 사이비 과학자든지 사이비 기독교인이다."라고 농담을 했습니다. 물론 믿음이 없는 사람들에겐 이해가 안 되는 일일 것입니다.

저는 초등학교 들어가기 전부터 하나님을 믿기 시작했습니다. 또한 생물학을 전공으로 시작한 지 30여년 정도 되었으나 아직 하나님의 말씀이 진리인 것을 의심한 적이 없었고 기독교인으로서 과학을 하는 데 전혀 지장이 없었습니다. 그러나 사이비 과학자와 사이비 기독교인 중에 하나를 택하려면 차라리 사이비 과학자를 택하려고 합니다. 왜냐하면 과학자들이 실험할 때에 확실한 대조군(standard) 하나를 놓고 실험군(sample)으로 실험을 하여 그 진위를 가리고자 합니다. 비록 그리 길지는 않으나, 본인의 경험에 미루어 신앙과 과학 중에 어떠한 것이 더 확실한 대조군일까를 생각해 보았을 때, 신앙이 제 삶의 더 확실한 대조군이라는 것을 확신하기 때문입니다.

제가 기독교 신앙을 가지라고 부탁드릴 때, 어떤 분들께서는 "너는 내 걱정마라. 지금은 아니지만 언젠가 막차는 탈 예정이다"라고 말씀하시는 분이 있습니다. 그러나 인생의 막차가 언제 올지는 아무도 모릅니다. 대단히 위험한 생각입니다. 지금도 고민하는 분이 있으시면 한마디 부탁을 드리고 이 글을 맺으렵니다.

"이왕 타실 거면, 조금이라도 일찍 타시면 좋은 자리가 많습니다."

서울

벌건 대낮에도

김철수
(주)엠아이텍 대표이사

별은 빛나고 있다. 맨눈으로 볼 수 있을까? 햇빛 때문에 힘들다. 별을 꼭 봐야만 하나? 꼭 그렇지만은 않지. 하지만 뭔가 보는 것은 재미있다. 137억년 전 빅뱅으로 빵하고 터져 생겨났다는 우주. 그 속에서 탄생하고 사라져 간 수많은 별들, 그리고 계속 커져만 가는 광활한 우주 속에서 흩어져 빛을 발하고 있는 아름다운 별들. 우주의 신비를 보는 것은 재미있다. 사춘기 시절 사촌누이의 목욕하는 장면을 훔쳐볼 때처럼.

옛날에는 샤워시설이 허술했다. 백열등 불빛을 타고 누이의 목욕하는 모습이 유리창으로 흘러 나오고, 그 장면을 보려고 얼굴과 옷에 온통 검정을 묻혀 가며 맘 조리던 적이 있었다. 목욕실 창문이 연탄창고 쪽으로 나있었거든. 옛날 사람들도 그랬다. 조선시대 혜원 신윤복의 작품을 보면 계곡서 멱감는 여인네 모습을 훔쳐보는 사내아이 둘이 보인다.

요즘은 허술함이 사라져 가는 세상이다. 하릴없이 인터넷으로 그림만 슬금거리는 양태가 안쓰럽다. 몰래 보기는 사춘기 시절 자연스럽게 발동되는 호기심 아닐까. 지나치지만 않으면 괜찮다. 호기심으로 훔쳐보는 것은 결코 관음증이 아니다.

몰래 보기가 한 때의 잔 재미를 준다면 제대로 보기는 항상 큰 재미를 준다. 제대로 보려면? 보는 각도나 눈높이 맞추기에 앞서 우선 세 번은 봐야 한다. 가까이 보고 멀리 보고 꿰뚫어 보고. 현미경이나 망원경, 엑스레이 등의 도움을 받으면 편리하다. 최근에는 원자/전자현미경, 천체망원경, 단층촬영장치, 자기공명장치 등 각종 첨단장비들이 개발되어 예전에 못 보던 모습을 제대로 보여 준다.

다소 원시적이긴 하지만 맨눈으로도 제대로 볼 수 있다. 눈을 크게 뜨고 보고, 가늘게 뜨고 보고, 때론 눈을 감고 보면 또 어떨까? 눈을 감고 보는 방법은 다채롭다. 생각해 보고 만져 보고 들었다 놨다 해보고... 몸의 눈을 닫으면 마음이나 영혼의 눈이 열리는 법이다. 사람을 한번 보자. 가까이 보면 얼굴만 보인다. 멀리 보면 몸매가 보이고 눈감고 보면 마음을 볼 수 있다. 이처럼 삼박자를 맞춰서 보아야 제대로 본다고 할 수 있다. '백문이불여일견'이란 말이 있듯이 우리가 크게 의지하는 감각기관이 눈이다. 하지만 눈뜨고 본 것을 너무 믿다간 발등이 위태롭다. 마술사 이은결 앞에 서면 빤히 뜨고도 눈속임 당하지 않는가.

삼박자로 보기 중에서 굳이 순서를 따지자면 눈감고 보기가 으뜸이라고 본다. 유명한 관상서에 '잘생긴 얼굴은 좋은 몸매만 못하고 좋은 몸매는 고운 마음만 못하다'는 말도 있다. 때론 눈을 감고 보라.

벌건 대낮에도 별들이 반짝거리고 있는 게 보이는가? 그러면 나만의 비교우위를 가질 수 있게 된다. 나는 경제학을 십년 간 공부했다. 지금은 딴 일을 하고 있으니 도로아미타불이 된 듯도 하지만, 경제학을 공부하면서 내가 가장 인상적이었던 것은 리카아도의 비교우위론이다. 뭐하나 특출나게 잘하는 것 없어도 비교적 잘하는 것을 열심히 하고, 또한 열심히 하는 사람끼리 더불어 살면 좋다고 해석해 본다. 공부든 운동이든 음악이든 남들보다 잘하는 거 하나 없어도 그 중에서 자기가 가장 잘하는 하나만 고르면 된다. 비교우위는 상대적이기 때문에 누구에게나 존재한다. 꼴찌라도 희망이 있고, 꼴찌가 아니라면 더 큰 희망이 있다고나 할까. 아무튼 누구나 자신에게 어울리는 역할을 찾을 수 있다는 논리는 유쾌하고 희망적이다.

로마는 하루아침에 이루어지지 않았다. 십년이든 이십년이든 오랫동안 할 수 있는 역할이 필요하다. 해도 해도 지겹지 않을 일을 찾아 보라. 물불을 가리지 않고 덤벼들 만한 가치있는 일을 찾아 보라. 돈에 눈이 멀거나 명예에 미치거나 눈에 사랑의 콩깍지가 씌면 물불을 못 가린다. 한마디로 뵈는 게 없기 때문이다. 제대로 볼 줄 아는 눈으로도 뵈는 게 없는 일이 무얼까? 찾아 보라. 심심풀이로도 좋다.

고개를 돌려 창밖을 본다. 꼬리가 빨간 잠자리들이 날고 있다. 서울 하늘 잠자리 한 마리의 날개짓이 뉴욕에 태풍을 몰고 올 수 있다니 놀랍다. 예전엔 누군가 왜 사냐고 물으면 어느 시인처럼 '웃지요' 라고 답했다. 어떤 사람들은 죽지 못해, 또 어떤 사람들은 먹기 위해 산다고 한다. 혼돈 속의 질서 '나비효과'를 느낀 후의 내 대답은 이렇다: '태풍을 일으킬 수 있으니까'.

나는 확신한다. 너와 나 우리 모두는 위대한 존재가 될 수 있음을. 누구나 서로의 손짓과 몸짓을 이어나가 태풍을 일으킬 수 있으니까.

우리 심심한데 벌건 대낮에 태풍을 일으켜 보는 게 어떨까? 네자로 줄이면 '우심벌태'.

서울

나의 남도음식문화 체험기

김태용
광주대학교 건축학과 교수

"가자" "싫어" "너 광주 한번도 안 가봤다면서?" "응" "맛있는 거 사줄게. 광주에서는 술만 시키면 안주가 공짜야." "진짜?" 광주에 도착하자마자 술먹으러 가자던 녀석은 도착과 동시에 "나 술 끊었어" 하며 술을 안 사주는 것이다. 할수없이 임용시험 전날, 여관방에서 툴툴거리며 밤새도록 T.V. 채널만 돌리며 밤을 지새우느라 당일 날은 토끼눈이 되어 예비군훈련 받으러 가는 기분으로 면접장으로 향했지. 마음을 비워서일까? 덜컥 합격이 됐지 뭐야. 그 당시에는 인촌아이들(서울고 28회 1학년 8반 출신 박병일, 김정수, 김일영, 이진, 이창우, 안성엽, 박종남, 나 등이 주축이 되어 이강범, 이경재, 최중부 등과 함께 졸업과 동시에 결성, 뜻 : 仁村인왕산 아래의 마을)과 놀기만 좋아할 뿐, 그 이외의 것은 전혀 생각지도 않았을 때였다. 됐다고 해도 현지적응에 실패하면 어쩌나 하는 두려움이 앞섰지. 그런데 이것이 나의 음식문화체험 입문식이 될 줄이야.

1988년 1월말 광주에 입성하자마자 교육청 건축과장으로 있던 이병구 군이 연락하더군. "웰컴 투 광주! 고등학교 동문들이 30여명이나 되고 모임이 즐거우니 꼭 나와라." 이게 웬 떡이냐 하고 나갔지. 그 중 15명은 교수들이고, 10명은 2년마다 순환되는 기관장들이고, 나머지는 현지에서 사업하는 사람들(원주민들이라고 함)이었어. 분위기는 부부모임 중심으로 연말에는 음식점을 통째로 빌려 노래와 댄스파티를 열 정도로 매우 고급스럽고 화목한 분위기였는데, 문제는 병구와 내 밑으로 29회는 한 명밖에 없었다는 것이야. 영원한 딱갈이라는 뜻이지. 요즈음에는 모임이 뜸하지만 몇 년 전만 해도 1년에 정기적으로 4번 이상 모였고 기관장들의 잦은 전출입 때문에 새로운 사람들이 들어오고 나가고 했지. 한번은 눈에 익은 키가 작은 친구가 새로 왔다고 인사를 하더라구. 이병구 군이 건축사 개업을 위해 서울로 올라간 후 전남대로 채호준 군이 왔는데 바쁜지 자주 못 나와 오랜 만에 동기가 왔구나 하고 좋아 하고 있는데 이런 1년 선배잖아. 아이고 내 팔자야.

아무튼 친절하고 정이 많은 선배들과 '누운 소도 벌떡 일어나게 한다'는 세발낙지를 먹으러 가게 됐지. 음식점에 도착해 방으로 들어가니 4인용 상마다 남녀노소 불문하고 가운데 있는 스텐 그릇 위에 머리를 모은 채 손가락을 씻고 있는 것이야. 여기서는 인도처럼 상 위에서 손을 닦는구나 생각했지. 그런데 자세히 보니 스텐 그릇에서 발가락이 3개가 아닌 가는 세(細)를 쓰는 세발낙지를 손가락으로 잡아 손바닥으로 훑은 후 한 입에 통째로 먹는 것이었어. 꼭 영화 '몬도가네'를 보는 것 같았지. 처음 먹어 보는 나는 숙달된 주인아줌마의 도움으로 낙지 중간

부분의 숨구멍에 젓가락을 넣고 손가락으로 훑어 낙지를 기절시킨 후 초고추장을 찍어 한 입에 넣고 우물우물 씹기 시작했지. 그런데 보는 것과는 달리 씹을수록 맛있더군. 그날 단숨에 10마리를 먹었어. 배가 꿈틀거리는 것 같기는 했는데 이틀 정도는 든든하더라.

1학기 시작과 함께 야간 지도교수를 맡게 되었지. 원로 교수님이 와서 하시는 말씀이 "김 교수, 야간 학생들 평균 나이가 37세인데 그들보다 어려서 해낼 수 있겠소?" "나이는 한갓 숫자일 뿐이죠. 그것을 증명해 보이죠." 이 말 한마디로 인해 나는 몸이 망가지는 비운을 겪게 된다. 그 분이 이야기 한 것은 수업이 아니라, 2부 순서인 '술'을 말하는 것이었다. 마지막 수업이 끝나면 밤 10시 40분이었다. 수업이 끝나기 무섭게 야간 학생들이 들이닥쳤다. "교수님, 수고하셨습니다. 우리를 가르쳐 주시느라 목이 컬컬하실 텐데 가볍게 한잔 하시죠." 시작은 항상 가볍게 시작하는데 문제는 끝이 없다는 것이다. 얼마간은 주로 새벽에 해장국 먹고 헤어지고, 안 그럴 경우에는 다음날 점심을 '돈이 생기면 건강을 위해 무조건 사 먹어야 한다'는 들깨를 듬뿍 갈아 넣은 오리탕으로 해장을 해야 했다.

"배꽃 감상하며 곰탕 먹으로 갑시다." 아니. 이화여고 옆에 곰탕집이 있었나? 따라가 보니 배밭이 많은 나주였어. 배꽃이 온 동네를 눈송이처럼 수놓은 것이야. 배꽃의 향기에 취해 먹는 곰탕의 맛이란 이루 말할 수 없었어. 동기들 오면 봄철에 먹는 이 맛을 꼭 보게 하리라 다짐했지. 서울대에 있는 최재필 군이 마침 우리 학교에 특강이 있어 왔기에 곰탕을 제안했는데, 서울에 저녁회의가 있어 그냥 가야 된다는 거야.

아쉬운 마음으로 공항에 바래다주고 연구실에 왔더니 다음 주 나주의 동신대에서 세미나가 있다고 KIST에 있는 박상환 군의 전화가 왔더군. 물론 나주곰탕집으로 데려갔지. 박상환 군 왈 “이렇게 맛있는 곰탕은 처음 먹어 본다.” 나는 신이 났지. “그래? 근데 이 집은 주방에 할머니가 계셔야지. 며느리가 나와 있으면 맛이 조금 없어. 나주는 배가 유명하거든. 온 김에 배 한 상자 사 줄 테니 서울에 가지고 가라. 아니면 택배로 부쳐 줄까?” 나를 물끄러미 쳐다보던 박상환 군, 나를 향해 정색을 하며, “우리 부모님이 은퇴하셔서 안성에서 배 과수원을 크게 하시거든. 배라면 신물이 나. (-.-;;)”

“홍어 먹어 봤소?” “예” “어떻던가요?” “먹을 만하던데요.” “아닐텐데. 진짜를 안 먹어 봤군.”

이리하여 송정리 홍어탕 집으로 가게 됐지. 앉자마자 홍어탕과 찜이 나오는데 이거 장난이 아니데. “다른 집 것들은 모두 칠레산이지만 우리 집 것은 흑산도 산이지라”라는 주인아주머니 말을 들으며 한 입 홍어를 먹는 순간 온 몸으로 배어드는 암모니아 향기(?). 거기에 한 술 더 떠서 주인아주머니의 비장의 무기인 ‘먹는 순간 입천장이 확 벗겨져 버린다’는 홍어의 진수 ‘홍어 코’를 입에 넣고 씹는 순간 나는 아무 생각이 없었다. 단지 소주만 정신없이 마셔댈 뿐. 입천장이 벗겨지지는 않

왔지만 그 후로 일주일 동안 치약 한 통을 다 써도 그 냄새는 내 곁을 떠나지 않았다. ×_×

한번은 연로하신(?) 학생이 "교수님. 요즘 생고기 집들이 너무 많아요. 생고기가 나오는 소고기 부위가 그렇게 많지 않거든요. 가짜가 많다는 뜻이죠. 그리고 생고기를 먹을 때 소주는 이렇게 작은 잔에 마시는 게 아닙니다." 그러더니 물 컵을 가져와서 3잔을 따라 거푸 마시고는 나이어린 동료에게 인원수대로 소주 한 병씩을 돌리라고 하더니 빨대를 하나씩 주는 것이야. 설마 했던 상황이 순식간에 벌어져 버렸지. 해외 토픽에나 나올 법한 황당한 시츄에이션이 벌어지고 말았던 것이야. 상상이 가니? 100여명이나 되는 사람들이 생고기를 안주로 소주 한 병씩 들고 빨대로 마시는 광경을…….

"광주에 왔으면 용봉탕을 먹어야지. 그런데 총각은 먹으면 안 되는데…….''라며 동료교수가 약을 올려 나도 먹어 보기로 했다. 하루 전에 예약을 하고 8명이 다음날 그 유명하다는 식당으로 갔지. 입구를 들어서서 어제 예약한 팀이라고 이야기 하자 주인아주머니가 놀란 듯 우리를 쳐다보며 하시는 말씀이 "젊은이들이 먹으면 사고만 치는 건데 … 아직 정력이 모자랄 나이는 아닌 것 같은데… 하기야 외모만 봐서는 모르지." ×_×

1인분이 자라 반 마리인데 고기 맛은 형편없었다. 양도 아주 적어 돈이 아깝다는 생각을 하고 있는데, 용봉탕을 제안했던 동료가 1인분당

숟가락 1술 정도 될까 말까한 적은 양의 8인분 국물을 단숨에 마셔 버리는 것이 아닌가. 나중에 알고 보니 용봉탕은 국물에 진액이 있어 효험이 있다는 거야. 비싼 수업료를 치른 셈이지.

수업이 없던 날 동료교수들과 목포를 갔다. 오랜만에 바다에 오니 마음이 밝아지는 것 같았다. 아! 여기가 그 유명한 유달산, 저기가 삼학도로구나. 빈약한 지리지식을 쥐어 짜내며 구경을 하고 있는데, 아니 우리 과의 유명한 술꾼이었던 졸업생이 저만치에서 웃으며 다가오고 있는 것이 아닌가? "교수님, 목포에 오셨으니 1차는 막걸리와 삼합(홍어 + 김치 + 돼지고기)을 드셔야죠. 2차는 해변가 횟집에서! 회는 선원들이 먹던 것처럼 막된장에 찍어 먹어야 맛있습니다." 물론 그 날도 머리 위로 솟구치는 막걸리와 소주비를 맞으며 하숙집으로 향했다.

그 시절 코미디 프로에 김한국, 김미화의 '쓰리랑 부부'라는 프로가 있었는데 거기에서 북치는 할머니의 재담과 노래 솜씨가 화제가 되곤 했다. 누군가 다가와서 그 프로의 원조(?) 주인공을 만나게 해주겠다는 솔깃한 제안을 했다. 당연히 흔쾌히 받아들였다. 가보니 널찍한 방에 손님들을 30분 이상이나 아무런 코멘트 없이 앉혀 놓아 짜증을 내기 시작하자 "여기서는 기다려야 좋은 음식과 좋은 음악을 얻을 수 있습니다."라며 나를 안내한 사람이 싱긋 웃었다.

그 후로도 30여분이 지나서야 상이 들어오는데 임금님 수랏상이 이

보다 클 수는 없을 거라 생각날 정도였다. 무등산에 있는 식당에서 상위에 두 겹으로 반찬이 나오던 것과는 또다른, 보는 즐거움이 나를 기쁘게 했다. 시장하던 터라 수저를 들고 밥을 먹으려는데 "멈추시오" 라며 한복을 곱게 차려 입은 할머니가 북채를 손에 쥔 채 방에 들어오시더니 "식사 전에 노래를 한 자락 들으셔야 소화가 잘 된당께요."라며 소리 한마당을 펴셨다. 북 하나로 저렇게 다양한 소리와 다양한 종류의 음악이 가능하구나라는 생각을 했다. 물론 짧게 해서 30분 정도 걸렸던 것 같았다. 이후 식사 시간이 되어 신선로, 영광굴비, 쏫대기(파래김의 일종), 어란, 애저 등을 포함한 진귀한 음식들을 맛보고 있는데 유독 상 한가운데 있는 얇은 종잇장처럼 비치는 복어 회에는 젓가락들이 가질 않는 것이 아닌가? 물어 보니 복어는 저녁때는 가급적 먹는 것이 아니라는군. 어느 지역에서는 순전히 본인의 책임 하에 복어알도 한두 개씩은 먹는다는 이야기도 들었지. 여기서 또 하나 배웠어. 복어는 주로 점심때 먹고 식후에는 많이 움직여라.

"닭회나 꿩회 먹어 봤소?" 이건 또 무슨 소리인가? 조류를 회로 먹는다는 소리는 처음 들어본다. 호기심이 발동 안 할 수 없잖아. 당연히 갔지. 접시에 다져진 채로 나온 것을 소금에 찍어 상추쌈을 싸서 먹는데 그런대로 괜찮더라고. 주인에게 물어 보니 멍멍이도 앞 가슴살 수육이 맛있듯이 꿩도 목과 앞 가슴살이 맛있어 그 부분을 다져 만들었다나. 아무튼 별미였어. 때마침 LG에 있는 박병일 군이 우리 과에 특강하러 내려 왔기에 데리고 갈까 하다가 말았다. 동족상잔의 비극(?)을 일으키고 싫지 않더라고. 점잖게 술만 시키면 안주가 나오는 집으로 안내를 했지. 물론 비싼 술을 시켜야 좋은 안주가 나오지.

그 외에도 담양 떡갈비, 남해 매생이, 광양 불고기 등 여러 가지가 있는데 지면 관계로 이만 줄이겠어.

나는 고등학교 때부터 1988년 1월까지 몸무게가 60~63kg정도였다. 왜소하다 보니 버스만 타면 덩치 큰 사람들에게 밀리는 것이 항상 나를 화나게 했다. 어떻게 하면 살이 찔까 고민했던 내가 광주에 와서 15kg이나 늘었다. 이제는 더 이상 어깨싸움에서 밀리지 않을 만큼 중심이 생겼다. 그때는 그것이 꽤 자랑스러웠다. 비싼 돈을 주고 경험하며 찌운 살인데 이제는 뱃살을 빼기 위해 돈을 들여가며 헬스장, 수영장, 요가, 국선도, 조깅, 파워워킹 등에 투자하는 미련퉁이가 되었다. 절대로 금식이다. 앞으로는 절대로 정해진 식단 외에는 먹지 않으리라고 다짐해 본다.

그러나 아직도 식사시간이 되어 어디에 좋은 음식점이 있다는 말만 들으면 발길이 벌써 그곳으로 향하는 나를 발견한다. 광주에 처음 왔을 때 누군가가 말하기를 "당신은 서울 사람이니 곧 서울로 갈 것 아니요. 갈 때 가더라도 있는 기간 3년 길어야 5년 동안 최선을 다해 주시오." 그로부터 햇수로 19년이 흘렀다. 나는 지금 어디로 가고 있는 걸까? 아마도 새로운 음식을 찾아 남도 어딘가를 헤매고 있을 것이다.

가장 자유로웠던
고3 시절과 금강산

서정선
(주)풍산 동관사업부 부장

먼저, 어른이 되고 싶었던 그 시절이 그립다.

고3 시절 11월의 어느 날 1박 2일 간의 일상의 탈출, 내장산행. 그 겁없는 자유가 그해 나를 대학시험에 실패하게 했고 그 이후 수년 간 나를 괴롭히는 화두가 되었다. 내 삶의 방향을 바꿨지만 여전히 그때의 자유가 그립고 이후 수년 간 나는 평범함과 꾸준함이 천재를 이기고 승리한다는 아주 기초적인 진리를 깨닫는 데 허비했다.

일탈에서 정상궤도로 돌아와서 일탈을 추억하며 뒷골목 이야기를 쓸까 아니면 최근의 이야기를 할까? 최근의 일상의 탈출에 관한 것은 어떨까.

나는 얼마 전에 금강산에 다녀왔다. 그곳에서 세 가지에 대해 놀랐다.

첫째는 자연의 아름다움에 반했고, 둘째는 북한의 건강한 자연 미인에 반했고, 셋째는 현대의 추진력에 놀랐다. 금강산행 중 감명을 받은 경치에 관하여 적기로 한다.

▪ 아! 구룡폭포와 상팔담

버스는 신계사를 지나서 구룡연 계곡을 향하고 있다. 신계사는 이제 막 개 · 보수 공사 중이었다. 남한의 조계사와 합작으로 공사를 한다고 한다. 주차장에서 3~4분 거리, 구룡연 계곡 초입에 북한 식당인 목란관이 있다. 주위에는 북한 특산품을 파는 좌판이 있고 막걸리와 간단한 안주인 지짐과 더덕을 판다. 관광 첫 코스에 음식점이라니, 아무리 돈이 좋다고 하나 기름냄새 풍기는 모습은 마치 설악산 선녀탕 부근의 음식점을 보는 듯 했다. 산행도중 화장실을 이용할 땐 작은 것은 1$, 큰 일은 2$이라는 조장(여행 가이드)의 말에 억지로 화장실부터 들렀다.

비교적 평탄한 산행길을 걸으며 마주치는 계곡과 산이 너무 아름다워 가던 발길을 멈추고 연신 카메라 셔터를 누르기에 정신이 없다. 작은 소와 담이 어우러진 구룡연 계곡을 몇 시간만 보고 표현할 수는 없겠지만, 또 표현할 실력도 모자라고…….

금강문 입구에서 설명하던 북한 처녀의 얼굴이 낯이 익다 싶어서 다시 한 번 보니 얼마 전 모방송국의 금강산 스페셜에서 본 것 같다.

남한의 계곡을 보면, 그 나름의 아름답고 빼어난 기품을 지니고 있지만 금강의 담과 소는 옥빛 그대로의 계곡을 지니고 있다. 백옥으로 다듬어진 바위에 맑고 고운 옥을 갈아 만든 물이 모여서 고운 빛을 낸 것처럼 아름답다. 전혀 세상과 타협하지 않은 자연 그대로의 모습을 품고 있다. 흠이 있다면 눈이 시리게 아름답다는 것과 주체사상이 만들어

낸 바위 위의 빨간 비문들의 부조화였다.

옥류동의 빼어난 절경과 깊은 물이 나를 못 가게 한다. 어찌 저리 고울까? 바닥이 다 보이는 저 물 속에는 무엇이 살까? 그 옛날 신선들과 선녀가 어울려 물놀이는 하지 않았을까?

출렁다리를 건너서 도착한 곳은 연이은 두 개의 소가 있다 하여 이름 붙여진 연주담(連珠潭), 카메라에 다 담기지 않으니 어찌하면 좋을까! '마음에 담자'고 다짐을 하면서도 욕심이 나니 나도 어쩔 수 없는 속인 인게야.

걸음을 옮겨 폭포를 만났다. 비행하듯 높은 곳에서 날개짓 하며 흐르는 비봉폭포, 설악의 것과 비슷하나 그 규모가 훨씬 크고 길다.

마침내 우리는 구룡폭포와 구룡연에 도착했다. 매스콤을 통하여 보았던 아홉 마리 용이 살고 있다는 그 곳, 장엄하고 웅장한 기상을 그 누가 다 표현할 수 있을까? 아름다움은 지나쳐 처절하기까지 하다. 그냥 이대로 저 폭포를 흠모하다 돌이 되어버릴까나? 내가 저 소를 안고 소가 나를 품어 주니 '물아일여'(物我一如)가 바로 이런 것을 두고 하는 말인가 보다. 저 위에서 떨어지는 물은 행복하여라. 구룡과 어우러져 이 세상을 즐기며 떨어지는 저 물은 분명 하늘에서 왔으리라! 나는 하늘을 이 가슴에 안으려고 다시 발걸음을 돌렸다.

상팔담(上八潭)은 여기서 왕복 1시간. 그래 천계를 확인하자. 무거운 발걸음을 재촉하여 상팔담으로 향하는 길은 천계를 향하는 길이라 그런지 어찌나 험하고 가파르던지! 사람의 손이 거쳐 가지 않았다면 우리 같은 이는 감히 발걸음을 옮길 수가 없겠다. 가자 가자 저 천계(天

界)를 보러 가자. 혹 아는가, 선녀가 내게 같이 놀자고 할는지. 숨을 고르고 올라선 상팔담은 기어이 내 말문을 막아 버렸다. 밑에서 천계라고 여겼던 그 곳은 이미 천계가 아니라 여덟 번째 담(潭)으로 구룡폭포를 만드는 모담(母潭)이다. 그 위로 죽 늘어선 크고 작은 일곱 개의 담소, 총 8개가 저마다의 자태를 뽐내고 있다. 꿰어놓은 비취빛 옥구슬 목거리인가? 선녀들의 노리갠가? 상팔담의 위는 필시 천계가 분명하리. 구름에 가리운 저 곳에는 신선과 선녀들이 있으리라. 나무꾼 한 두 명이 더 낀들 어떻겠는가. 나도 한 번 올라가서 어울려 볼까?

구름 속에 가려진 온갖 기암괴석과 봉우리가 숨바꼭질을 하는 것처럼 보일 듯 말 듯 가물거린다. 멀리 비로봉(해발 1638m) 방향만을 향하다 결국은 못보고 돌아서는데, 순간 구름이 걷히면서 나타나는 주위의 작은 봉우리들이 참으로 장하고 아름답다. 금강의 아름다움이여!

이제 나는 금강과 하나가 되어 간다. 마음이 하나 되고, 몸이 하나 되고, 우리가 하나 되고, 민족이 하나 되고 드디어 구름 속에 가려졌던 우리 민족의 염원인 평화통일이 이루어진다. 작은 내 몸은 떠서 이미 하늘로 날아 가고 그 동안의 세상 티끌도 다 날아가고 하늘과 나 또한 하나가 된다.

다음 사람을 위하여 그만 보고 내려가라는 안내원의 목소리가 없었다면 나는 그 자리에서 돌이 되어 선녀를 기다리는 나무꾼이 되었으리라. 세상으로 돌아온 나는 하산을 준비했다. 내려오는 중간 중간의 그 비경들이 여유로 다가와 이제 일행들과 사진을 찍는다. 예닐곱 개의 다리를 건너는 우리들의 발걸음이 못내 아쉬워 돌아서질 않는다. 끝내 가슴으로 우는 이별의 아쉬움을 달래려고, 먹을수록 젊어진다는 물 한 모금으로 아쉬움을 달래고 다시 갈 길을 재촉한다.

▪ 만물상으로

만물상 주봉의 높이는 1000m가 넘는다. 주차장까지 20~30분을 버스로 달렸다. 길이 좁고 꼬불꼬불하여 운전하기가 쉽지 않을 것 같다.

계곡입구가 전부 만물상의 시작이라고 하며, 산삼이 많기로 유명하다고 한다. 산삼을 캐면 즉시 복용해야 뺏기지 않는다고 한다.

어제 무리한 산행으로 다리에 쥐가 날까 염려가 되었지만 호주머니에 물 한 통과 오이 하나, 초코렛 하나를 넣고 산행을 시작했다. 조장이 말한 대로 산행 초입부터 경사가 대단하다. 나이 드시고 산행에 자신없는 분들은 습경대까지만 오르라고 했다. 거기서도 만물상의 70%를 볼 수 있다고 한다.

습경대를 지나 사진과 그림으로만 보던 만물상의 비경을 하나하나 음미하면서 산을 오르는데, 간들어진 북한 여성 안내원의 목소리가 들린다. "여기서 천선대까지는 반 온 것이고, 망양대까지는 1/3왔습니다. 저기 보이는 봉우리 아래 바위 위의 도끼자국의 연유에 대해서 설명해 드리겠습니다. 선녀를 사모한 나무꾼이 사랑을 받아 주지 않는 선녀에게 화가 나서 던진 도끼자국이라고 합니다."

만물의 갖가지 상을 음미하면서 망양대로 오른다. 한 걸음 한 걸음 옮길 때마다 시시각각으로 다가서는 오묘한 기암괴석의 봉우리를 볼 때 느껴지는 뿌듯한 감정이 끓어오른다. 천하명산 금강산이요, 조물주의 만물상 창조의 신비한 능력을! 아무리 강조해도 지나치지 않은 이 신비의 세계를! 가파른 계단을 오르면서 보는 이 공간 안의 모든 게 신비롭고 새롭다. 나는 누구일까? 이 힘든 계단을 왜 오르는가? 산이 거기 있어서……. 아니, 나도 아니고 산도 아니고 금강의 만물상이 있어서 오르는 거야!

제1 망양대에서 만물상을 굽어보는 아름다움을 어찌 말로 다 할 수 있을까? 제2, 제3 망양대까지 올랐는데 아쉽게도 동해바다 3개의 아름다운 섬과 해금강을 볼 수가 없었다. 눈 아래 펼쳐지는 운무의 세계 속에 그 비경을 상상으로 가늠하며 발길을 돌렸다. 내려오면서 바라보는 만물상이 또 변하기 시작한다. 신비하고 오묘하기만 하던 봉오리들이 꿈과 희망으로 바뀌기 시작한다. 자 이제 떠나자, 세상을 향하여 미래를 향하여!

천선대를 오르는데 경사가 85도나 되는 난간을 잡고 오르고 또 오르니 만물상 주봉이 한 눈에 파노라마처럼 들어온다. 과연 선녀가 하늘로 오를 만큼 아름답다. 여기서 보는 풍경은 눈에 아주 익었다. 많은 작가들이 작품으로 남긴 곳이 바로 여긴가 보다. 눈이 시리도록 아름답다. 그냥 이대로 새가 되어 날고 싶다. 천선대를 돌아 작은 굴을 지나서 보는 만물상, 진정 내가 꿈에도 그리던 금강의 만물상인가? 이대로 두고는 못 가리, 내 마음 가득 너를 담지 않고서야 어찌 이 자리를 떠나랴! 아무리 셔터를 눌러봐도 저 곳을 담을 수는 없겠지만 아쉬운 마음에 누르고 또 누른다.

금강이여, 진정 너는 천하제일 명산이로다! 어찌하면 좋을까? 마음을 비우고 깨끗이 하러 왔다가 오히려 자연의 아름다움에 잔뜩 취해서 한 가득 담고 가는구나! 우리의 비전과 미래에 대해서 생각한다. 잘 될 거야! 아주 잘 될 거야! 우리는 미래를 향한 뚜렷한 목표를 두고 항해하고 있잖아! 국가와 민족에 대해서 다시 한 번 생각한다. 평화통일의 수년 내 달성 : 2010 년까지 기반조성, 2020년 진정한 통일. 세계 속에 우뚝 선 경제강국을 만들기 위해서 내가 해야 할 일들을 다짐한다. 각자의 맡은 바 소임을 잘 하는 것이 바로 그것이라고 다시 한 번 되뇌어 본다. 금강의 만물상이여! 몸은 이제 간다마는 내가 너를 잊겠느냐! 다시 만날 그 날을 기약하며 ……. 안녕히!

서울

The end of the world

박창균
재 캐나다

1976년 1월, 서울고 3년을 마치고 서울대 입시를 치렀다. 나로서는 참으로 힘겨웠던 3년이 아니었나 싶다. 1학년 때는 당연히 누구나 서울대에 가는 걸로 생각했었고, 2학년이 되어서는 혹시 못 들어가면 어쩌나 하는 걱정이 들기 시작하더니, 3학년이 되면서는 "과연 갈 수 있을까?" 하는… 자못 비관적인 상태로까지 성적이 추락하고 말았다. 아마도 다른 친구들도 비슷한 심정이었을 게다. 아무리 좋은 성적을 내고 있었다 하더라도, 그 누구도 100% 확신을 할 수는 없었을 테니. 어쨌든, 서울고 3년은 온전히 서울대 입학을 위해 바쳐진 시간이었다 해도 무리가 아니었다. 만약 서울대에 들어가지 못하면 어떻게 할 것인가? 그것은 꿈에라도 생각하고 싶지 않은, 내 인생의 종말이었다. 그 불안감은 학업에 매진하도록 채찍질해 주는 것은 결코 아니었다. 오히려 자나깨나 내 가슴을 옥죄어, 불안감이 깊어질수록 더더욱 공부는 할 수 없었다.

합격자 발표 전일, 도저히 그 상태로 하루를 더 기다릴 수는 없었기에 혼자서 관악캠퍼스까지 가 보았다. 거기서 합격자명단에 내 이름이 없는 것을 확인한 순간에 받은 충격은 내 인생을 통틀어 가장 큰 것이었다. 머릿속은 휑하니 비고, 손발은 그저 자율신경의 지시에 따라 집으로 향하고 있었다. 버스에 올라 침을 한 번 삼키고 조금 정신을 차리고 나자, 맨먼저 어려운 형편에서 뒷바라지해 주신 어머니의 얼굴이 스쳐지나가고, 또 형제들, 친척들, 친구들, 내가 짝사랑하던 여학생, 그 외 나를 아는 사람들의 얼굴이 하나씩 하나씩 떠올랐다가는 사라져 갔다.

버스 앞유리창 너머로 저만치 한강다리가 보였다. 불현듯 한강으로 뛰어들까 하는 생각이 스쳤다. 딴에는 이 난국을 타개할 수 있는 상당히 극적인 해결책이 될 듯 싶었다. 초라한 지금 내 모습을 다른 사람들에게 보이면서 싸구려 동정이나 의미없는 격려를 받을 바에야, 차라리 화끈하게 막을 내려버리는 것이 훨씬 더 드라마틱하지 않을까…….

그런데, 거기서 내려서 걸어 가기에는 한강다리가 꽤나 멀어 보였다. 너무 멀면 걸어 가다가 마음이 바뀔 수도 있으니, 다음 정류장에서 내려서 바로 한강으로 뛰어 내리는 게 성공확률이 높을 것 같았다. 그런데, 어쭈… 버스는 한강다리를 그냥 지나치더니 내쳐 달리는 것이 아닌가. 어…어…어… 하는 사이에 버스는 한강다리가 보이지도 않는 곳까지 와서야 멈춰 섰다. 여기서 내려서 다시 한강다리까지 되돌아갈까? 그러기에는 날씨가 너무 쌀쌀하기도 했고, 솔직히 그럴 만한 기운도 남아 있지 않았다. "그래, 일단 오늘은 뜻을 접고, 내일 버스를 타고 다시 나오자."

집으로 돌아와서 양주 한 병을 단숨에 비우고, 밤새도록 뱃속에 있던 모든 걸 세숫대야에다 깡그리 게워 내고 나니, 다음날 먼동이 터 올 즈음에는 머릿속이 거울처럼 맑아지면서 도를 득한 듯한 느낌이 왔다.

"그 놈의 서울대가 뭐길래 … 웃기게도 열아홉 나이에 내 인생의 막을 내리려고 했을까나."

1984년 4월, 월급 28만원을 받는 현대건설 신입사원이 된 나는, 그 알량한 월급을 믿고 용감하게 결혼을 했다. 결혼을 했으니 살림을 차려야 겠는데 … 전 재산 2백만원으로는 서울 어디서고 전세를 구할 수가 없었다. 할 수 없이 부천 원종동에 방 2개짜리 연립주택 전세를 얻었다. 단 하루도 거르지 않고 술을 퍼마시고 다녔으니 생활비보다 택시비가 더 많이 드는 상황이 벌어졌다. 지금 생각하면 그 월급으로 어떻게 어머니까지 모시면서 살아 나왔는지 그저 신기할 따름이다.

그리로 이사한 며칠 뒤 몇몇 친구들을 불러서 집들이를 했는데, 밤새 비가 쏟아붓는 게 왠지 예사롭지 않았다. 다음 날 아침 출근하려고 집을 나섰다. 저 멀리 까마득하게 보이는 신작로까지 가려면 포장 안 된 황토길을 족히 10분은 걸어가야 하는데, 그게 온통 뻘밭으로 변해 있는게 아닌가. 그래도 어쩌겠는가. 이게 결근사유는 안 될 듯 싶어 한 발을 내디뎠는데, 아뿔싸… 구두가 진흙에 박히면서 맨발만 쏙 빠져 나오는 게 아닌가.

구두를 다시 신을 수도 없고, 그렇다고 나머지 한 발로 돌아설 수도 없는 것이… 다른 발마저 진흙에 깊숙히 박혀 옴짝달싹을 할 수 없었으니… 이게 바로 "진퇴양난"이로세. 게다가 양복에, 넥타이에, 바바리까지 걸치고, 몸은 둔할 대로 둔하고, 손에는 서류가방까지 하나 들고 있었으니, 아마 누가 그 광경을 봤더라면 배꼽이 달아날 지경이었으리라.

이러다가 자빠지기라도 하면… 하는 생각이 스치면서 쌀쌀맞은 김부장의 얼굴이 갑자기 눈앞에 어른거렸다. 다급한 마음에 깨금발로 서서 냅다 "정빈아, 정빈아"하고 집을 향해 소리를 질렀다. 아침 설겆이를 하다가 다급한 내 목소리에 놀라 뛰어나온 집사람은 기가 막힌 듯 한동안 멍하니 나를 쳐다보고 있더니, 집으로 다시 들어가서 비닐봉지 2개를 가지고 나왔다.

먼저, 진흙에 빠져 있는 구두를 빼내서 비닐봉지로 싸더니 그걸 한 발 앞에 놔주면서, 날 보고 그걸 신으면서 신속히 무게중심을 그 쪽으로 옮기고 다른 쪽 발을 빼라는 것이다. 그럼 다시 그녀가 그 구두를 빼내서 비닐봉지로 싸고 다시 한 발 앞에 놔주고… 그러는 와중에 일어날 수 있는 최악의 상황, 즉 자빠지는 상황을 방지하기 위해서 내가 그녀의 어깨를 잡을 수 있도록 집사람은 진흙바닥에 쭈그리고 앉았다. 참으로 눈물겨운 내조 덕분에 나는 어쨌든 신작로까지 나갈 수 있었다. 그날 지각을 했는지 안 했는지 확실하지는 않지만, 별반 기억에 남지 않은 걸로 봐서는 김부장에게 걸리지는 않았던 모양이다.

게다가 젊어서부터 과민성 대장증세를 앓고 있던 나로서는 원종동에서 광화문까지의 멀고도 먼 출근길은 거의 매일같이 나를 패닉상태로 몰고 갔다. 나중에는 출근길에 있는 화장실이란 화장실의 위치는 모조리 꿰고 있는 경지에까지 이르기는 했지만, 예고없이 자물쇠를 채워 놓는 몰인정한 인간들 때문에 위기일발의 순간이 헤아릴 수 없이 많았다.

그렇게 5년을 그 동네에서 맴돌다가, 이러다간 여기에 뼈를 묻어야 할지도 모른다는 불안감이 들었다. 가진 돈 2천만원에다 4천만원 빚을 얻어 6천만원짜리 집을 사서 서울로 돌아왔다. 그 때는 정말 젊긴 젊었던 모양이다. "설마 어떻게 되겠지…" 했으니.

2001년 1월, 나는 가족을 이끌고 아는 사람 하나 없는 캐나다 캘거리로 이민을 왔다. 집사람은 "말은 안하지만, 아마도 뭔가 남다른 계획이 있을 거야…" 라고 믿는 눈치였고, 아이들도 "우리 아버지는 우리 집에서 영어를 제일 잘 하니까, 캐나다에 가면 금방 취직해서 돈 많이 벌어 올 거야…"라고 생각하는 것 같았다. 랜딩한 다음 날 이른 아침 임시숙소의 지하실방에서 애들이 깨지 않게 살그머니 밖으로 나와 보니, 밤새 내린 눈으로 사방은 말 그대로 '설국'이었다. 담배를 한 대 꺼내 물면서 혼자 중얼거렸다. "이번에는 진흙뻘밭 대신에 눈밭이구나."

그렇게 만주벌판의 독립군이 된 듯한 심정으로 시작한 이민생활이 벌써 5년이 넘어 6년이 다 되어 가고 있다. 여기 서양인들도 기본 바탕은 한국인들이나 매한가지이지만, 굳이 좀 다른 것을 찾자면, 우리가 과거나 미래에 많은 의미를 두는(자식교육에 목숨거는 것도 그 일례가 아닐까…) 데 비해, 이들은 현재에 더 많은 의미를 두는 것 같다.

한 부부가 애들 셋을 데리고 가게에 왔다. 멀뚱히 쳐다보기만 하기가 민망해서 한 마디 붙였다가 낭패를 보았다. "따님이 아빠를 꼭 빼닮았네…" 그러자 여자가 정색을 하면서, "아니, 그 애는 내 애고, 쟤가 저 사람 애야. 여기 막내가 우리 사이에서 난 애고… 게다가 우린 아직 결혼은 안 했어." 옆에 서 있던 남자도 거든다. "마이클, 이 사람 말이 맞아. 우린 아직 결혼 안 하고 그냥 같이 사는 거야."

가게 손님 중의 하나가 심장마비로 급사했다는 소문을 들은 다음 날, 그 부인이 찾아 왔다. 어줍잖게 위로의 말이라도 한마디 하려고 입을 떼려는 순간에 그 부인이 먼저 말을 꺼냈다. "어제 심장마비로 Bill이 죽었거든. 그러니까 … 앞으로 Bill에게 오는 모든 청구서는 나한테 줘. 내가 처리할테니까 걱정하지 말구 … Bill이 없으니까 앞으로 내가 2배로 바빠질 것 같아." 집에서 키우던 개가 죽어도 그보다는 더 슬픈 표정을 지을 것 같았다.

병원에 가면 진통제를 무척 권장하는 경향이 있다. 한국에서는 수술 환자라도 통증을 진통제에 의존하기보다는 참고 견뎌서 자연 치유되는 쪽으로 유도하는데, 여기서는 아예 몰핀주사 버턴을 환자에게 안겨놓고선 수시로 간호사가 들어와 다그친다. "왜 몰핀 안 놓지? 안 아파? 아프면 그 버턴 좀 제발 눌러라. 그 성격 이상하네 … 왜 통증을 참지?"

이가 좀 시큰거린다고 치과에 가면 대개 이렇게 얘기한다. "다 뽑고

틀니하자. 그거 하나씩 치료하는 거보다 틀니가 싸. 그거 한다고 'The end of the world'는 아니야." 그래, 그거 맞는 말이다. 아무리 큰 걱정거리가 있다 한들, 이네들이 즐겨 쓰는 대로 '세상 끝장 날 일은 아니지' 않은가 말이다. 어쩌면 죽음마저도.

서울

통일의 그 날을 위하여

김형철
공군대령 | 공군본부 정책처장

고교 졸업 30년. 그간 많은 변화가 있었지만, 변하지 않은 것이 있다면 내가 그 30년 간 공군에 몸담고 있다는 것이다. 물론 공군에 있던 30년 간 많은 자리바꿈이 있었지만, 30년을 한결같이 공군의 푸른 제복을 입고 항상 전투기와 함께했다.

사관학교를 지망했던 몇 안 되는 고교 동창생 중 지금까지 軍門에 남아 있는 이는 나 이외에는 없는 것 같다. 그만큼 30년이란 세월은 길고 긴 여정이었다. 이제 앞으로 내가 군복을 입고 국가에 봉사할 기간은 그리 많이 남지 않았다. 그래서 더욱 군복에 애착을 느끼게 되는가 보다.

지난 30년 간 군생활을 하다보니, 자연 동창들과의 만남이 적었고, 앞으로 남은 군복무 기간 중에는 더욱 적을 것 같다. 그러나 자주 만나지 못하는 동창들로부터 걸려오는 격려의 전화와 이따금 부대를 찾아주는 동창들이 있어 가슴 뿌듯한 적이 한 두 번이 아니었다. 비록 그들이 찾아 왔을 때에도 때로는 비행임무로 때로는 급한 부대일로 인하여 저녁식사 한 번 변변히 못한 적도 많지만, 그래도 이해해 주는 동창이 있어 좋았다. 앞으로 남은 군생활 중에는 찾아오는 동창들을 반가이 맞으리라 다짐해 본다.

장교로 복무하면서 나의 가장 큰 관심은 국가안보가 될 수밖에 없었다. 주어진 환경에서 국가방위를 위한 최선의 방책을 마련하는 것, 그것이 나의 임무였다. 초급장교 시절에는 나에게 주어진 전투기로 최고의 전투기량을 갖추는 것이 나의 임무였다. 편대장이 되면서부터는 나와 내가 지휘하는 요기(비행편대장의 지휘를 받는 전투기) 조종사의 전투기량을 향상시켜 적과 조우시 훌륭한 teamwork를 발휘하여 적을 격추시키는 것이 나의 임무였다. 그것은 작지만 나에게 주어진 국가안보의 영역이었다.

이후 어느 정도 계급이 올라가 국방부 및 청와대 안보분야에 근무하면서 본격적으로 국가안보 문제를 다뤘다. 또한 駐美 대사관의 공군무관으로 근무하면서 한・미간의 동맹문제를 직접 다루는 무관업무도 수행하였다. 그러면서 국가안보는 어느 것과도 바꿀 수 없는 소중한 것임을 깨닫게 되었다. 일본으로부터의 강제합병과 한국전의 쓰라린 근대사를 겪은 국민으로서 힘없는 국민이 당할 수밖에 없는 그 고통을 잊어서는 안 된다고 생각한다. 그래서 나와 같은 군인들은 오늘도 밤늦은 시간까지 불을 밝히며 업무에 정진하고 있다. 비록 그 업무가 생산성이 없고 그래서 국민들에게 아무런 편익을 제공하고 있지는 못해도, 결정적인 순간에 결정적인 기여를 하리라는 믿음을 가지고 말이다.

1999년 12월 나는 강릉 비행단에서 전투비행대대의 대대장직을 마쳤다. 지금도 나는 그때 30여명의 대대원 앞에서 읽은 이임사를 잊지 않고 있다. "신라의 화랑이 삼국을 통일한 원동력이었고, 조선의 이순신 제독이 조선을 왜로부터 구한 것처럼, 후일 한반도의 통일은 반드시 우리 공군 전투조종사의 힘을 바탕으로 이루어질 것입니다"라고 자신 있게 말했던 것을 말이다.

영국의 윈스턴 처칠 경은 영국 의회연설에서 영국을 구한 영국공군의 전투조종사들을 가리켜 "인류의 전쟁역사에 있어서, 이처럼 많은 사람이 이처럼 적은 인원으로부터 이처럼 큰 은혜를 입은 적은 일찍이 없었다."고 격찬하였다. 독일공군 전투기와 폭격기를 막아 내기 위해 자신의 희생을 아끼지 않았던 영국공군의 전투조종사들이 없었다면, 세계 역사를 다시 썼어야 했을 수도 있었기 때문이다.

우리 공군은 비록 그 역사는 짧지만 한국전 당시 혁혁한 전과를 수립한 많은 훌륭한 전투조종사를 배출하였다. 미 공군이 수십회 출격했어도 부수지 못했던 승호리 철교를 단 1회의 출격으로 성공한 것은 우리 공군의 우수성을 과시한 대표적인 사례이다. 지금은 과학기술의 발달로 인하여 공군력은 더욱 정밀해졌고 더욱 파괴력을 지니게 되었다. 수십km, 수백km 떨어진 곳의 표적을 정확히 그리고 치명적으로 파괴할 수 있는 무기체계의 발달과 정확한 정보수집 수단의 발달로 공군력은 이미 현대전을 주도하고 있다.

우리 동창들도 모두 아들 · 딸들이 있겠지만, 많은 아들 · 딸들이 전쟁에 나가서 죽는다면 누가 그 전쟁을 원하겠는가? 물론 전쟁은 원해서 하는 것이 아니고, 마지막 수단으로 하는 것이겠지만, 그것을 준비하는 과정에서 이제는 좀더 smart해져야 한다. 비록 그것이 많은 비용을 요구하고 그래서 경제적 생산성을 저하시킨다고 해도 말이다. 국가안보를 위한 비용을 아껴 가며 경제성장을 이룬다 한들 그것은 한낱 모래 위에 지은 성에 불과할 것이다.

지난 50여년 간 우리 나라는 미군과의 한·미 동맹을 근간으로 국가안보를 유지해 왔다. 이제는 우리의 안보를 우리가 주도적으로 유지해야 할 때가 된 것 같다. 그러기 위해서 그동안 많은 국가예산을 국방분야에 투자하여 우리의 능력을 키워 왔다. 우리 국방의 숙제는 어떻게 하면 많은 투자가 요구되는 국방분야를 더욱 효율적으로 운영하여 대한민국을 부국강병으로 이끄느냐 하는 것이다. 전투조종사로 시작한 군생활의 남은 기간에 이러한 문제를 풀어 가면서 부국강병의 한 축인 강병을 만드는 데 기여하고 싶은 것이 나의 바램이다.

내가 미국에서 공군무관으로 근무할 무렵, 미 국립시험비행학교에서 교육을 받던 우리 공군 조종사가 시험비행 임무 중 미국 비행교관과 함께 비행사고로 순직한 사고가 있었다. 사고처리를 마치고 LA에서 워싱턴 D.C.로 돌아가던 비행기 안에서 유가족들을 생각하면서 눈물을 흘렸다. 또 미국에서 F-15 비행교육을 받던 우리 공군 조종사들이 교육기간 중 워싱턴 D.C.를 방문했을 때, 그들을 공관으로 초청하여 가족들과 함께 즐거운 저녁식사를 한 적이 있었다. 그때, 나는 F-15K를 조종하는 우리 젊은 조종사들이 부러웠고, 젊은 조종사들과 그 가족들은 미국에서 무관생활을 하는 우리 부부를 부러워했다. 그랬던 그들 중 한 명의 조종사가 지난 6월 F-15K 비행사고로 운명을 달리했다. 그 조종사의 영결식장에서, 워싱턴 D.C.에서 쾌활했던 부인의 모습을 떠올리고 흐르는 눈물을 어찌할 수 없었다.

공군 조종사, 특히 전투조종사는 해마다 몇 명씩 훈련비행 임무 중 운명을 달리한다. 그것은 전투비행이라는 특성상 어쩔 수 없이 일어나게 마련이다. 최첨단을 자랑하는 미국에서도 비행사고는 발생하며, 비상탈출 장치가 있음에도 불구하고 불가항력적인 요인에 의하여 조종사들이 희생되고 있는 것이다. 올해 어린이날에 있었던 우리 공군 에어쇼 조종사의 사고를 여러분들도 잘 알고 있으리라 믿는다. 그러나 그러한 희생에도 불구하고, 그들의 희생을 결코 헛되이 하지 않기 위해서 전투조종사들은 또다시 조종간을 잡고 조국의 영공을 비행한다. 한반도 통일의 주역이 되는 그날을 위하여.

NewYork.2006

신용재
Panton Capital Group, New York

1.

뉴욕은 살기 좋은 곳이다.

있을 것(문화, 예술, 현대문명, 자본, 꿈, 식당, 패션, 일자리)은 있고 없어도 좋은 것(체면, 위선, 편견)은 적은 그러한 곳이다.

미국에선 살지 않겠다고 고향으로 돌아가겠다고 버티던 내가 내 후손들이 이곳에 살아도 좋겠다는 확신이 들게 만든 곳이 뉴욕이다. 아일랜드인, 이탈리아인, 흑인, 유태인, 중국인, 한국인 누구든지 자리잡고, 섞여 살게 하고, 서로 인정하는 곳이다. 이민 온 백인이 떠듬떠듬 서투른 영어로 길을 묻고 한국에서 온 내가 친절하게 길을 가르쳐주는 곳이 뉴욕이다.

2.

뉴욕의 서울고 28회 오리지날 멤버는 나와 홍정만, 신중일, 이철의,

장우택 이렇게 5명이다. 창환이 가족이 떠나면서 경렬이가 최근에 이곳에 살러 왔고 교인네의 가족이 아직 이곳에 살고 있다. 이 밖에도 연락없이 뉴욕, 뉴저지에 사는 친구들도 꽤 될 것으로 짐작된다.

뉴욕동기들은 지난 15년 간을 거의 매달 만나다시피한다. 아이들끼리도 친하고, 와이프들은 자기네끼리 한 달에 한 번 별도로 만난다. 사실 모두들 부러워한다. 우리들의 인간성이 특별히 좋은 것은 아닐텐데……. 다른 기수들은 서로 다투고 깨지기도 하는데 28회만 20년을 한결같이 잘 지내는 이유는 무엇일까?

가장 큰 이유는 자주 만난다는 것, 와이프들이 훌륭한 분들이라는 것(진심이야 ^_^;;), 경제적으로 비교적 안정된 편이라는 것들이 중요한 이유가 되겠다.

문득 무척이나 운이 좋다는 생각을 해 본다.

3.

9.11 테러가 일어난 날, 나는 건너편 건물(WFC)에서 일하고 있었다. 두번째 비행기가 건물에 폭파하는 것을 보고 I'm out of here! 모두 무조건 빌딩에서 나왔다.

Oh, shit! 사람들이 빌딩에서 뛰어내리기 시작한다는 말에 더이상 불타는 빌딩을 차마 쳐다볼 수 없던 기억이 어제같다. 구사일생으로 84층에서 살아 내려온 전직동료들도 있고, 자유의 여신상 앞에서 선상파티를 열어 주었던 동료는 부인에게 마지막 메시지를 셀폰으로 남겼다고 한다.

우리는 그저 살아 있어 가족 옆에 있는 것으로 감사해야 한다.

4.

금년 8월초에 잠시 한국에 뿌리여행을 다녀왔다. 아버님 돌아가셨을 때 잠시 다녀온 것을 빼고는 창환이 말대로 20년 만의 방문이다. 설악산, 삼척, 경주, 통영, 하동, 지리산, 곡성, 전주를 돌았다.

20년이 지나도 고국의 강산은 여전히 아름답더군. 지방의 도로가 놀랄 정도로 매우 잘 개발되었고 사람들의 수준이 높아졌다는 것이 자랑스러웠다.

하지만 정치적으로 매우 불만이 많고, 예전보다 희망이 적고, 덜 행복해 보였으며, 가난한 사람들은 정신적으로 한국에서 살기가 힘들겠다는 생각을 했다.

밖에서 보는 대한민국은 모든 제3세계 사람들의 등불이고 부러움의 대상이다. 한국사람들만 잘 모를 뿐이다.

5.

뉴욕은 명실상부 세계금융 중심지이다. 유난히 유태인들이 많이 근무한다. 좋은 자리로만 보면 절반은 유태인들인 것 같다. 그만큼 뉴욕 금융가의 직업이 좋다는 얘기이다. 주로 최고학부 출신의 경우이기는 하지만 30살이 되기 전에 연봉이 10억 이상 되는 친구들이 아주 많은 곳이다. 예전에는 백인이 판을 쳤는데, 지금은 소수인종과 외국인이 많다. 하는 일도 의미있고 인종, 성별, 나이, 학벌과 관계없이 실력만이 인정되는 곳이다.

나는 젊은 한국학생들에게 아주 자신있게 얘기할 수 있다. 패션, 영화 이런 것보다는 뉴욕 금융가(Wall Street)에 진출하여, 세계 금융을 장악하는 큰 꿈을 꾸어 보라고. 충분히 가능한 얘기다.

6.

뿌리여행에서 얻은 소득은 승주와 승현 두 아들녀석이 자신들이 하늘에서 뚝 떨어진 것이 아니라는 사실을 알게 됐다는 것이다.

친가쪽, 외가쪽 많은 친척들을 만나고서 자신들이 보이지 않는 끈으로 연결되어 있다는 것을 알게 되었을 것이다. 소수계는 언제나 성장과정에서 정체성 때문에 고민하게 마련이다. 길거리에 자신과 같은 코리안들로 가득차 있는 것을 보고 조상들이 살았던 대한민국을 돌아보면서 나름대로 identity와 heritage에 대한 자신감을 갖게 된 것으로 안다.

물론 우리 아이들은 코리언은 아니다. 코리언 아메리칸이다. 마치 콜린파월의 아버지는 자마이카인이지만 콜린파월은 아메리칸인 것과 같다. 나는 영원히 코리언이다.

7.

얼마전에 삼경대회가 있었다. 서울, 경기, 경복 이렇게 세 학교가 매년 골프대회를 한다. 예전에는 젊어 보이던 선배들이 이제는 완연히 할아버지이다. 선배들이 늙어 가는 것을 보고 세월의 덧없음을 가늠한다.

서울에서는 졸업 30주년 행사를 한다고 하는데 명부를 보니 세상을 떠난 동기와 연락이 안 되는 동기들도 많더군. 하지만 그들의 얼굴은 눈에 선하다.

누구나 마찬가지일 것이다. 경희 교정을 거닐던 그 시절을 그 마음을 아직 기억한다. 시공의 간격에도 불구하고 소식듣고 만나면 반가운 것은 30년 전 자신의 흔적이 친구들에게 투영되어 있기 때문일 것이다.

8.

언젠가 맨하탄 남쪽 헛슨강변에서 차가운 겨울바람이 뺨을 스치는 어느 저녁에 노을을 보면서 갑자기 '내가 왜 여기에 있는가…' 하는 생각을 했다. 매일 지나던 WTC 쌍동이 빌딩은 더이상 거기에 없지만 아주 아름다운, 너무나 아름다운 석양은 그대로였다.

이렇게 살아 가는 우리는 무엇인가…….

오랜 세월 전에도 이곳 뉴욕은 아주 분주하였는데 우연처럼 여기에 온 내가 잡지 속의 사진을 보듯 어설프게 서서 자유의 여신상을 보고 있었다.

마음이 무엇을 느끼기에는 너무 큰 주제였다.